BIBLIOTHÈQUE LATINE-FRANÇAISE

PUBLIÉE

PAR

C. L. F. PANCKOUCKE.

TRAGÉDIES

DE

L. A. SÉNÈQUE

TRADUCTION NOUVELLE

PAR M. E. GRESLOU.

TOME TROISIÈME.

PARIS
C. L. F. PANCKOUCKE
MEMBRE DE L'ORDRE ROYAL DE LA LÉGION D'HONNEUR
ÉDITEUR, RUE DES POITEVINS, N° 14.

M DCCC XXXIV.

Ház
68.

BIBLIOTHÈQUE
LATINE-FRANÇAISE

PUBLIÉE

PAR

C. L. F. PANCKOUCKE.

PARIS. — IMPRIMERIE DE C. L. F. PANCKOUCKE,
Rue des Poitevins, n° 14.

TRAGÉDIES

DE

L. A. SÉNÈQUE

TRADUCTION NOUVELLE

PAR M. E. GRESLOU

TOME TROISIÈME.

PARIS
C. L. F. PANCKOUCKE
MEMBRE DE L'ORDRE ROYAL DE LA LÉGION D'HONNEUR
ÉDITEUR, RUE DES POITEVINS, N° 14.

M DCCC XXXIV.

SÉNÈQUE.

AGAMEMNON.

DRAMATIS PERSONÆ.

AGAMEMNON.
CLYTÆMNESTRA.
ÆGISTHUS.
ELECTRA.
CASSANDRA.
NUTRIX.
STROPHIUS.
THYESTIS umbra.
CHORUS ARGIVARUM SIVE MYCENÆARUM.
CHORUS ILIADUM.
ORESTES,
PYLADES, } mutæ personæ.
EURYBATES.

PERSONNAGES.

AGAMEMNON.
CLYTEMNESTRE.
ÉGISTHE.
ÉLECTRE.
CASSANDRE.
LA NOURRICE.
STROPHIUS.
L'OMBRE DE THYESTE.
CHOEUR DE FEMMES D'ARGOS OU DE MYCÈNES.
CHOEUR DE TROYENNES.
ORESTE, } personnages muets.
PYLADE, }
EURYBATE.

ARGUMENTUM.

Thyestis umbra ulciscendarum injuriarum (de quibus vide Thyestis argumentum) cupida, filium Ægisthum in cædem Agamemnonis incitat. Ille itaque Agamemnonem, victorem a Troja reducem, in convivio impervia irretitum veste occidit, consilii cædisque particeps Clytæmnestra, quam absente marito Agamemnone corruperat. Cassandram deinde Agamemnoni amatam ab aris avulsam occidit. Electram, quod fratrem Orestem amandaverat, carceri mancipari jubent.

ARGUMENT.

L'ombre de Thyeste, poussée par le désir de la vengeance (*voyez* l'Argument de *Thyeste*), vient exciter son fils Égisthe au meurtre d'Agamemnon. A peine de retour dans son palais, le vainqueur de Troie est enveloppé dans un vêtement d'où il ne peut s'échapper, et mis à mort par Égisthe, secondé de Clytemnestre qu'il avait séduite en l'absence de son époux. La maîtresse d'Agamemnon, Cassandre, est ensuite arrachée des autels et égorgée. Électre est jetée en prison pour avoir fait emmener son frère Oreste.

L. A. SENECÆ
AGAMEMNON.

ACTUS PRIMUS.

SCENA I.

THYESTIS umbra.

Opaca linquens Ditis inferni loca,
Adsum profundo Tartari emissus specu,
Incertus utras oderim sedes magis.
Fugio Thyestes inferos, superos fugo.
Inhorret animus, et pavor membra excutit:
Video paternos, immo fraternos lares.
Hoc est vetustum Pelopiæ limen domus:
Hinc auspicari regium capiti decus
Mos est Pelasgis: hoc sedent alti toro,
Quibus superba sceptra gestantur manu:
Locus hic habendæ curiæ; hic epulis locus.

AGAMEMNON

DE L. A. SÉNÈQUE.

ACTE PREMIER.

SCÈNE I.

L'ombre de THYESTE.

Échappé des profondeurs du Tartare, j'ai quitté le sombre empire du Jupiter souterrain, pour monter sur la terre, moi Thyeste, et je ne sais laquelle de ces deux parties du monde je déteste le plus. Je fuis les hôtes de l'enfer, et ceux de la terre fuient devant moi. Mon âme est saisie d'horreur, et l'effroi glace tous mes membres. Je vois le palais de Tantale, et surtout le palais d'Atrée. Voici le seuil antique de la maison de Pélops. C'est là que les rois des Pélasges viennent recevoir leur couronne. Voilà le siège royal de ces hommes orgueilleux qui portent le sceptre en leurs mains. Cette salle est celle de leurs conseils, cette autre s'ouvre pour leurs banquets solennels.

Libet reverti : nonne vel tristes lacus
Incolere satius ? nonne custodem Stygis
Tergemina nigris colla jactantem jubis ?
Ubi ille celeri corpus evinctus rotæ
In se refertur ; ubi per adversum irritus
Redeunte toties luditur saxo labor ;
Ubi tondet ales avida fecundum jecur ;
Et inter undas fervida exustus siti
Aquas fugaces ore decepto appetit,
Pœnas daturus cælitum dapibus graves.
Sed ille nostræ pars quota est culpæ senex ?

Reputemus omnes, quos ob infandas manus
Quæsitor urna Cnossius versat reos :
Vincam Thyestes sceleribus cunctos meis.
A fratre vincar : liberis plenus tribus
In me sepultis, viscera exedi mea.
Nec hactenus fortuna maculavit patrem ;
Sed majus aliud ausa commisso scelus,
Natæ nefandos petere concubitus jubet.
Non pavidus hausi dicta, sed cepi nefas.
Ergo ut per omnes liberos irem parens,
Coacta fatis nata fert uterum gravem,
Me patre dignum : versa natura est retro.
Avo parentem, pro nefas! patri virum,
Natis nepotes miscui, nocti diem.
Sed sera tandem respicit fessos malis
Post fata demum sortis incertæ fides.
Rex ille regum, ductor Agamemnon ducum,

Retournons : ne vaut-il pas mieux rester au milieu des tristes fleuves de l'enfer? ne vaut-il pas mieux voir le gardien du Styx agiter sur son triple cou sa crinière de serpens? Oui, je préfère ces lieux où le malheureux Ixion, attaché sur sa roue, tourne rapidement sur lui-même; où Sisyphe se consume inutilement à rouler cette roche qui retombe toujours; où un vautour avide ronge le foie sans cesse renaissant de Tityus; où, dévoré d'une soif ardente au sein d'un fleuve, le vieux Tantale cherche en vain à saisir les eaux qui échappent à ses lèvres, expiant ainsi le repas funeste qu'il servit aux dieux. Mais que son crime est peu de chose parmi ceux de notre famille!

Rappelons-nous tous ces coupables de mon sang dont les noms se remuent dans l'urne de Minos. Moi, Thyeste, je les vaincrai tous dans la carrière du crime, mais je serai vaincu par mon frère; mes flancs ont servi de tombeau à mes enfans et je me suis nourri de mes propres entrailles. Ce crime étant l'ouvrage du destin me laissait pur encore; mais bientôt le sort me pousse à un forfait plus grand, et m'ordonne d'aller souiller le lit de ma fille. Au lieu de me révolter contre cet ordre fatal, je l'ai accepté avec joie. Ma chair est donc entrée dans celle de tous mes enfans! ma fille, cédant à l'oracle, a porté dans son sein un fils digne de moi. Le cours de la nature est troublé; j'ai mêlé, par un crime horrible, le père et l'aïeul, le père et l'époux, les enfans et les petits-enfans, le jour et la nuit. Mais enfin, après tant de malheurs, il faut que cet oracle obscur trouve son accomplissement. Le roi des rois, le chef de tant de chefs,

Cujus secutæ mille vexillum rates,
Iliaca velis maria texerunt suis;
Post decima Phœbi lustra devicto Ilio,
Adest, daturus conjugi jugulum suæ.
Jamjam natabit sanguine alterno domus.
Enses, secures, tela, divisum gravi
Ictu bipennis regium video caput.
Jam scelera prope sunt; jam dolus, cædes, cruor,
Parantur epulæ : causa natalis tui,
Ægisthe, venit : quid pudor vultus gravat?
Quid dextra dubio trepida consilio labat?
Quid ipse temet consulis, torques, rogas,
An deceat hoc te? respice ad matrem, decet.

Sed cur repente noctis æstivæ vices
Hiberna longa spatia producunt mora?
Aut quid cadentes detinet stellas polo?
Phœbum moramur : redde jam mundo diem.

SCENA II.

CHORUS ARGIVARUM.

O regnorum magnis fallax
Fortuna bonis, in præcipiti
Dubioque nimis excelsa locas.
Nunquam placidam sceptra quietem,

Agamemnon, qui des mille vaisseaux marchant sous ses étendards couvrait la mer de Phrygie, rentre vainqueur après dix années d'absence, et va présenter la gorge au glaive de son épouse. Encore un moment, et le sang d'Atrée à son tour va couler dans ce palais. Je vois d'ici des armes, des épées, des haches à deux tranchans, et la tête du roi fendue en deux. Tous les crimes s'apprêtent, les embûches, le meurtre, le sang, mais surtout le festin royal. Égisthe, voici l'heure pour laquelle tu es né. Quoi! ton front s'incline sous le poids de la honte! ton cœur hésite et ta main tremble! Pourquoi délibérer en ton cœur si tu dois exécuter ce dessein? pourquoi te tourmenter par le doute et t'interroger toi-même? Songe à ta mère, et tu verras que tu le dois.

Mais pourquoi cette nuit d'été, qui devrait être si courte, s'allonge-t-elle jusqu'à la mesure des nuits d'hiver? Quelle puissance retient encore au ciel les étoiles mourantes? C'est moi qui arrête le soleil. Fuyons, et rendons le jour au monde.

SCÈNE II.

CHOEUR DE FEMMES D'ARGOS.

O Fortune! divinité funeste aux rois soumis à tes caprices, tu places toujours la grandeur souveraine sur une pente rapide au dessus d'un abîme. Le sceptre ne laisse aucun repos à ceux qui le portent, ils ne sont ja-

Certumve sui tenuere diem.
Alia ex alia cura fatigat,
Vexatque animos nova tempestas.
Non sic Libycis Syrtibus æquor
Furit alternos volvere fluctus;
Non Euxini turget ab imis
Commota vadis unda, nivali
    Vicina polo;
Ubi cæruleis immunis aquis,
Lucida versat plaustra Bootes,
Ut præcipites regum casus
    Fortuna rotat.
Metui cupiunt, metuique timent.
Non nox illis alma recessus
Præbet tutos; non curarum
Somnus domitor pectora solvit.
Quas non arces scelus alternum
Dedit in præceps; impia quas non
Arma fatigant? Jura, pudorque
Et conjugii sacrata fides,
Fugiunt aulas : sequitur tristis
Sanguinolenta Bellona manu,
Quæque superbos urit Erinnys,
Nimias semper comitata domos :
Quas in planum quælibet hora
Tulit ex alto. Licet arma vacent,
    Cessentque doli,
Sidunt ipso pondere magna,
Ceditque oneri Fortuna suo.
Vela secundis inflata Notis,

mais assurés d'un seul jour. Mille soucis renaissans les travaillent, et chaque moment soulève de nouvelles tempêtes dans leur sein. Les tourmentes qui battent les vagues émues entre les deux Syrtes d'Afrique, les orages qui remuent jusque dans ses dernières profondeurs l'Euxin, voisin du pôle glacial, et soumis à la brillante constellation du Bouvier qui jamais ne se plonge dans l'azur des mers, sont moins furieux et moins effroyables que ces révolutions qui précipitent la fortune des rois. Ils aiment et craignent tout ensemble la terreur qu'ils inspirent. La nuit n'a point pour eux de sûr asile; le sommeil qui endort toutes les douleurs ne peut suspendre le cours de leurs alarmes.

Quels palais de roi le crime et la vengeance n'ont-ils pas renversés? quel trône n'est pas ébranlé par une guerre impie? La justice, l'honneur, la foi sacrée du lit conjugal, s'exilent des cours; à leur place vient Bellone aux mains ensanglantées, et la cruelle Erinnys, qui enfonce au cœur des superbes ses brûlans aiguillons, et s'attache aux maisons trop puissantes qui sont destinées à périr en un moment.

Sans combats même et sans perfidies, les grandes choses tombent et s'affaissent sous leur propre poids; cette haute fortune vient à ne pouvoir plus se porter elle-même. Les voiles, enflées par un vent favorable, craignent le souffle impétueux qui les emporte. La tour, qui

Ventos nimium timuere suos.
Nubibus ipsis inserta caput
Turris pluvio vapulat Austro :
Densasque nemus spargens umbras
Annosa videt robora frangi.
Feriunt celsos fulmina colles.
Corpora morbis majora patent :
Et quum in pastus armenta vagos
Vilia currant, placet in vulnus
Maxima cervix. Quidquid in altum
Fortuna tulit, ruitura levat.
Modicis rebus longius ævum est.
Felix, mediæ quisquis turbæ
     Parte quietus,
Aura stringit litora tuta ;
Timidusque mari credere cymbam,
Remo terras propiore legit.

va cacher sa tête au sein des nues, gémit sous les coups de l'Auster pluvieux. Au sein des hautes forêts qui projettent une ombre immense les chênes séculaires sont brisés par les orages. La foudre tombe plus souvent sur les collines orgueilleuses ; les grands corps offrent plus de prise aux maladies. On laisse les moindres animaux courir et s'égarer dans les pâturages, mais les plus nobles têtes des troupeaux sont réservées pour les sacrifices. Tout ce que la fortune élève, c'est pour le renverser ensuite ; mais la médiocrité donne une plus longue durée. Heureux l'homme qui, modestement caché dans la foule obscure, ne laisse entrer dans ses voiles qu'un vent doux qui ne l'écarte point du rivage, et qui, craignant de livrer sa barque aux orages de la haute mer, tourne toujours vers la côte le mouvement de ses rames !

ACTUS SECUNDUS.

SCENA I.

CLYTÆMNESTRA, NUTRIX.

CLYTÆMNESTRA.

Quid, segnis anime, tuta consilia expetis?
Quid fluctuaris? clausa jam melior via est.
Licuit pudicos conjugis quondam toros,
Et sceptra casta vidua tutari fide.
Periere mores, jus, decus, pietas, fides,
Et qui redire, quum perit, nescit pudor.
Da frena, et omnem prona nequitiam incita:
Per scelera semper sceleribus tutum est iter.
Tecum ipsa nunc evolve femineos dolos,
Quod ulla conjux perfida, atque impos sui,
Amore cæco; quod novercales manus
Ausæ; quod ardens impia virgo face,
Phasiaca fugiens regna Thessalica trabe:
Ferrum, venena: vel Mycenæas domos,
Conjuncta socio, profuge furtiva rate.....
Quid timida loqueris furta, et exsilium, et fugas?
Soror ista fecit: te decet majus nefas.

ACTE SECOND.

SCÈNE I.

CLYTEMNESTRE, SA NOURRICE.

CLYTEMNESTRE.

Pourquoi faiblir, ô mon âme! et penser au parti le plus sûr? pourquoi balancer? maintenant la meilleure voie t'est fermée. Le temps n'est plus où tu pouvais garder la foi du lit nuptial, et conserver fidèlement à ton époux le sceptre qu'il a remis en tes mains pour le temps de son absence. Vertu, honneur, droits de l'hymen, tendresse et fidélité conjugale, tu as tout sacrifié, ainsi que la pudeur qui ne revient plus quand on l'a une fois bannie. Lâche donc le frein à tes passions, excite-les même, et livre-toi tout entière au penchant qui t'entraîne dans le mal : c'est par le crime seulement qu'on peut assurer ses pas dans la carrière du crime. Repasse dans ton esprit toutes les perfidies de ton sexe ; rappelle-toi ce que des femmes infidèles ont osé, dans l'égarement d'un amour coupable; la violence des marâtres ; les forfaits de la vierge du Phase que l'ardeur d'une flamme criminelle emporta loin des états de son père sur le vaisseau de Thessalie; le fer, le poison. Quitte aussi le palais

NUTRIX.

Regina Danaum, et inclytum Ledæ genus,
Quid tacita versas? quidve, consilii impotens,
Tumido feroces impetus animo geris?
Licet ipsa sileas, totus in vultu est dolor,
Proin quidquid est, da tempus ac spatium tibi.
Quod ratio non quit, sæpe sanavit mora.

CLYTÆMNESTRA.

Majora cruciant, quam ut moras possim pati.
Flammæ medullas et cor exurunt meum.
Mixtus dolori subdidit stimulos timor.
Invidia pulsat pectus : hinc animum jugo
Premit cupido turpis, et vinci vetat;
Et inter istas mentis obsessæ faces,
Fessus quidem, et dejectus, et pessumdatus
Pudor rebellat : fluctibus variis agor :
Ut quum hinc profundum ventus, hinc æstus rapit,
Incerta dubitat unda, cui cedat malo.
Proinde omisi regimen e manibus meis.
Quocumque me ira, quo dolor, quo spes feret,
Huc ire pergam : fluctibus dedimus ratem.
Ubi animus errat, optimum est casum sequi.

de Mycènes, avec ton amant, sur un vaisseau rapide....
Mais quelle faiblesse! peux-tu bien parler d'exil et de
fuite secrète? c'est l'histoire de ta sœur : il te faut, à toi,
de plus grands crimes.

LA NOURRICE.

Reine des Grecs, noble fille de Léda, quelles secrètes
pensées roulez-vous dans votre âme? quels sont ces mouvemens pleins de violence qui agitent votre cœur, et
cette fureur qui vous domine? Malgré votre silence, le
trouble de votre âme paraît tout entier sur votre visage.
Quoi que ce puisse être, attendez, et ne précipitez rien.
Les maux que la raison peut guérir, souvent dans le
temps trouvent un remède.

CLYTEMNESTRE.

Mes tourmens sont trop vifs pour supporter aucun
retard. Je sens un feu terrible qui brûle mon cœur et la
moelle de mes os. La crainte m'aiguillonne autant que le
dépit. D'un côté, mon cœur est en proie à la jalousie; de
l'autre, il est subjugué par une passion honteuse, à laquelle je n'ose me livrer. Entre ces deux flammes qui
me brûlent également, quoique affaiblie, sans force et
déjà vaincue, ma pudeur se révolte encore : je suis prise
entre deux forces contraires, comme une mer que le vent
et le flux se disputent, et qui demeure immobile, ne sa-
chant à laquelle de ces deux puissances elle doit obéir.
Aussi j'ai laissé tomber de mes mains le gouvernail, et
je me laisse aller où la jalousie, le dépit, l'espérance me
conduiront. J'abandonne mon navire au caprice des flots.
Le cœur une fois égaré, le meilleur guide à suivre, c'es
le hasard.

NUTRIX.

Cæca est temeritas, quæ petit casum ducem.

CLYTÆMNESTRA.

Cui ultima est fortuna, quid dubiam timet?

NUTRIX.

Tuta est, latetque culpa, si pateris, tua.

CLYTÆMNESTRA.

Perlucet omne regiæ vitium domus.

NUTRIX.

Piget prioris, et novum crimen struis!

CLYTÆMNESTRA.

Res est profecto stulta, nequitiæ modus.

NUTRIX.

Quod metuit, auget, qui scelus scelere obruit.

CLYTÆMNESTRA.

Et ferrum, et ignis sæpe medicinæ loco est.

NUTRIX.

Extrema primo nemo tentavit loco.

CLYTÆMNESTRA.

Rapienda rebus in malis præceps via est.

NUTRIX.

At te reflectat conjugii nomen sacrum.

LA NOURRICE.

La témérité seule et l'aveuglement peuvent choisir un pareil guide.

CLYTEMNESTRE.

Quand on est au comble du malheur, il n'y a plus de dangers à courir.

LA NOURRICE.

Vous n'avez rien à craindre, en vous montrant calme, et votre faute reste à couvert.

CLYTEMNESTRE.

Non, le palais des rois est transparent, et le vice ne peut s'y cacher.

LA NOURRICE.

Vous regrettez un premier crime, et vous en méditez un autre!

CLYTEMNESTRE.

C'est une folie de vouloir s'arrêter sur une telle route.

LA NOURRICE.

Mettre crime sur crime, c'est ajouter à ses alarmes.

CLYTEMNESTRE.

Le fer, le feu tiennent souvent lieu de remèdes.

LA NOURRICE.

Mais ce n'est jamais dans les premiers momens qu'on emploie ces moyens extrêmes.

CLYTEMNESTRE.

Dans le malheur, il faut se jeter dans la voie la plus courte.

LA NOURRICE.

Pensez donc à la sainteté du nœud conjugal.

CLYTÆMNESTRA.

Decem per annos vidua respiciam virum?

NUTRIX.

Meminisse debes sobolis ex illo tuæ.

CLYTÆMNESTRA.

Equidem et jugales filiæ memini faces,
Et generum Achillem : præstitit matri fidem.

NUTRIX.

Redemit illa classis immotæ moras,
Et maria pigro fixa languore impulit.

CLYTÆMNESTRA.

Piget doletque! Tyndaris, cæli genus,
Lustrale classi Doricæ peperit caput.
Revolvit animus virginis thalamos meæ,
Quos ille dignos Pelopia fecit domo,
Quum stetit ad aras ore sacrifico pater,
Quam nuptiales! Horruit Calchas suæ
Responsa vocis, et recedentes focos.
O scelera semper sceleribus vincens domus!
Cruore ventos emimus, bellum nece.

NUTRIX.

Sed vela pariter mille fecerunt rates.

CLYTEMNESTRE.

Penser à un époux qui me laisse dans le veuvage depuis dix ans !

LA NOURRICE.

Songez du moins aux enfans qu'il vous a donnés.

CLYTEMNESTRE.

Je songe aussi à l'hymen de ma fille, à cet Achille qui dut être mon gendre, à la fidélité que mon époux m'a gardée.

LA NOURRICE.

Le sang de votre fille a levé les obstacles qui tenaient la flotte des Grecs enchaînée dans le port, et fait cesser le calme d'une mer immobile.

CLYTEMNESTRE.

O honte ! ô douleur ! moi, fille de Tyndare, moi, fille du ciel, j'ai donc enfanté la victime expiatoire qui devait favoriser le départ de leur flotte ! Je me rappelle cet hymen de ma fille, hymen digne de la race des Pélopides, grâce à la barbarie de son père, qui ne craignit pas de se tenir en habit de sacrificateur, à l'autel funèbre qu'il appelait un lit nuptial. Calchas lui-même a frémi de l'oracle annoncé par sa bouche, et le feu qui devait consumer la victime s'est rétiré d'horreur. O race coupable, qui fait oublier ses crimes par d'autres plus grands ! le meurtre a été le prix du vent, la mort le prix de la guerre.

LA NOURRICE.

Les dieux le voulaient, puisque les mille vaisseaux ont à l'instant déployé leurs voiles.

CLYTÆMNESTRA.

Non est soluta prospero classis Deo :
Ejecit Aulis impias portu rates.
Sic auspicatus bello, non melius gerit.
Amore captæ captus, immotus prece,
Sminthea tenuit spolia Phœbei ducis,
Ardore sacræ virginis jam tum furens.
Non illum Achilles flexit indomitus minis ;
Non ille solus fata qui mundi videt,
In nos fidelis augur, in captas levis;
Non populus æger, et relucentes rogi.
Inter ruentis Græciæ stragem ultimam
Sine hoste victus marcet, ac Veneri vacat,
Reparatque amores : neve desertus foret
A pellice unquam barbara cælebs torus,
Ablatam Achilli diligit Lyrnessida :
Nec rapere puduit e sinu avulsam viri.
En Paridis hostem ! nunc novum vulnus gerens
Amore Phrygiæ vatis incensus furit :
Et post tropæa Troica, ac versum Ilium,
Captæ maritus remeat, et Priami gener.
Accingere, anime : bella non levia apparas :
Scelus occupandum est : pigra, quem exspectas diem ?
Pelopia Phrygiæ sceptra dum teneant nurus?
An te morantur virgines viduæ domi,
Patrique Orestes similis? horum te mala
Ventura moveant, turbo queis rerum imminet.
Quid, misera, cessas? en adest natis tuis
Furens noverca : per tuum, si aliter nequit,
Latus exigatur ensis, et perimat duos.

CLYTEMNESTRE.

Non, le ciel n'a point favorisé ce départ. C'est l'Aulide qui a vomi de ses ports leur flotte impie. Cette guerre, commencée sous de malheureux auspices, n'a pas eu un meilleur cours. Épris des charmes d'une captive, insensible aux larmes d'un père, il a gardé sous sa tente, comme une dépouille prise sur un dieu, la fille du prêtre d'Apollon, débutant ainsi dans son amour pour les vierges sacrées. Cette passion n'a cédé ni aux menaces de l'indomptable Achille, ni aux prédictions du devin qui seul embrasse de ses regards toute la vie humaine : tant ses prédictions vraies contre nous, l'étaient peu à l'égard des captives; ni à cette peste qui dévorait l'armée, ni à la flamme sinistre des bûchers. Au milieu des désastres de la Grèce, il est là, immobile, vaincu sans avoir vu l'ennemi, il trouve du temps pour songer à ses amours, remplace une maîtresse par une autre ; et, pour avoir toujours sur sa couche quelque femme d'Asie, il se prend d'amour pour Briséis qu'il enlève à Achille, et ne rougit pas de l'arracher ainsi des bras de son époux. Voilà donc l'ennemi de Pâris! Maintenant, blessé d'une nouvelle flèche de l'Amour, il s'est épris d'une passion furieuse pour la prophétesse de Troie, et après tant de combats, après la ruine d'Ilion, il revient l'époux d'une captive et gendre de Priam. — Allons, mon âme, prépare-toi; la guerre que je médite n'est que trop juste : il faut frapper les premiers coups : pourquoi différer d'un seul jour? attendrai-je qu'il ait mis le sceptre de Pélops aux mains d'une Phrygienne? Qui pourrait t'arrêter? seraient-ce tes filles, vierges encore dans ce

Misce cruorem, perde pereundo virum.
Mors misera non est, commori cum quo velis.

NUTRIX.

Regina, frena tenet, et siste impetum,
Et quanta tentes, cogita : victor venit
Asiæ ferocis, ultor Europæ : trahit
Captiva Pergama, et diu victos Phrygas.
Hunc fraude nunc conaris et furto aggredi?
Quem non Achilles ense violavit fero,
Quamvis procacem torvus armasset manum;
Non melior Ajax, morte decreta furens;
Non sola Danais Hector et bello mora;
Non tela Paridis certa ; non Memnon niger;
Non Xanthus armis corpora immixtis gerens,
Fluctusque Simois cæde purpureos agens;
Non nivea proles Cycnus æquorei Dei;
Non bellicoso Thressa cum Rheso phalanx;
Non picta pharetras, et securigera manu
Peltata Amazon; hunc domi reducem paras
Mactare, et aras cæde maculare impia?
Victrix inultum Græcia hoc facinus feret?
Equos et arma, classibusque horrens fretum
Propone, et alto sanguine exundans solum,

palais, et la ressemblance d'Oreste avec son père? Ah! plutôt sois touchée de leurs malheurs à venir et de l'orage qui s'apprête à fondre sur eux. Pourquoi balancer, malheureuse? voici venir la marâtre de tes enfans, détourne d'eux sa fureur : que l'épée traverse ton flanc, s'il le faut, et fasse un double meurtre; mêle ton sang avec le sien, et perds ton époux en mourant toi-même. Il n'y a point de malheur à périr avec celui qu'on veut perdre.

LA NOURRICE.

Reine, calmez-vous, mettez un frein à cette fureur impétueuse, et considérez la grandeur de l'entreprise où vous vous lancez. C'est le vainqueur de l'Asie et le vengeur de l'Europe qui s'avance; il traîne après lui Troie captive, et les Phrygiens vaincus après dix ans de combats. Est-ce avec la ruse et la perfidie que vous prétendez l'attaquer? Achille n'a pu le toucher de sa forte épée, quoiqu'il en eût armé ses mains avides de vengeance; ni le plus brave des deux Ajax, quoique furieux et décidé à mourir; ni Hector, qui seul arrêta les Grecs, et prolongea la guerre; ni Pâris avec ses traits inévitables, ni le noir Memnon, ni le Xanthe qui roulait dans ses flots les armes et les corps des guerriers; ni le Simoïs dont les eaux étaient rougies de carnage; ni le blanc Cycnus, fils du dieu des mers; ni les phalanges de Thrace, commandées par le belliqueux Rhesus; ni les Amazones avec leurs carquois peints, leurs haches redoutables, et leurs boucliers échancrés : et c'est lui que vous voulez immoler à son retour? c'est du sang de ce héros que vous voulez souiller les autels domestiques?

Et tota captæ fata Dardaniæ domus
Regesta Danais: comprime affectus truces,
Mentemque tibimet ipsa pacifica tuam.

SCENA II.

ÆGISTHUS, CLYTÆMNESTRA, NUTRIX.

ÆGISTHUS.

Quod tempus animo semper ac mente horrui,
Adest profecto rebus extremum meis.
Quid terga vertis, anime? quid primo impetu
Deponis arma? crede perniciem tibi,
Et dira sævos fata moliri Deos.
Oppone cunctis vile suppliciis caput,
Ferrumque et ignes pectore adverso excipe.

CLYTÆMNESTRA.

Ægisthe, non est pœna sic nato mori.

ÆGISTHUS.

Tu nos pericli socia, tu Leda sata
Comitare tantum: sanguinem reddet tibi
Ignavus iste ductor, ac fortis pater.
Sed quid trementes circuit pallor genas,
Jacensque vultus languido obtutu stupet?

la Grèce victorieuse laissera-t-elle sans vengeance un pareil crime? Voyez d'ici les chevaux, les armes, la mer hérissée de navires, la terre inondée de flots de sang, et tous les malheurs du palais de Priam rendus à la Grèce : étouffez dans votre sein ces pensées funestes, et que votre âme s'apaise envers vous-même.

SCÈNE II.

ÉGISTHE, CLYTEMNESTRE, LA NOURRICE.

ÉGYSTHE.

Il est enfin venu pour moi ce jour fatal, auquel je n'ai jamais songé sans horreur. Pourquoi cette faiblesse de courage? pourquoi jeter les armes avant le combat? Regarde-toi comme un homme condamné par les dieux qui te préparent le sort le plus terrible. Va donc, dévoue ta tête coupable aux plus affreux supplices, offre ta poitrine à la fureur du fer et des feux.

CLYTEMNESTRE.

Avec une naissance comme la vôtre, Égisthe, la mort n'est pas un châtiment.

ÉGYSTHE.

Compagne de mes dangers, fille de Léda, suivez-moi seulement; et cet homme, aussi lâche roi que père courageux, vous paiera le sang qu'il a versé. Mais quoi! vous tremblez, la pâleur est sur vos joues, vos yeux troublés restent immobiles et sans regard?

CLYTÆMNESTRA.

Amor jugalis vincit, ac flectit retro.
Referamur illuc, unde non decuit prius
Abire : vel nunc casta repetatur fides.
Nam sera nunquam est ad bonos mores via.
Quem pœnitet peccasse, pæne est innocens.

ÆGISTHUS.

Quo raperis amens! credis, aut speras tibi
Agamemnonis fidele conjugium? ut nihil
Subesset animo, quod graves faceret metus;
Tamen superba et impotens flatu nimis
Fortuna magno spiritus tumidos daret.
Gravis ille sociis stante adhuc Troja fuit;
Quid rere ad animum, suapte natura trucem,
Trojam addidisse? rex Mycenarum fuit;
Veniet tyrannus : prospera animos efferunt.
Effusa circa pellicum quanto venit
Turba apparatu! sola sed turba eminet,
Tenetque regem famula veridici Dei.
Feresne thalami victa consortem tui?
At illa nolet. Ultimum est nuptæ malum,
Palam marita possidens pellex domum :
Nec regna socium ferre, nec tædæ sciunt.

CLYTEMNESTRE.

L'amour conjugal prend le dessus et me ramène en arrière. Rentrons dans les limites que nous n'eussions point dû franchir : redevenons chastes et fidèles ; il n'est jamais trop tard pour faire un sage retour à la vertu ; se repentir de ses fautes, c'est être presque innocent.

ÉGYSTHE.

Quel transport vous égare, insensée ? croyez-vous, espérez-vous trouver à l'avenir plus de foi dans votre époux ? quand même vous n'auriez pas au fond de votre pensée un grave sujet de crainte, pourriez-vous ne pas redouter son âme fière et hautaine que le succès enivre d'un fol orgueil, et qui ne sait plus se gouverner elle-même dans la grandeur ? Alors que Troie était encore debout, son insolence le rendait insupportable aux rois ses alliés ; combien la ruine de cette ville fameuse doit avoir ajouté à la violence d'un tel caractère ! il était roi de Mycènes, il y rentrera tyran : car toute âme s'élève dans la prospérité. Avec quel appareil il va venir au milieu de la foule brillante de ses maîtresses ! mais au dessus de toutes les autres s'élève la prêtresse du dieu des oracles, captive qui règne en souveraine sur le cœur du roi des rois. Souffrirez-vous que cette esclave préférée partage votre lit nuptial ? le partager, elle n'y consentira pas ; et vous subirez le plus grand des malheurs pour une femme légitime, celui de voir une concubine affermie dans tous vos droits, gouverner publiquement le palais de votre époux : car l'hymen est comme le trône, il ne souffre point de partage.

CLYTÆMNESTRA.

Ægisthe, quid me rursus in præceps rapis,
Iramque flammis jam residentem incitas?
Permisit aliquid victor in captas sibi:
Nec conjugem hoc respicere, nec dominam decet.
Lex alia solio est, alia privato in toro.
Quid quod severas ferre me leges viro
Non patitur animus, turpis admissi memor?
Det ille veniam facile, cui venia est opus.

ÆGISTHUS.

Ita est : pacisci mutuam veniam licet.
Ignota tibi sunt jura regnorum, aut nova!
Nobis maligni judices, æqui sibi,
Id esse regni maximum pignus putant,
Si, quidquid aliis non licet, solis licet.

CLYTÆMNESTRA.

Ignovit Helenæ : juncta Menelao redit,
Quæ Europam et Asiam paribus afflixit malis.

ÆGISTHUS.

Sed nulla Atridem Venere furtiva abstulit,
Nec cepit animum conjugi obstrictum suæ.
Jam crimen ille quærit, et causas parat.
Nil esse crede turpe commissum tibi :
Quid honesta prodest vita, flagitio vacans,
Ubi dominus odit? fit nocens, non quæritur.
Spartamne repetes spreta, et Eurotan tuum,

CLYTEMNESTRE.

Égisthe, pourquoi voulez-vous m'entraîner encore dans le précipice, et attiser le feu de ma colère qui commence à s'apaiser? Le vainqueur s'est permis quelque chose avec ses captives, c'est un écart qui ne mérite pas l'attention d'une épouse et d'une reine; la loi de l'hymen n'est pas la même pour les rois que pour les hommes privés. De plus, le souvenir de ma honteuse faiblesse ne me permet guère d'imposer à mon époux des lois sévères; il faut être prompt à pardonner quand on a besoin soi-même de pardon.

ÉGISTHE.

Oui, c'est bien; vous vous pardonnerez vos fautes réciproques. Vous ignorez apparemment le privilège des rois : juges sévères pour nous, mais indulgens pour eux-mêmes, ils regardent comme la plus belle prérogative du trône le droit exclusif de faire tout ce qu'ils défendent aux autres.

CLYTEMNESTRE.

Hélène a reçu son pardon; après avoir été pour l'Europe et l'Asie la cause de tant de maux, elle revient femme de Ménélas.

ÉGISTHE.

Oui, mais aucune maîtresse n'a entraîné Ménélas à de furtives amours, ni séduit ce cœur fidèle à son épouse. Votre tyran, au contraire, cherche déjà des prétextes et des raisons de vous accuser. Quand vous n'auriez aucune faiblesse à vous reprocher, de quoi vous servirait l'innocence et la pureté de votre vie, devant un époux qui vous hait? Vous êtes coupable sans examen. Croyez-

Patriasque sedes profuga ? non dant exitum
Repudia regum : spe metum falsa levas.

CLYTÆMNESTRA.

Delicta novit nemo, nisi fidus, mea.

ÆGISTHUS.

Non intrat unquam regium limen fides.

CLYTÆMNESTRA.

Opibus merebor, ut fidem pretio obligem.

ÆGISTHUS.

Pretio parata, vincitur pretio fides.

CLYTÆMNESTRA.

Surgit residuus pristinæ mentis pudor.
Quid obstrepis? quid voce blandiloqua mala
Consilia dictas ? scilicet nubet tibi,
Regum relicto rege, generosa exsuli?

ÆGISTHUS.

Et cur Atrida videor inferior tibi,
Natus Thyestæ ?

CLYTÆMNESTRA.

Si parum est, adde et nepos.

ÆGISTHUS.

Auctore Phœbo gignor : haud generis pudet.

CLYTÆMNESTRA.

Phœbum nefandæ stirpis auctorem vocas,

vous que vous pourrez aller cacher votre honte dans Lacédémone, et trouver un exil sur les bords de votre Eurotas et dans le palais de vos aïeux? la femme répudiée d'un roi ne sort point ainsi de ses mains; vous vous flattez d'une folle espérance.

CLYTEMNESTRE.

Mes torts ne sont connus que d'un seul confident sur la discrétion duquel je puis compter.

ÉGISTHE.

La fidélité n'a point d'entrée dans le palais des rois.

CLYTEMNESTRE.

Je le comblerai de biens pour acheter son silence.

ÉGISTHE.

L'or triomphe d'une fidélité conquise à prix d'or.

CLYTEMNESTRE.

Je sens se réveiller en moi les inspirations de ma vertu première; pourquoi leur imposer silence, et me donner d'une voix caressante les plus perfides conseils? une femme de mon rang pourra-t-elle trahir le roi des rois pour épouser un banni comme vous?

ÉGISTHE.

Et en quoi me trouvez-vous inférieur à ce fils d'Atrée, moi, fils de Thyeste?

CLYTEMNESTRE.

Et de plus même son petit-fils.

ÉGISTHE.

Apollon a présidé à ma naissance, je n'en rougis point.

CLYTEMNESTRE.

Pouvez-vous lui imputer cette naissance abominable,

Quem nocte subita frena revocantem sua
Cælo expulistis. Quid Deos probro advocas,
Surripere doctus fraude geniales toros,
Quem Venere tantum scimus illicita virum?
Facesse propere, ac dedecus claræ domus
Asporta ab oculis: hæc vacat regia viro.

ÆGISTHUS.

Exsilia mihi sunt haud nova: assuevi malis.
Si tu imperas, regina, non tantum domo
Argisve cedo: nil moror jussu tuo
Aperire ferro pectus ærumnis grave.

CLYTÆMNESTRA.

Siquidem hoc cruenta Tyndaris fieri sinam?
Quæ juncta peccat, debet et culpæ fidem.
Secede mecum potius, ut rerum statum
Dubium ac minacem juncta consilia explicent.

SCENA III.

CHORUS ARGIVARUM.

Canite, o pubes inclyta, Phœbum.
Tibi festa caput turba coronat:
Tibi virgineas laurum quatiens

quand les crimes de votre famille l'ont chassé du ciel, et fait venir sur le monde une nuit soudaine en forçant le dieu du jour de ramener ses coursiers en arrière? Pourquoi rejeter votre honte sur les dieux, vous si savant à vous glisser dans la couche des époux, vous dont le courage d'homme n'a éclaté jusqu'ici que dans l'adultère. Fuyez donc au plus vite, délivrez mes yeux de l'opprobre d'une glorieuse maison : ce palais attend mon époux.

ÉGISTHE.

L'exil n'est pas nouveau pour moi, j'ai l'expérience du malheur. Si vous l'ordonnez, reine, c'est peu de quitter ce palais et cette ville : parlez, et je suis prêt à percer d'une épée ce cœur dévoré de chagrins.

CLYTEMNESTRE.

Moi, fille de Tyndare, j'aurais la cruauté de donner un ordre semblable? quand on a partagé le crime, on ne trahit pas son complice. Retirons-nous tous deux à l'écart, et cherchons ensemble à résoudre les difficultés de la position menaçante où nous sommes.

SCÈNE III.

CHOEUR DE FEMMES D'ARGOS.

Brillante jeunesse, chantez Apollon. C'est pour toi, dieu puissant, que ces guirlandes parent nos têtes; c'est pour toi que les vierges d'Argos couvrent de branches

De more comas innuba fundit
Stirps Inachia: tu quoque nostros,
Thebais hospes, comitare choros,
Quæque Erasini gelidos fontes,
Quæque Eurotan, quæque virenti
Tacitum ripa bibis Ismenon,
Quam fatorum præscia Manto,
Sata Tiresia, Latonigenas
Monuit sacris celebrare Deos.
Arcus victor pace relata,
   Phœbe, relaxa,
Humeroque graves levibus telis
Pone pharetras; resonetque manu
Pulsa citata vocale chelys.
  Nil acre velim
Magnumque modis intonet altis:
Sed quale soles leviore lyra
Flectere carmen simplex; lusus
Quum docta tuos Musa recenset.
Licet et chorda graviore sones,
Quale canebas, quum Titanas
Fulmine victos videre Dei;
Vel quum montes montibus altis
Superimpositi struxere gradus
Trucibus monstris: stetit imposita
Pelion Ossa; pinifer ambos
   Pressit Olympus.
Ades, o magni, soror et conjux,
Consors sceptri, regia Juno:
Tua te colimus turba Mycenæ:

de laurier leurs belles chevelures. Joignez-vous à nos chœurs, filles de Thèbes, venues à Argos pour ce grand jour, et vous qui buvez les eaux glacées d'Érasine, ou celles de l'Eurotas, ou celles de l'Ismène qui coule sans bruit sur un lit de verdure, au milieu de ce peuple que la fille de Tirésias, Manto la prophétesse, instruisit à honorer par des sacrifices les deux enfans de Latone.

Tu as vaincu, Apollon, la paix est rendue au monde; détends ton arc, et dégage tes épaules de ce carquois rempli de tes flèches rapides. Prends en main ton luth harmonieux, et qu'il vibre sous tes doigts : ne fais point d'abord entendre des sons vifs et hardis sur un mode élevé; mais prélude par ces chants doux que tu modules sur la lyre légère dans tes jeux avec les Muses savantes.

Tu peux chanter encore sur un mode plus grave l'hymne dans lequel tu célébras la défaite des Titans par les dieux, ou celui que tu fis entendre quand ces monstres furieux se firent une échelle de montagnes entassées, élevant l'Ossa sur le Pélion, et l'Olympe sur les deux premières, avec ses forêts de pins.

Écoute nos vœux, toi l'épouse et la sœur du roi du ciel dont tu partages le sceptre, puissante Junon! C'est ton peuple de Mycènes qui t'invoque aujourd'hui. Toi

Tu sollicitum supplexque tui
Numinis Argos sola tueris;
Tu bella manu pacemque regis ;
Tu nunc lauros Agamemnonias
      Accipe victrix.
Tibi multifora tibia buxo
 Solemne canit : tibi fila movent
Docta puellæ carmine molli.
Tibi votivam matres Graiæ
Lampada jactant: ad tua conjux
Candida tauri delubra cadit,
Nescia aratri, nullo collum
      Signata jugo.
Tuque o magni nata Tonantis
Inclyta Pallas, quæ Dardanias
Sæpe petisti cuspide turres :
Te permixto matrona minor
Majorque choro colit, et reserat
Veniente Dea templa sacerdos :
Tibi nexilibus turba coronis
      Redimita venit.
Tibi grandævi lassique senes
Compote voto reddunt grates,
Libantque manu vina trementi.
Et te Triviam nota memores
Voce precamur : tu maternam
Sistere Delon, Lucina, jubes,
Huc atque illuc prius errantem
Cyclada ventis : nunc jam stabilis
Fixa terras radice tenet ;

seule veilles sur Argos inquiète et suppliante au pied de tes autels : la paix et la guerre sont dans tes mains souveraines. Agamemnon te doit son triomphe, reçois l'hommage des lauriers qu'il va t'offrir. C'est pour toi que la flûte harmonieuse fait entendre de solennels accords, pour toi que les vierges savantes de Mycènes accompagnent de doux chants sur la lyre. C'est pour accomplir les vœux qu'elles t'ont faits, que les dames de la Grèce agitent leurs flambeaux mystérieux; c'est sur ton autel que va tomber cette génisse blanche qui n'a jamais traîné la charrue, et dont le cou pur n'est point sillonné par le joug.

Et toi, fille du maître de la foudre, glorieuse Pallas, qui plus d'une fois as frappé de ta lance les murs troyens, nos femmes de tout âge se réunissent en chœur pour te rendre hommage, et le prêtre ouvre à ton approche les portes de ton temple : vois cette foule qui s'avance vers tes autels, le front paré de guirlandes. Ces vieillards affaiblis par les ans te rendent grâces d'avoir comblé leurs vœux, et, de leurs mains tremblantes, font en ton honneur des libations de vin.

Reçois aussi l'hommage de notre reconnaissance, ô Diane! notre voix t'est connue. C'est toi qui affermis Délos chère à Latone : autrefois cyclade errante au gré des vents, cette île tient maintenant à la terre par de fortes et profondes racines; les vents ne l'agitent plus, et les vaisseaux qu'elle suivait sur les mers se reposent

Respuit auras, religatque rates
Assueta sequi. Tu Tantalidos
Funera matris victrix numeras.
Stat nunc Sipyli vertice summo
    Flebile saxum,
Et adhuc lacrimas moesta æternum
Marmora manant antiqua novas.
Colit impense femina virque
Numen geminum.
        Tuque ante omnes,
Pater ac rector, fulmine pollens,
Cujus nutu simul extremi
Tremuere poli, generis nostri
Juppiter auctor, cape dona libens;
Abavusque tuam non degenerem
    Respice prolem.
  Sed, ecce, vasto concitus miles gradu
Manifesta properat signa lætitiæ ferens:
Namque hasta summo lauream ferro gerit;
Fidusque regi semper Eurybates adest.

aujourd'hui dans ses rades. Sous tes traits ont péri les enfans de l'orgueilleuse fille de Tantale, qui maintenant, statue de pierre, pleure debout sur le mont Sipyle, et laisse tomber des larmes toujours nouvelles de ses paupières de marbre vieillies dans son éternelle douleur. Hommes et femmes, dans Argos, honorent d'un culte empressé les deux enfans de Latone.

Mais toi surtout, reçois favorablement nos dons, père et maître des Immortels, dieu de la foudre, qui d'un signe de ta tête fais trembler les deux pôles; puissant Jupiter, auteur de notre race, abaisse tes regards sur tes arrière-petits-fils, toujours dignes de cette haute origine.

Mais voici un guerrier qui s'avance à grands pas; tout annonce qu'il apporte d'heureuses nouvelles, car le fer de sa lance est entrelacé de lauriers; c'est Eurybate, le fidèle écuyer du roi des rois.

ACTUS TERTIUS.

SCENA I.

EURYBATES, CLYTÆMNESTRA.

EURYBATES.

Delubra et aras cælitum, et patrios lares
Post longa fessus spatia, vix credens mihi,
Supplex adoro. Vota Superis solvite:
Telluris altum remeat Argolicæ decus
Tandem ad penates victor Agamemnon suos.

CLYTÆMNESTRA.

Felix ad aures nuntius venit meas.
Ubinam petitus per decem conjux mihi
Annos moratur? pelagus, an terras premit?

EURYBATES.

Incolumis, auctus gloria, laude inclytus
Reducem expetito litori impressit pedem.

CLYTÆMNESTRA.

Sacris colamus prosperum tandem diem,
Et si propitios, attamen lentos, Deos.
Tu pande, vivat conjugis frater mei,

ACTE TROISIÈME.

SCÈNE I.

EURYBATE, CLYTEMNESTRE.

EURYBATE.

Après tant de fatigues et une si longue absence, je puis donc me prosterner dans ces temples, devant ces autels, et adorer les dieux protecteurs de ma patrie! c'est à peine si je crois à mon bonheur. Acquittez-vous des vœux que vous avez faits; Agamemnon, l'orgueil de la Grèce, rentre enfin victorieux dans le palais de ses pères.

CLYTEMNESTRE.

J'apprends avec joie cette heureuse nouvelle. Où est cet époux dont mes désirs ont appelé le retour pendant dix années? est-il encore sur les flots, ou foule-t-il déjà la terre sous ses pas?

EURYBATE.

Heureux, comblé d'honneur, et plein de gloire, il a enfin mis le pied sur le rivage tant désiré.

CLYTEMNESTRE.

Célébrons ce beau jour par des sacrifices, remercions les dieux qui nous le font voir enfin, les dieux propices, mais trop lents au gré de notre impatience. Dis-moi, le

Et pande, teneat quas soror sedes mea.

EURYBATES.

Meliora votis posco, et obtestor Deos.
Nam certa fari sors maris dubii vetat.
Ut sparsa tumidum classis excepit mare,
Ratis videre socia non potuit ratem.
Quin ipse Atrides æquore immenso vagus
Graviora pelago damna, quam bello, tulit;
Remeatque victo similis, exiguas trahens
Lacerasque victor classe de tanta rates.

CLYTÆMNESTRA.

Effare, casus quis rates hausit meas?
Aut quæ maris fortuna dispulerit duces?

EURYBATES.

Acerba fatu poscis, infaustum jubes
Miscere læto nuntium: refugit loqui
Mens ægra, tantis atque inhorrescit malis.

CLYTÆMNESTRA.

Exprome: clades scire qui refugit suas,
Gravat timorem: dubia plus torquent mala.

EURYBATES.

Ut Pergamum omne Dorica cecidit face,
Divisa præda est: maria properantes petunt;
Jamque ense fessum miles exonerat latus;
Neglecta summas scuta per puppes jacent;
Ad militares remus aptatur manus;

frère de mon époux vit-il encore? Et ma sœur, dans quels lieux l'as-tu laissée?

EURYBATE.

Je ne puis que former des vœux et prier les Immortels pour leur salut; car les hasards de la mer ne me laissent rien de certain à vous apprendre sur leur sort. La tempête a divisé notre flotte, et le vaisseau de Ménélas a cessé d'être en vue du nôtre. Agamemnon lui-même, égaré sur la vaste mer, a souffert sur les flots plus de pertes que dans la guerre; il revient comme un vaincu, traînant après lui quelques navires brisés, restes malheureux d'une si grande flotte.

CLYTEMNESTRE.

Raconte-moi cet accident qui a fait périr nos vaisseaux, et la tempête qui a séparé les deux rois.

EURYBATE.

C'est un triste récit que vous me demandez; il faut mêler la douleur à l'heureuse nouvelle que je vous annonce; mon âme attristée se refuse à vous obéir, et se trouble au souvenir de tant de misères.

CLYTEMNESTRE.

Parle; c'est ajouter à ses craintes que de ne vouloir pas entendre le récit de ses malheurs: l'incertitude est un tourment de plus.

EURYBATE.

Dès que Troie tout entière a disparu sous les flammes, les Grecs se partagent les dépouilles, et se hâtent de courir vers la mer. Le soldat, épuisé par tant de fatigues, détache son épée; les boucliers sont jetés sans ordre sur la poupe des vaisseaux, les mains de nos guerriers

Omnisque nimium longa properanti mora est.

Signum recursus regia ut fulsit rate,
Et clara lentum remigem monuit tuba,
Aurata primas prora designat vias,
Aperitque cursus, mille quos puppes secent.
Hinc aura primo lenis impellit rates,
Allapsa velis : unda vix actu levi
Tranquilla Zephyri mollis afflatu tremit;
Splendetque classe pelagus, et pariter latet.
Juvat videre nuda Trojæ litora,
Juvat relicti sola Sigei loca.
Properat juventus omnis adductos simul
Lentare remos : adjuvat ventos manu,
Et valida nisu brachia alterno movet.
Sulcata vibrant æquora, et latera increpant;
Dirimuntque canæ cærulum spumæ mare.

Ut aura plenos fortior tendit sinus,
Posuere tonsas; credita est vento ratis :
Fususque transtris miles, aut terras procul,
Quantum recedunt vela, fugientes notat;
Aut bella narrat; Hectoris fortis minas,
Currusque, et emto redditum corpus rogo :
Sparsum cruore regis Herceum Jovem.

Tunc qui jacente reciprocus ludit salo,
Tumidumque pando transilit dorso mare,
Tyrrhenus omni piscis exsultat freto,
Agitatque gyros, et comes lateri adnatat,

saisissent les rames, et le moindre retard pèse à notre impatience.

A peine le signal du retour a-t-il brillé sur le vaisseau du roi, à peine le son de la trompette a-t-il averti les rameurs, le navire à la proue d'or s'ébranle et ouvre la carrière dans laquelle toute la flotte doit se lancer. D'abord un vent doux enfle nos voiles et nous porte sur les flots : c'est à peine si la surface de l'onde est ridée par le souffle du Zéphyr; la mer brille tout ensemble et disparaît sous nos vaisseaux. Nous prenons plaisir à contempler le rivage de Troie maintenant désert, à voir le promontoire de Sigée fuir derrière nous. Nos guerriers s'empressent de courber les rames en mesure; ils ajoutent leurs efforts à la puissance du vent; leurs bras vigoureux s'élèvent et s'abaissent en cadence. La mer gémit sous les rames, ses vagues viennent battre les flancs des navires, et une blanche écume divise l'azur des flots.

Quand le vent plus fort a tendu les voiles, nous quittons les rames, et nous abandonnons les navires au souffle qui les emporte. Étendus sur les bancs, nos guerriers regardent la terre qui fuit derrière nous de toute la vitesse de notre marche, ou se plaisent à des récits de batailles. Ils redisent les menaces du valeureux Hector, son corps traîné dans la poussière, et racheté par Priam, et l'autel ensanglanté de Jupiter Hercéen.

Cependant les dauphins, qui se jouent dans le cristal des ondes et soulèvent de leur large dos les vagues de la mer de Tyrrhène, viennent en foule bondir autour de nos navires. On les voit former des cercles folâtres, na-

Anteire naves lætus, et rursus sequi.
Nunc prima tangens rostra lascivit chorus,
Millesimam nunc ambit et lustrat ratem.

Jam litus omne tegitur, et campi latent,
Et dubia parent montis Idæi juga.
Et, id quod unum pervicax acies videt,
Iliacus atra fumus apparet nota.
Jam lassa Titan colla relevabat jugo;
In astra jam lux prona, jam præceps dies.
Exigua nubes sordido crescens globo
Nitidum cadentis inquinat Phœbi jubar.
Suspecta varius occidens fecit freta.

Nox prima cælum sparserat stellis : jacent
Deserta vento vela : tum murmur grave,
Majora minitans, collibus summis cadit,
Tractuque longo litus ac petræ gemunt.
Agitata ventis unda venturis tumet :
Quum subito luna conditur, stellæ latent.
In astra pontus tollitur : cælum perit.
Nec una nox est : densa tenebras obruit
Caligo, et, omni luce subducta, fretum
Cælumque miscet : undique incumbunt simul,
Rapiuntque pelagus, infimo eversum solo,
Adversus Euro Zephyrus, et Boreæ Notus.
Sua quisque mittunt tela, et infesti fretum
Emoliuntur : turbo convolvit mare.
Strymonius altas Aquilo contorquet nives;

ger à côté de nous, tantôt nous devancer, tantôt nous suivre dans leurs jeux ; environner de leurs groupes joyeux tantôt le premier, tantôt le dernier de nos mille vaisseaux.

Déjà le rivage avait disparu ; les campagnes se cachaient à nos yeux, et les cimes de l'Ida se perdaient dans un lointain vague et confus. Tout ce qu'une vue perçante peut encore démêler, c'est la fumée d'Ilion, qui apparaît comme une tache obscure. Déjà le Soleil s'apprêtait à dételer ses chevaux fatigués, le jour tombait et les astres de la nuit allaient paraître. Tout à coup un léger nuage, s'arrondissant comme un globe noirâtre, se développe et ternit le disque lumineux du soleil couchant. Cette tache sinistre à pareille heure nous fait craindre une tempête.

Les premières étoiles de la nuit brillaient à la voûte du ciel : plus de vent, les voiles s'affaissent. Alors un bruit sourd, présage de malheur, se fait entendre au sommet des collines lointaines : le rivage et les rochers s'ébranlent avec un murmure effrayant ; la mer se soulève, gonflée par les vents prêts à fondre sur nous. Soudain la lune se cache et les étoiles disparaissent ; la mer monte vers le ciel qui disparaît à nos yeux. Et ce n'est pas une seule nuit qui nous enveloppe ; un épais brouillard s'ajoute aux ténèbres, et le ciel et la terre se confondent dans une même obscurité. Les quatre vents opposés, l'Eurus soufflant contre le Zéphyr, Borée contre le Notus, soulèvent la mer du fond de ses abîmes ; chacun d'eux lance tous ses traits ; ils s'acharnent sur les flots, et les roulent dans un tourbillon rapide. L'A-

Libycusque arenas Auster ad Syrtes agit.
Nec manet in Austro; fit gravis nimbis Notus,
Imbre auget undas; Eurus Orientem movet,
Nabathæa quatiens regna, et Eoos sinus.
Quid rabidus ora Corus Oceano exserens?
Mundum revelli sedibus totum suis
Ipsosque rupto crederes cælo Deos
Decidere, et atrum rebus induci chaos.
Vento resistit æstus, et ventus retro
Æstum revolvit : non capit sese mare;
Undasque miscent imber et fluctus suas.
Nec hoc levamen denique ærumnis datur,
Videre saltem, et nosse quo pereant malo.
Premunt tenebræ lumina, et diræ Stygis
Inferna nox est : excidunt ignes tamen,
Et nube dirum fulmen elisa micat;
Miserisque lucis tanta dulcedo est malæ.
Hoc lumen optant : ipsa se classis premit,
Et prora proræ nocuit, et lateri latus.

Illam dehiscens pontus in præceps rapit,
Hauritque, et alto redditam revomit mare.
Hæc onere sidit : illa convulsum latus
Summittit undis : fluctus hanc decimus tegit.
Hæc lacera, et omni decore populato levis
Fluitat; nec illi vela, nec tonsæ manent;
Nec rectus altas malus antennas ferens,
Sed trunca toto puppis Ionio natat.
Nil ratio et usus audet : ars cessit malis.
Tenet horror artus : omnis officio stupet

quilon pousse contre nous les neiges de la Thrace, l'Auster chasse devant lui les sables des Syrtes de Libye. Mais ce n'est pas assez : le Notus se charge de nuages, et la pluie du ciel augmente les flots de la mer; l'Eurus ébranle tout l'Orient, il remue le royaume des Nabathéens et les rivages de l'Aurore; l'impétueux Corus se lève du sein de l'Océan. On croirait que l'univers tout entier va être arraché de ses fondemens, que les dieux vont tomber du ciel brisé en éclats, et que le noir chaos va saisir toute la nature : le flux résiste au vent, le vent surmonte le reflux; la mer ne peut plus se contenir dans ses rivages, et l'eau de la pluie se mêle aux vagues salées. Nous n'avons pas même, dans ce désastre, la consolation de voir et de savoir comment nous allons périr. Les ténèbres nous dérobent toute lumière, et une nuit pareille à la nuit du Styx nous enveloppe. Cependant quelques feux tombent par intervalle, des éclats de foudre déchirent les nues; dans notre malheur, cette lumière sinistre est encore un bienfait, et nos yeux la saisissent avidement.

Cependant nos galères s'entre-choquent, leurs proues et leurs flancs se brisent les uns contre les autres. Des navires sont abîmés dans la mer qui s'ouvre pour les engloutir, et les rejette ensuite à sa surface; d'autres coulent à fond sous leur propre poids. L'un appuie sur les eaux sa carène entr'ouverte et s'enfonce dans l'abîme; cet autre, brisé, dépouillé de ses superbes agrès, flotte légèrement sur les eaux; plus de voiles, plus de rames, plus de mât pour soutenir les antennes, il ne reste plus que la carène toute nue qui surnage au hasard sur toute

Navita relicto : remus effugit manus.
In vota miseros ultimus cogit timor,
Eademque Superos Troes et Danai rogant.

Quid fata possunt! invidet Pyrrhus patri,
Ajaci Ulysses, Hectori Atrides minor,
Agamemnon Priamo : quisquis ad Trojam jacet,
Felix vocatur, cadere qui meruit gradu,
Quem fama servat, victa quem tellus premit.
Nil nobile ausos pontus atque undæ ferent?
Ignava fortes fata consument viros?
Perdenda mors est : quisquis es nondum malis
Satiate tantis cælitum, tandem tuum
Numen serena : cladibus nostris daret
Vel Troja lacrimas : odia si durant tua,
Placetque mitti Doricum exitio genus ;
Quid hos simul perire nobiscum juvat,
Quibus perimus?

    Sistite infestum mare :
Vehit ista Danaos classis; et Troas vehit.
Nec plura possunt : occupat vocem mare.
Ecce alia clades : fulmine irati Jovis
Armata Pallas, quidquid aut hasta minax,
Aut ægide et furore Gorgoneo potest,
Aut igne patrio, tentat; et cælo novæ

l'étendue de la mer Ionienne. La raison ni l'expérience ne peuvent nous fournir aucun secours, l'art du pilote est vaincu par l'excès des maux. La terreur engourdit tous nos membres, les matelots quittent la manœuvre et se reposent dans un morne abattement; les rames échappent aux mains des rameurs. L'effroi, parvenu à son comble, tourne enfin nos pensées vers le ciel; Grecs et Troyens font les mêmes vœux.

O vicissitudes humaines! Pyrrhus envie le sort de son père, Ulysse celui d'Ajax, Ménélas celui d'Hector, Agamemnon celui de Priam. Nous appelons heureux ceux qui dorment sous les murs de Troie; ils sont morts en combattant, la renommée conserve leur mémoire, et la terre conquise par leurs bras leur sert de tombeau. Faut-il mourir sans gloire au milieu des flots? cet ignoble trépas est-il réservé à de braves guerriers? Perdre ainsi jusqu'au fruit de sa mort! Qui que tu sois, dieu cruel, dont la colère n'est pas encore désarmée par tant de malheurs, apaise-toi enfin; Troie elle-même donnerait des larmes à nos souffrances. Si ta haine est implacable, si tu as résolu de détruire l'armée des Grecs, pourquoi faire périr avec nous ceux pour qui nous périssons?

Dieux puissans! calmez cette mer furieuse; ces vaisseaux portent des Grecs, mais ils portent aussi des Troyens. Impossible d'en dire davantage; le bruit des flots couvre notre voix. Un nouveau malheur tombe sur nous : armée de la foudre de Jupiter irrité, Pallas déploie pour nous perdre toute la puissance que lui donnent sa lance redoutable, son égide où pend la tête hor-

Spirant procellæ : solus invictus malis
Luctatur Ajax : vela cogentem hunc sua
Tenso rudente flamma perstrinxit cadens.
Libratur aliud fulmen : hoc toto impetu
Certum reducta Pallas excussit manu,
Imitata patrem : transit Ajacem, et ratem,
Ratisque partem secum et Ajacis tulit.
Nil ille motus, ardua ut cautes salo
Ambustus exstat, dirimit insanum mare,
Fluctusque rumpit pectore, et navem manu
Complexus in se traxit, et cæco mari
Collucet Ajax : omne resplendet fretum.

Tandem occupata rupe, furibundum intonat,
Superasse nunc se pelagus, atque ignes : « Juvat
« Vicisse cælum, Palladem, fulmen, mare :
« Non me fugavit bellici terror Dei;
« Et Hectorem una solus et Martem tuli :
« Phœbea nec me tela pepulerunt gradu.
« Cum Phrygibus istos vicimus : tandem horream
« Aliena inerti tela mitti dextera ?
« Quid si ipse mittat ? » Plura quum auderet furens,
Tridente rupem subruit pulsam pater
Neptunus, imis exserens undis caput,
Solvitque montem; quem cadens secum tulit :
Terraque et igne victus et pelago jacet.

Nos alia major naufragos pestis vocat.
Est humilis unda, scrupeis mendax vadis,
Ubi saxa rapidis clusa vorticibus tegit

rible de Méduse, et les feux paternels. De nouvelles tempêtes sifflent dans l'air : seul, invincible à tant de maux, Ajax lutte encore; comme il veut plier ses voiles, un éclat de foudre l'effleure. Mais la déesse balance un nouveau tonnerre en ses mains ; de toute sa force et de tout l'effort de ses bras, elle le lance en imitant son père. Le trait enflammé traverse Ajax et son vaisseau, et emporte quelque débris de l'un et de l'autre. Lui, toujours intrépide quoique brûlé de la foudre, s'élève comme un roc au dessus des flots ; il fend cette mer furieuse et partage les vagues avec sa poitrine ; il saisit et entraîne son vaisseau, et le feu qui l'embrase le rend visible au milieu des sombres flots.

Enfin, debout sur un écueil, il crie d'une voix tonnante et furieuse qu'il a vaincu la mer et les feux : « Je triomphe, dit-il, du ciel, de Pallas, de la foudre et des flots : je n'ai point reculé devant le terrible dieu des combats; seul, j'ai soutenu les coups d'Hector et les attaques de Mars; les traits d'Apollon ne m'ont point ébranlé, j'ai triomphé de ces dieux comme des Troyens : pourrais-je craindre ces foudres sans force lancées par une main étrangère? Quand ce serait Jupiter lui-même... » Sa fureur allait oser davantage, quand Neptune, levant sa tête au dessus des mers, brise d'un coup de son trident le rocher sur lequel il s'appuie, et le blasphémateur est entraîné dans sa chute, vaincu enfin par la terre, la mer et le feu réunis contre lui seul.

Nous, un autre fléau plus cruel nous est réservé. Il est une eau basse à fond perfide et plein de rochers que le traître Capharée cache dans les gouffres qu'il domine.

Fallax Caphareus : æstuat scopulis fretum,
Fervetque semper fluctus alterna vice;
Arx imminet prærupta, quæ spectat mare
Utrinque geminum. Pelopis hinc oras tui,
Et Isthmon, arcto qui recurvatus solo
Ionia jungi maria Phrixeis vetat;
Hinc scelere Lemnon nobilem; hinc et Chalcida;
Tardamque ratibus Aulida : hanc arcem occupat
Palamedis ille genitor, et clarum manu
Lumen nefanda vertice e summo efferens,
In saxa duxit perfida classem face.
Hærent acutis rupibus fixæ rates.
Has inopis undæ brevia comminuunt vada.
Pars vehitur hujus prima, pars scopulo sedet.
Hanc alia retro spatia relegentem ferit,
Et fracta frangit : jam timent terram rates,
Et maria malunt. Cecidit in lucem furor.
Postquam litatum est Ilio, Phœbus redit,
Et damna noctis tristis ostendit dies.

CLYTÆMNESTRA.

Utrumne doleam, læter an reducem virum?
Remeasse lætor : vulnus at regni grave
Lugere cogor : redde jam Graiis, pater,
Altisona quatiens regna, placatos Deos.

Nunc omne læta fronde veletur caput.
Sacrifica dulces tibia effundat modos;
Et nivea magnas victima ante aras cadat.
Sed ecce turba tristis, incomtæ comas,

La mer bouillonne entre ces roches, et les vagues écument dans un flux et reflux perpétuel. Au dessus de la montagne est une citadelle escarpée qui regarde les deux mers; d'un côté, c'est le royaume de votre aïeul Pélops, et l'Isthme qui, se recourbant sur une terre étroite, ferme à la mer d'Hellé l'entrée de la mer Ionienne; de l'autre, c'est Lemnos immortalisée par le crime, et Chalcis, et l'Aulide qui retient les vaisseaux dans ses ports. Cette forteresse est occupée par le père de Palamède : d'une main perfide il allume au sommet de ses tours des feux éclatans qui conduisent nos vaisseaux contre les rochers; ils s'accrochent à leurs pointes aiguës; le défaut d'eau fait qu'ils se brisent contre les récifs. L'un a sa proue à flot, et sa poupe sur un roc; à peine il se détache, qu'un autre vient le heurter par derrière, et le brise en se brisant lui-même; dans ce cruel malheur, nous craignons le rivage et nous préférons la mer. Enfin la tempête se calme au retour de la lumière; Troie était vengée, le soleil reparaît, et le jour découvre à nos yeux attristés les ravages de la nuit.

CLYTEMNESTRE.

Faut-il m'affliger ou me réjouir du retour de mon époux? Je m'en réjouis; mais je ne puis me défendre de pleurer sur tant de malheurs. Dieu puissant qui portes la foudre, apaise enfin envers nous les divinités du ciel!

Cependant, que nos fronts se parent de couronnes de fleurs. Que la flûte sacrée fasse entendre de joyeux sons, et qu'une blanche victime soit immolée au pied des autels. Mais voici venir la foule plaintive et échevelée des

Iliades adsunt, quas super celso gradu
Effrena Phœbas entheas laurus quatit.

SCENA II.

CHORUS ILIADUM, CASSANDRA.

CHORUS.

Heu quam dulce malum mortalibus additum,
Vitæ dirus amor, quum pateat malis
Effugium, et miseros libera mors vocet,
Portus æterna placidus quiete!
Nullus hunc terror, nec impotens
Procella Fortunæ movet,
Aut iniqui flamma Tonantis.
Pax alta: nullos civium cœtus
Timet, aut minaces victoris iras;
Non maria asperis insana Coris:
    Non acies feras,
    Pulvereamve nubem,
Motam barbaricis equitum catervis;
Hostica aut muros populante flamma,
Urbe cum tota populos cadentes;
Indomitumve bellum: perrumpet omne
Servitium contemtor levium Deorum,
Qui vultus Acherontis atri,
Qui Styga tristem non tristis videt,

captives troyennes ; à leur tête marche avec orgueil la prêtresse inspirée d'Apollon, et le laurier prophétique se balance dans ses mains.

SCÈNE II.

CHOEUR DE TROYENNES, CASSANDRE.

LE CHOEUR.

Quel doux supplice pour l'homme, que ce fatal amour qui l'attache à la vie, quand il pourrait s'affranchir de tous ses maux, quand la mort lui ouvre ses bras comme un refuge contre la souffrance, comme un port heureux où règne un éternel repos ! Aucune terreur, aucun orage soulevé par l'aveugle fortune, aucun éclat de la foudre injuste de Jupiter, ne troublent cet asile. On y goûte une paix profonde : on n'a plus à craindre ni les séditions furieuses, ni la colère d'un vainqueur, ni les tempêtes d'une mer soulevée par les vents ni les troupes en bataille, ni ces nuages de poussière qui montent sous les pas des coursiers barbares, ni les flammes ennemies qui dévorent les villes, ni l'extermination des peuples écrasés sous leurs murailles, ni la guerre furieuse. Il est libre de tout esclavage, celui qui méprise les caprices du sort, qui voit sans trouble et sans douleur les affreux rivages du Styx et de l'Achéron ; il est l'égal des rois et des dieux, le hardi mortel qui ose mettre un terme à sa vie.

Audetque vitæ ponere finem.
Par ille regi, par Superis erit.
O quam miserum est nescire mori!
Vidimus patriam ruentem nocte funesta,
Quum Dardana tecta Dorici raperetis ignes.
Non illa bello victa, nec armis,
Ut quondam Herculea cecidit pharetra :
Quam non Pelei Thetidisque natus,
Carusque Pelidæ nimium feroci
Vicit, acceptis quum fulsit armis,
Fuditque Troas falsus Achilles :
Aut quum ipse Pelides animos feroces
Sustulit luctu, celeremque saltu
Troades summis timuere muris.
Perdidit in malis extremum decus,
Fortiter vinci : restitit annis
   Troja bis quinis,
Unius noctis peritura furto.
Vidimus simulata dona molis immensæ;
Danaûmque fatale munus duximus nostra
Creduli dextra ; tremuitque sæpe
Limine in primo sonipes, cavernis
Conditos reges bellumque gestans :
Et licuit versare dolos, ut ipsi
Fraude sua capti caderent Pelasgi.
Sæpe commotæ sonuere parmæ,
Tacitumque murmur percussit aures ;
Et fremuit male subdolo
Parens Pyrrhus Ulyssi.
Secura metus Troica pubes

Oh! quel malheur de ne savoir pas mourir! Nous avons vu tomber notre patrie dans une nuit cruelle, nous avons vu les remparts de Troie périr sous les feux des Grecs. Ce ne sont point les armes ni la force qui ont triomphé de nous, comme autrefois les flèches d'Hercule : Troie n'a point succombé sous le terrible fils de Thétis et de Pélée, ni sous les coups de son ami qui, revêtu de son armure, épouvanta nos guerriers par le fantôme d'Achille; ni sous l'effort de ce héros lui-même, quand, la douleur ranimant son fier courage, il vint fondre sur nos remparts et porter la terreur dans nos âmes.

Troie a perdu la seule gloire qui pût lui rester dans sa ruine, celle de ne succomber que sous la force. Elle a résisté dix années entières pour périr enfin par un stratagème nocturne. Nous avons vu ce cheval immense dont on prétendait faire hommage à nos dieux; et, follement crédules, nous avons introduit nous-mêmes dans nos murs ce fatal présent des Grecs; plus d'une fois nous vîmes trembler sur le seuil de notre ville ce cheval monstrueux qui portait dans ses flancs des chefs et des guerriers ennemis. Il ne tenait qu'à nous d'éclaircir cette perfidie, et de prendre les Grecs dans leurs propres pièges. Plus d'une fois nous entendîmes le choc des boucliers, un sourd murmure frappa nos oreilles, ainsi que les frémissemens de Pyrrhus, qui ne se prêtait qu'avec peine aux fourberies d'Ulysse.

Sans aucune crainte, la jeunesse troyenne se plaît à

Sacros gaudet tangere funes.
Hinc æquævi gregis Astyanax,
Hinc Hæmonio desponsa rogo,
Ducunt turmas : hæc femineas,
   Ille viriles.
Festæ matres votiva ferunt
Munera Divis ; festi patres
Adeunt aras : unus tota est
   Vultus in urbe.
Et, quod nunquam post Hectoreos
Vidimus ignes, læta est Hcube.
Quid nunc primum, dolor infelix,
Quidve extremum deflere paras ?
Mœnia Divûm fabricata manu,
   Diruta nostra ?
An templa Deos super usta suos ?
Non vacat istis lacrimare malis.
Te, magne parens, flent Iliades.
Vidi, vidi, senis in jugulo
Telum Pyrrhi vix exiguo
   Sanguine tingi.

CASSANDRA.

Cohibete lacrimas, omne quas tempus petit,
Troades, et ipsæ vestra lamentabili
Lugete gemitu funera : ærumnæ meæ
Socium recusant : cladibus questus meis
Removete : nostris ipsa sufficiam malis.

prendre dans ses mains les cordes sacrées ; Astyanax marche à la tête des enfans de son âge ; nos vierges sont conduites par la princesse fiancée au tombeau d'Achille. Hommes et femmes, parés comme pour un jour de fête, offrent aux dieux des présens solennels, et s'empressent dans les temples. La ville tout entière est dans l'allégresse ; Hécube même, si triste depuis les funérailles d'Hector, se laisse aller à cette joie universelle. Quel est le premier, quel est le dernier de nos maux que tu vas retracer, ô ma douleur ! est-ce la ruine de nos remparts élevés par les dieux et détruits par nos mains ? l'incendie de nos temples croulans sur leurs divinités ? D'autres malheurs nous empêchent de pleurer sur ceux-là : c'est sur toi que nous pleurons, glorieux père des Troyens. J'ai vu, j'ai vu le glaive de Pyrrhus se plonger dans le sein de ce vieillard, et se teindre à peine de quelques gouttes d'un sang glacé.

CASSANDRE.

Arrêtez ces larmes que vous aurez toujours le temps de répandre, ô femmes troyennes ! pleurez plutôt sur vous-mêmes, et célébrez par des gémissemens vos propres funérailles. Mes malheurs n'ont besoin d'être partagés par personne, cessez de gémir sur ce qui fait le sujet de mes douleurs, seule je saurai bien suffire à mes maux.

CHORUS.

Lacrimas lacrimis miscere juvat.
Magis exurunt, quos secretæ
Lacerant curæ : juvat in medium
Deflere suos : nec tu, quamvis
Dura virago patiensque mali,
Poteris tantas flere ruinas.
Non quæ verno mobile carmen
Ramo cantat tristis aedon,
Ityn in varios modulata sonos ;
Non quæ tectis Bistonis ales
Residens summis impia diri
Furta mariti garrula deflet ;
Lugere tuam poterit digne
Conquesta domum ; licet ipse velit
Clarus niveos inter olores
Istrum cygnus Tanaimque colens
Extrema loqui ; licet alcyones
Ceyca suum fluctu leviter
Plangente sonent, quum tranquillo
Male confisæ credunt iterum
Pelago audaces, fetusque suos
Nido pavidæ titubante fovent :
Non si molles imitata viros
Tristis laceret brachia tecum,
Quæ turritæ turba parenti
Pectora rauco concita buxo
Furit, ut Phrygium lugeat Attin.
Non est lacrimis, Cassandra, modus,
Quia quæ patimur vicere modum.

LE CHOEUR.

Il est doux de mêler ses pleurs à ceux des autres ; les douleurs qu'on dévore en secret sont plus cuisantes : on aime à pleurer ensemble des malheurs communs ; et vous-même, quels que soient votre courage et votre constance, vous ne pourrez suffire à tant d'amertumes.

Ni la triste Philomèle qui, perchée sur un arbre au printemps, fait entendre ses chants plaintifs sur la mort de son cher; Itys ni l'oiseau de Thrace qui se pose sur le bord des toits pour redire en gémissant la perfidie du roi qui fut son époux, ne pourraient dignement déplorer les malheurs de votre maison. Le cygne l'essaierait en vain, lorsque, entouré de ses blancs compagnons, il fait entendre son chant de mort sur les bords de l'Ister ou du Tanaïs. Ce serait trop peu encore de la malheureuse Alcyone qui mêle ses plaintes, sur la mort de Céyx, au triste murmure des flots, quand, pour s'être confiée au calme des mers, il lui faut réchauffer sa couvée dans son nid tremblant. Ce serait peu des prêtres mutilés de la déesse de la terre, se déchirant les bras avec vous dans vos douleurs, comme ils font quand ils se livrent à leurs danses furieuses, échauffés par les sons de la flûte de Phrygie, et qu'ils pleurent la mort d'Attis. Point de mesure à nos pleurs, ô Cassandre ! puisque nos malheurs ont dépassé toute mesure.

Sed cur sacratas deripis capiti infulas?
Miseris colendos maxime Superos putem.

CASSANDRA.

Vicere nostra jam metus omnes mala.
Equidem nec ulla cælites placo prece:
Nec, si velint sævire, quo noceant, habent.
Fortuna vires ipsa consumit suas.
Quæ patria restat? quis pater? quæ jam soror?
Bibere tumuli sanguinem atque aræ meum.
Quid illa felix turba fraterni gregis?
Exhausta nempe: regia miseri senes
Vacua relicti, totque per thalamos vident,
Præter Lacænam, ceteras viduas nurus.
Tot illa regum mater, et regimen Phrygum
Fecunda in ignes Hecuba, fatorum novas
Experta leges, induit vultus feros.
Circa ruinas rabida latravit suas,
Trojæ superstes, Hectori, Priamo, sibi.

CHORUS.

Silet repente Phœbas, et pallor genas,
Creberque totum possidet corpus tremor.
Stetere vittæ: mollis horrescit coma.
Anhela corda murmure incluso fremunt.
Incerta nutant lumina; et versi retro
Torquentur oculi: rursus immites rigent.
Nunc levat in auras altior solito caput,
Graditurque celsa: nunc reluctantes parat
Reserare fauces; verba nunc cluso male

Mais pourquoi arracher de votre front ces bandelettes sacrées ? il me semble que c'est surtout dans le malheur qu'il faut honorer les dieux.

CASSANDRE.

L'excès de mes malheurs ne me laisse plus rien à redouter ; je n'ai plus besoin d'adresser des prières aux dieux, et quand ils voudraient me faire plus de maux, ils ne le pourraient pas. Le sort a épuisé sur moi sa puissance. Ai-je encore une patrie, un père, une sœur ? Les tombeaux et les autels sont abreuvés de mon sang. Où sont mes frères si nombreux et si brillans ? ils ont péri. Le palais du vieux Priam est désert, et de tant d'époux qui l'habitaient jadis, il n'y a qu'Hélène qui ne soit pas veuve. Hécube, la mère de tant de rois, et la reine des Troyens, cette femme qui mit au monde le flambeau qui devait consumer son empire, est entrée dans de nouvelles conditions d'existence ; elle a été changée en un animal féroce, et elle aboie maintenant sur les ruines de son palais, survivant ainsi à Troie, à Priam, à Hector, à elle-même.

LE CHŒUR.

La prêtresse d'Apollon s'est tout à coup interrompue ; la pâleur est sur ses joues, et un tremblement convulsif agite tout son corps. Les bandelettes sacrées se dressent sur sa tête, et sa molle chevelure se hérisse. Des murmures étouffés résonnent dans son sein haletant : sa vue se trouble, on voit ses yeux tantôt se retourner comme pour s'enfoncer dans leur orbite, tantôt demeurer fixes et tendus. Voici qu'elle lève sa tête plus haut que de coutume, et marche d'un air imposant ; elle veut ou-

Custodit ore, mænas impatiens Dei.

CASSANDRA.

Quid me furoris incitam stimulis novi,
Quid mentis inopem sacra Parnassi juga
Rapitis? recede, Phœbe: jam non sum tua.
Exstingue flammas pectori infixas meo.
Cui nunc vagor vesana? cui bacchor furens?
Jam Troja cecidit: falsa quid vates ago?
Ubi sum? fugit lux alma, et obscurat genas
Nox alta, et æther abditus tenebris latet.
Sed ecce gemino sole præfulget dies;
Geminumque duplices Argos attollit domos.
Idæa cerno nemora: fatalis sedet
Inter potentes arbiter pastor Deas.
Timete reges, moneo, furtivum genus.
Agrestis ille alumnus evertet domum.
Quid ista vecors tela feminea manu
Destricta præfert? quem petit dextra virum
Lacæna cultu ferrum Amazonium gerens?
Quæ versat oculos alia nunc facies meos?
Victor ferarum colla sublimis jacet
Ignobili sub dente Marmaricus leo,
Morsus cruentos passus audacis leæ.
Quid me vocatis sospitem solam e meis,
Umbræ meorum? te sequor, tota pater
Troja sepulte. Frater, auxilium Phrygum,
Terrorque Danaûm, non ego antiquum decus
Video, aut calentes ratibus exustis manus:

vrir sa bouche qui se refuse à parler; maintenant les paroles vont sortir de ses lèvres, le dieu qui l'inspire a vaincu sa résistance.

CASSANDRE.

Quelle fureur nouvelle me transporte? Oh! m'entraînez-vous dans mon délire, roches sacrées du Parnasse? Laisse-moi, dieu des oracles, je ne t'appartiens plus. Éteins ces flammes qui s'allument dans mon sein : à quoi bon ces transports furieux, à quoi bon cet enthousiasme qui m'égare? Troie est tombée : que fais-je encore, prophétesse qu'on ne veut pas croire? où suis-je? le jour a fui pour moi, une nuit profonde se répand sur mes yeux, et les ténèbres me dérobent la face du ciel. Mais que vois-je? le jour est éclairé par un double soleil, et deux villes d'Argos se dressent devant moi. Voici la forêt de l'Ida; le juge fatal est assis entre les trois puissantes déesses. Rois, je vous en avertis, craignez le fruit de l'inceste; cet enfant nourri dans les bois détruira vos palais. Quelle est cette femme égarée qui brandit une arme entre ses mains? sa parure est celle des femmes de Sparte, la hache des Amazones est à son bras. Quel est ce héros qu'elle va frapper? Un autre spectacle s'offre à mes regards : le lion superbe, le vainqueur des plus fiers animaux, tombe lui-même sous la dent d'un ennemi sans gloire; une lionne hardie le déchire de ses morsures.

Mânes de mes parens, pourquoi m'appelez-vous, moi restée la dernière de toute ma famille? Je te suis, ô mon père! à qui Troie tout entière a servi de tombeau. Je te suis, Hector, l'appui des Phrygiens et la terreur des Grecs; je ne retrouve point l'éclat de ta gloire passée,

Sed lacera membra, et saucios vinclo gravi
Illos lacertos. Te sequor, nimium cito
Congresse Achilli, Troile. Incertos geris,
Deiphobe, vultus, conjugis munus novæ.
Juvat per ipsos ingredi Stygios lacus;
Juvat videre Tartari sævum canem,
Avidique regna Ditis; hæc hodie ratis
Phlegethontis atri regias animas vehet,
Victamque, victricemque: vos, Umbræ, precor,
Jurata Superis unda, te pariter precor,
Reserate paulum terga nigrantis poli,
Levis ut Mycenas turba prospiciat Phrygum.
Spectate miseri: fata se vertunt retro.

Instant sorores squalidæ:
Sanguinea jactant verbera.
Fert læva semustas faces,
Turgentque pallentes genæ,
Et vestis atri funeris
Exesa cingit ilia;
Strepuntque nocturni metus,
Et ossa vasti corporis
Corrupta longinquo situ
Palude limosa jacent.
Et ecce defessus senex
Ad ora ludentes aquas
Non captat, oblitus sitis,
Mœstus futuro funere.

ni tes mains encore échauffées de l'embrasement de la flotte ennemie : des membres déchirés, des bras meurtris par le poids des chaînes, voilà ce qui reste de toi. Je te suis, Troïle, qui trop jeune encore te mesuras contre le fils de Pélée. C'est à peine, ô Déiphobe! si je reconnais ton visage défiguré par ces blessures, présens de ta nouvelle épouse. Ah! je me sens pressée de traverser les fleuves de l'enfer, de voir le cruel chien du Tartare, et le royaume de l'avare Pluton. Cette barque passera aujourd'hui deux âmes royales, l'une vaincue, et l'autre victorieuse. Roi des Ombres, et toi fleuve sacré qui garantis les sermens des dieux, je vous en conjure, entr'ouvrez un moment la voûte des enfers, pour que les mânes des Phrygiens se consolent en regardant Mycènes. Ombres malheureuses, voyez, et contemplez ce grand exemple des retours de la fortune.

Voici les noires sœurs qui accourent en agitant leurs fouets sanglans; leur main gauche est armée de torches à demi brûlées; leurs joues pâles se gonflent de rage, et un vêtement lugubre ceint leurs flancs décharnés. J'entends le bruit des nocturnes frayeurs; les gigantesques os des Titans, rongés par la corruption, sont là gisans dans la fange d'un marais. Le vieux Tantale, épuisé de lassitude, ne cherche plus à saisir les eaux qui viennent se jouer autour de ses lèvres; le meurtre qui s'apprête lui fait oublier sa soif. Je vois au contraire mon aïeul Dardanus qui triomphe et marche radieux.

Exsultat, et ponit gradus
Pater decoros Dardanus.

CHORUS.

Jam pervagatus ipse se fregit furor,
Caditque; flexo qualis ante aras genu
Cervice taurus vulnus incertum gerens.
Relevemus artus entheos.
       Tandem suos
Victrice lauro cinctus Agamemnon adit;
Et festa conjux obvios illi tulit
Gressus; reditque juncta concordi gradu.

LE CHOEUR.

Ce transport violent s'est éteint de lui-même. Elle tombe comme un taureau qui plie le genou devant l'autel, frappé d'un coup mal assuré. Relevons ce corps que l'enthousiasme a brisé.

Mais voici enfin Agamemnon qui, le front ceint de lauriers, rentre dans son palais. Son épouse est venue à sa rencontre en habits de fête, et la voilà qui marche à ses côtés.

ACTUS QUARTUS.

SCENA I.

AGAMEMNON, CASSANDRA.

AGAMEMNON.
Tandem revertor sospes ad patrios lares.
O cara, salve, Terra! tibi tot barbaræ
Dedere gentes spolia: tibi felix diu
Potentis Asiæ Troja submisit manus.
Quid ista vates, corpus effusa ac tremens,
Dubia labat cervice? Famuli, attollite.
Refovete gelido latice: jam recipit diem
Marcente visu. Suscita sensus tuos:
Optatus ille portus ærumnis adest;
Festus dies est.

CASSANDRA.
Festus et Trojæ fuit.

AGAMEMNON.
Veneremur aras.

CASSANDRA.
Cecidit ante aras pater.

AGAMEMNON.
Jovem precemur pariter.

ACTE QUATRIÈME.

SCÈNE I.

AGAMEMNON, CASSANDRE.

AGAMEMNON.

Enfin je rentre en paix dans la demeure de mes pères. Salut, terre chérie ! reçois ces dépouilles des nations barbares ; Troie, cette capitale si long-temps florissante de la superbe Asie, est soumise à ton empire. Mais pourquoi cette prophétesse est-elle ainsi renversée à terre et tremblante ? sa tête se soutient à peine. Qu'on la relève, qu'on jette sur elle une eau froide. Ses yeux éteints se rouvrent à la lumière. Reprenez vos sens, princesse : après tant de malheurs, nous avons touché le port tant désiré ; ce jour est pour nous un jour de fête.

CASSANDRE.

Troie aussi était en fête.

AGAMEMNON.

Prosternons-nous devant les autels.

CASSANDRE.

C'est au pied des autels qu'on a égorgé mon père.

AGAMEMNON.

Adressons ensemble nos vœux à Jupiter.

CASSANDRA.

        Herceum Jovem?

AGAMEMNON.

Credis videre te Ilium?

CASSANDRA.

        Et Priamum simul.

AGAMEMNON.

Hic Troja non est.

CASSANDRA.

      Ubi Helena est, Trojam puto.

AGAMEMNON.

Ne metue dominam famula.

CASSANDRA.

            Libertas adest.

AGAMEMNON.

Secura vive.

CASSANDRA.

    Mors mihi est securitas.

AGAMEMNON.

Nullum est periclum tibimet.

CASSANDRA.

            At magnum tibi est.

AGAMEMNON.

Victor timere quid potest?

CASSANDRA.

          Quod non timet.

AGAMEMNON.

Hanc fida, famuli, turba, dum excutiat Deum,
Retinete, ne quid impotens peccet furor.

CASSANDRE.

A Jupiter Hercéen ?

AGAMEMNON.

Vous croyez voir Ilion devant vous ?

CASSANDRE.

Oui, et Priam aussi.

AGAMEMNON.

Ce n'est point ici Troie.

CASSANDRE.

Où se trouve Hélène, je vois toujours Troie.

AGAMEMNON.

Ne craignez point la maîtresse que vous allez servir.

CASSANDRE.

L'heure de ma liberté est proche.

AGAMEMNON.

Vivez en toute assurance.

CASSANDRE.

Mon assurance est dans la mort.

AGAMEMNON.

Vous ne courez aucun danger.

CASSANDRE.

Non, mais vous, vous en courez un grand.

AGAMEMNON.

Que peut craindre un vainqueur ?

CASSANDRE.

Ce qu'il ne craint pas.

AGAMEMNON.

Gardes, veillez sur elle jusqu'à ce qu'elle soit délivrée du dieu qui l'obsède; retenez-la, de peur que son enthousiasme prophétique ne se porte à quelque violence.

At te, pater, qui sæva torques fulmina
Pellisque nubes, sidera et terras regis,
Ad quem triumphi spolia victores ferunt;
Et te sororem cuncta pollentis viri,
Argolica Juno, pecore votivo libens
Arabumque donis, supplice et fibra colam.

SCENA II.

CHORUS ARGIVARUM.

Argos nobilibus nobile civibus,
Argos iratæ carum novercæ,
Semper ingentes educas alumnos;
Imparem æquasti numerum Deorum:
Tuus ille bisseno meruit labore
Allegi cælo magnus Alcides;
Cui lege mundi Jupiter rupta
Roscidæ noctis geminavit horas,
Jussitque Phœbum tardius celeres
Agitare currus, et tuas lente
Remeare bigas, pallida Phœbe;
Retulit pedem, nomen alternis
Stella quæ mutat, seque mirata est
Hesperum dici; Aurora movit
Ad solitas vices caput, et relabens
Imposuit senis humero mariti.
Sensit ortus, sensit occasus,

O toi ! dieu suprême qui lances la foudre et gouvernes les nuages, roi de la terre et du ciel, qui reçois des vainqueurs l'hommage de leurs trophées ; et toi aussi, l'épouse et la sœur du plus puissant des dieux, grande Junon d'Argos, je vais offrir avec joie sur vos autels les victimes, l'encens et les prières que je vous dois.

SCÈNE II.

CHOEUR DE FEMMES D'ARGOS.

Argos, terre de héros, ville chérie de la fière Junon, toujours de nobles enfans naissent dans ton sein. Tu as complété le nombre impair de tes divinités. Ton Hercule, par ses douze travaux, a mérité l'entrée du ciel. Pour lui, Jupiter a suspendu le cours des lois du monde, et doublé les heures humides de la nuit, en ordonnant au Soleil de ralentir la marche de son char rapide, et à la pâle Phébé de conduire lentement ses noirs coursiers. L'étoile qui change de nom du matin au soir se vit forcée de rétrograder, et s'étonna de s'entendre appeler Hesperus ; l'Aurore, qui avait levé sa tête brillante pour remplir sa tâche accoutumée, la laissa retomber sur l'épaule de son vieil époux. L'orient et l'occident s'aperçurent ainsi de la naissance d'Hercule. Ce n'était pas assez d'une seule nuit pour enfanter ce prodige de force ; il fallait que le monde ébranlé s'arrêtât pour toi, noble enfant promis au ciel !

Herculem nasci : violentus ille
Nocte non una poterat creari.
Tibi concitatus substitit mundus.
O puer magnum subiture cælum !
Te sensit Nemeæus arcto
Pressus lacerto fulmineus leo,
   Cervaque Parrhasis.
Sensit Arcadii populator agri.
Gemuitque taurus, Dictæa linquens
   Horridus arva.
Morte fecundum domuit draconem,
Vetuitque collo pereunte nasci ;
Geminosque fratres, pectore ab uno
Tria monstra natos, stipite incusso
Fregit insultans : duxitque ad ortus
   Hesperium pecus,
Geryonæ spolium triformis.
Egit Threicium gregem,
Quem non Strymonii gramine fluminis,
Hebrive ripis pavit tyrannus ;
Hospitum dirus stabulis cruorem
Præbuit sævis ; tinxitque crudos
Ultimus rictus sanguis aurigæ.
Vidit Hippolyte ferox,
Pectore in medio rapi spolium : et sagittis
Nube percussa Stymphalis alto
   Decidit cælo ;
Arborque pomis fertilis aureis
Extimuit manus insueta carpi,
Fugitque in auras leviore ramo :

Le lion terrible de Némée a senti la puissante étreinte de tes bras, ainsi que la biche du Ménale, et le sanglier furieux qui ravageait les champs de l'Arcadie. Sous tes coups est tombé l'horrible taureau venu des campagnes de Crète. Il a dompté l'hydre cruelle aux têtes renaissantes, et triomphé de cette puissance qui se fortifiait par la mort. Il a tué comme en se jouant, d'un coup de massue, le terrible Géryon, monstre gigantesque aux trois corps, et il a emmené ses troupeaux des bords de l'Hespérie jusque vers les lieux où le soleil se lève. Les chevaux de la Thrace que leur maître cruel ne nourrissait point dans les pâturages du Strymon, ni avec les herbes qui croissent sur les rives de l'Hèbre, mais du sang de ses hôtes, Hercule les a ravis après leur avoir fait boire enfin le sang de ce barbare. Il a dépouillé la fière Hippolyte du baudrier qui couvrait son sein : ses flèches ont atteint sous la nue les oiseaux de Stymphale. Les arbres aux fruits d'or, qu'on n'avait jamais cueillis, ont éprouvé la main de ce héros, et leurs branches se sont redressées plus légères : le dragon, vigilant gardien de ce trésor, n'entendit le bruit des rameaux qu'au moment où l'heureux ravisseur quittait, chargé de sa proie, le jardin dévasté. Traîné sous le soleil, le chien du Tartare demeura muet sous sa triple chaîne ; aucune de ses gueules ne fit entendre un aboiement, tant l'éclat nouveau du jour lui causait d'effroi ! Tu as détruit la maison

Audivit sonitum crepitante lamna
Frigidus custos nescius somni,
Linqueret quum jam nemus omne fulvo
Plenus Alcides vacuum metallo.
Tractus ad cælum canis inferorum
Triplici catena, tacuit, nec ullo
Latravit ore, lucis ignotæ
Metuens colorem. Te duce, succidit
Mendax Dardaniæ domus,
Et sensit arcus iterum timendos:
Te duce, concidit totidem diebus
      Troja, quot annis.

parjure de Dardanus, tu lui as fait sentir la puissance de ces flèches qu'elle devait éprouver une seconde fois encore, tu l'as renversée en autant de jours qu'il nous a fallu d'années pour la vaincre.

ACTUS QUINTUS.

SCENA I.

CASSANDRA.

Res agitur intus magna, par annis decem.
Eheu, quid hoc est? anime, consurge, et cape
Pretium furoris: vicimus victi Phryges.
Bene est! resurgis, Troja: traxisti jacens
Pares Mycenas: terga dat victor tuus.
Tam clara nunquam providæ mentis furor
Ostendit oculis: video, et intersum, et fruor.
Imago visus dubia non fallit meos.
Spectamus: epulæ regia instructæ domo,
Quales fuerunt ultimæ Phrygibus dapes,
Celebrantur: ostro lectus Iliaco nitet;
Merumque in auro veteris Assaraci trahunt:
Et ipse picta veste sublimis jacet,
Priami superbas corpore exuvias gerens.
Detrahere cultus uxor hostiles jubet,
Induere potius conjugis fidæ manu
Tectos amictus: horreo, atque animo tremo.
Regemne perimet exsul, et adulter virum?
Venere fata: sanguinem extremæ dapes

ACTE CINQUIÈME.

SCÈNE I.

CASSANDRE.

Il se passe au dedans de ce palais un évènement terrible et comparable aux dix années de Troie. Qu'est-ce donc, ô ciel! ranime-toi, mon âme, et jouis de ta fureur prophétique. Troie vaincue triomphe à son tour. C'est bien, Ilion se relève, puisque dans sa chute il entraîne Mycènes; notre vainqueur est terrassé. Jamais l'enthousiasme prophétique ne m'a présenté de plus claires images. Je vois, je suis présente, je jouis. Ce n'est point un vain fantôme qui se joue à mes yeux; c'est un spectacle réel : je vois dans ce palais un festin pareil au dernier festin de Troie; ces lits sont couverts de la pourpre d'Ilion; ils boivent le vin dans les coupes d'or du vieil Assaracus. Agamemnon est au haut bout de la table; ces tapis somptueux sur lesquels il repose, ces riches habits dont il est revêtu, sont les magnifiques dépouilles de Priam. Clytemnestre l'invite à quitter ces vêtemens d'un ennemi, et à en recevoir plutôt un autre tissu, par les mains d'une fidèle épouse. — Je tremble, je frissonne.— Un vil banni tuera-t-il son roi? un infâme adultère pren-

Domini videbunt, et cruor Baccho incidet.
Mortifera vinctum perfidæ tradet neci
Induta vestis : exitum manibus negat,
Caputque laxi et invii cludunt sinus.
Haurit trementi semivir dextra latus,
Nec penitus egit : vulnere in medio stupet.
At ille, ut altis hispidus silvis aper,
Quum casse vinctus tentat egressus tamen,
Arctatque motu vincla, et incassum furit :
Cupit fluentes undique et cæcos sinus
Dissicere ; et hostem quærit implicitus suum.
Armat bipenni Tyndaris dextram furens ;
Qualisque ad aras colla taurorum prius
Designat oculis, antequam ferro petat ;
Sic huc et illuc impiam librat manum.
Habet : peractum est : pendet exigua male
Caput amputatum parte, et hinc trunco cruor
Exundat, illinc ora cum fremitu jacent.
Nondum recedunt : ille jam exanimem petit,
Laceratque corpus : illa fodientem adjuvat.
Uterque tanto scelere respondet suis.
Hic est Thyeste natus, hæc Helenæ soror.
Stat ecce Titan dubius emerito die,
Suane currat, an Thyestea via.

dra-t-il la vie de l'époux légitime? L'arrêt du destin va s'exécuter; la fin de ce repas verra le sang du maître couler avec le vin. Un vêtement perfide le livre sans défense à la mort : ses mains captives ne peuvent sortir, sa tête est enfermée dans des plis larges et sans issue. Le vil Égisthe lui porte un coup d'épée dans le flanc, sa main tremble, il se trouble lui-même, et le fer n'entre qu'à moitié dans la blessure. Comme on voit dans les forêts un sanglier furieux s'agiter pour rompre les filets qui l'entourent, et en resserrer l'étreinte par ses vains efforts; ainsi le roi cherche à déchirer ces plis flottans et inextricables qui l'enferment de tous côtés; il s'agite en ses liens pour trouver son ennemi. Clytemnestre, furieuse, arme ses mains d'une hache, et pareille au sacrificateur qui, avant d'immoler un taureau devant les autels, cherche des yeux la place où il doit frapper, elle balance, pour mieux l'assurer, sa main impie. — Elle a frappé : c'en est fait. La tête tient encore par un lambeau de chair; d'un côté le sang s'échappe du corps avec violence, de l'autre le chef coupé s'agite convulsivement. Mais les assassins ne se retirent pas encore : Égisthe s'acharne sur le cadavre et le déchire; sa complice le seconde. Chacun d'eux, par ses crimes, se rend digne de sa race. L'un est fils de Thyeste, l'autre est sœur d'Hélène. Le Soleil s'arrête au bout de sa course, incertain s'il doit poursuivre ou se retourner comme il a fait pour le festin d'Atrée.

SCENA II.

ELECTRA, STROPHIUS; ORESTES et PYLADES, mutæ personæ.

ELECTRA.

Fuge, o paternæ mortis auxilium unicum,
Fuge, et scelestas hostium evita manus.
Eversa domus est funditus : regna occidunt.
Hospes quis iste concitos currus agit?
Germane, vultus veste furabor tuos.
Quos, anime demens, refugis? externos times?
Domus timenda est : pone jam trepidos metus,
Oresta : amici fida præsidia intuor.

STROPHIUS.

Phocide relicta, Strophius, Elea inclytus
Palma, revertor : causa veniendi fuit,
Gratari amico, cujus impulsum manu
Cecidit decenni Marte concussum Ilium.
Quænam ista lacrimis lugubrem vultum rigat,
Pavetque mœsta? regium agnosco genus.
Electra, fletus causa quæ læta in domo est?

ELECTRA.

Pater peremtus scelere materno jacet.
Comes paternæ quæritur natus neci.
Ægisthus arces Venere quæsitas tenet.

SCÈNE II.

ÉLECTRE, STROPHIUS; ORESTE et PYLADE, personnages muets.

ÉLECTRE.

Fuis, ô toi l'unique vengeur de ton père égorgé, fuis, et dérobe-toi aux mains criminelles de nos ennemis. Notre maison est renversée de fond en comble, notre empire est détruit. Mais quel est cet étranger qu'un char rapide amène dans ce palais? Viens, mon frère, cache-toi sous ma robe. Mais que fais-je? craindre des étrangers? Ce sont les membres de ma famille qu'il faut redouter. Rassure-toi, cher Oreste; c'est un ami fidèle qui s'offre à nous.

STROPHIUS.

Je suis Strophius, j'arrive de la Phocide, chargé de ces palmes d'Olympie: ce qui m'amène, c'est le désir de féliciter cet ami dont la main puissante a renversé Troie après dix ans de combats. Mais pourquoi ces larmes qui coulent sur les joues de cette vierge? d'où viennent la terreur et la tristesse peintes sur son visage? c'est une fille du roi. Électre, quel sujet de pleurs y a-t-il dans ce palais qui devrait être si plein d'allégresse?

ÉLECTRE.

Mon père vient d'expirer sous les coups de ma mère. On veut égorger aussi cet enfant. L'amour a fait monter Égisthe sur le trône de Mycènes.

STROPHIUS.

O nulla longi temporis felicitas!

ELECTRA.

Per te parentis memoriam obtestor mei,
Per sceptra terris nota, per dubios Deos,
Recipe hunc Oresten, ac pium furtum occule.

STROPHIUS.

Etsi timendum cæsus Agamemnon docet,
Aggrediar, et te, Oresta, furabor libens.
Poscunt fidem secunda, at adversa exigunt.
Cape hoc decorum ludicri certaminis,
Insigne frontis : læva victricem tenens
Frondem virenti protegat ramo caput;
Et ista donum palma Pisæi Jovis
Velamen eadem præstet atque omen tibi.
Tuque o, paternis assidens frenis comes,
Condisce, Pylade, patris exemplo fidem.
Vos, Græcia nunc teste, veloces equi,
Infida cursu fugite præcipiti loca.

ELECTRA.

Excessit : abiit ; currus effreno impetu
Effugit aciem : tuta jam opperiar meos
Hostes, et ultro vulneri opponam caput.
Adest cruenta conjugis victrix sui,
Et signa cædis veste maculata gerit;
Manus recenti sanguine etiamnum madent,
Vultusque præ se scelera truculenti ferunt.

STROPHIUS.

O courte durée des félicités humaines!

ÉLECTRE.

Je vous en conjure par le souvenir de mon père, par la gloire de son sceptre, par l'inconstance du sort, emmenez Oreste avec vous, et répondez-moi de ce pieux larcin.

STROPHIUS.

Quelque effroi que doive m'inspirer le meurtre d'Agamemnon, je me charge volontiers de sauver cet enfant. Le bonheur demande des amis fidèles, mais c'est l'adversité qui les éprouve.

Tiens, pauvre enfant, pare ton front de cette couronne olympique : prends dans ta main gauche ce laurier vert qui protègera ta tête ; cette palme, don glorieux de Jupiter adoré dans Pise, sera pour toi tout ensemble un déguisement et un présage. Et toi, Pylade, qui as partagé la gloire de ton père en montant sur son char, apprends de lui à te montrer fidèle à l'amitié. Maintenant, ô mes coursiers, dont la Grèce tout entière a honoré la vitesse, volez et emportez-nous loin de cette cour homicide.

ÉLECTRE.

Il est parti, il est sauvé : le char, dans sa fuite rapide, est déjà loin de mes yeux. Maintenant je puis attendre mes ennemis sans crainte; j'irai moi-même au devant de leurs coups. La voici, cette femme couverte du sang de son époux; les traces de son crime sont encore sur sa robe; ses mains sont encore souillées du meurtre qu'elle vient de commettre, et son visage furieux ne respire que

Concedam ad aras : patere me vittis tuis,
Cassandra, jungi paria metuentem tibi.

SCENA III.

CLYTEMNESTRA, ELECTRA, ÆGISTHUS, CASSANDRA.

CLYTÆMNESTRA.

Hostis parentis, impium atque audax caput,
Quo more cœtus publicos virgo petis?

ELECTRA.

Adulterorum virgo deserui domum.

CLYTÆMNESTRA.

Quis esse credat virginem?

ELECTRA.

Natam tuam.

CLYTÆMNESTRA.

Modestius cum matre.

ELECTRA.

Pietatem doces!

CLYTÆMNESTRA.

Animos viriles corde tumefacto geris;
Sed agere domita feminam disces malo.

forfaits. Je vais chercher un asile au pied de ces autels ; laisse-moi, ô Cassandre, ceindre aussi mon front de tes bandelettes sacrées, car le même danger nous menace toutes les deux.

SCÈNE III.

CLYTEMNESTRE, ÉLECTRE, ÉGISTHE, CASSANDRE.

CLYTEMNESTRE.

Ennemie de votre mère, fille coupable et dénaturée, de quel droit, vierge encore, osez-vous paraître en public?

ÉLECTRE.

Vierge, il m'a fallu fuir un palais où règne l'adultère.

CLYTEMNESTRE.

Qui reconnaîtrait une vierge à ce langage?

ÉLECTRE.

Elle est votre fille.

CLYTEMNESTRE.

Il faut plus de respect envers une mère.

ÉLECTRE.

Vous, m'apprendre mes devoirs!

CLYTEMNESTRE.

Tu portes dans ton cœur orgueilleux toute l'audace d'un homme; mais on saura dompter cette humeur violente, et te ramener aux sentimens de ton sexe.

ELECTRA.

Nisi forte fallor, feminas ferrum decet.

CLYTÆMNESTRA.

Et esse demens te parem nobis putas?

ELECTRA.

Vobis? quis iste est alter Agamemnon tuus?
Ut vidua loquere : vir caret vita tuus.

CLYTÆMNESTRA.

Indomita post hæc virginis verba impiæ
Regina frangam : citius interea mihi
Edissere, ubi sit natus, ubi frater tuus.

ELECTRA.

Exiit Mycenas.

CLYTÆMNESTRA.

Redde nunc natum mihi.

ELECTRA.

Et tu parentem redde.

CLYTÆMNESTRA.

Quo latitat loco?

ELECTRA.

Tuto ; quietus, regna non metuens nova :
Justæ parenti satis, at iratæ parum.

CLYTÆMNESTRA.

Morieris hodie.

ELECTRA.

Dummodo hac moriar manu;

ÉLECTRE.

Mais il me semble que le fer va bien aux mains d'une femme.

CLYTEMNESTRE.

Oses-tu bien, insensée, te comparer à nous ?

ÉLECTRE.

A vous ? Quel est donc ici votre nouvel Agamemnon ? Vous êtes veuve, et non reine ; votre époux ne vit plus.

CLYTEMNESTRE.

Je suis reine et je punirai bientôt ce langage d'une fille rebelle et impie : en attendant, apprenez-moi ce que vous avez fait de votre frère.

ÉLECTRE.

Il est sorti de Mycènes.

CLYTEMNESTRE.

Rendez-moi mon fils.

ÉLECTRE.

Et vous, rendez-moi mon père.

CLYTEMNESTRE.

Où l'avez-vous mis ?

ÉLECTRE.

En lieu sûr ; il est hors de danger, et n'a rien à craindre du nouveau roi. Une tendre mère s'en réjouirait, mais une mère furieuse le trouvera mauvais.

CLYTEMNESTRE.

Tu mourras aujourd'hui même.

ÉLECTRE.

Tant mieux, si c'est de votre main. Je quitte cet au-

Recedo ab aris : sive te jugulo juvat
Mersisse ferrum, præbeo jugulum volens :
Seu more pecudum colla resecari placet,
Intenta cervix vulnus exspectat tuum.
Scelus peractum est : cæde respersam viri
Atque obsoletam sanguine hoc dextram ablue.

CLYTÆMNESTRA.

Consors pericli pariter ac regni mei,
Ægisthe, gradere : nata genitricem impie
Probris lacessit : abditum fratrem occulit.

ÆGISTHUS.

Furibunda virgo, vocis infandæ sonum,
Et aure verba indigna materna opprime.

ELECTRA.

Etiam monebit sceleris infandi artifex,
Per scelera natus, nomen ambiguum suis?
Idem sororis natus, et patris nepos?

CLYTÆMNESTRA.

Ægisthe, cessas impium ferro caput
Demetere? fratrem reddat, aut animam statim.

ÆGISTHUS.

Abstrusa cæco carcere et saxo exigat
Ævum, per omnes torta pœnarum modos.
Referre, quem nunc occulit, forsan volet
Inops, egens, inclusa, pædore obruta,
Vidua ante thalamos, exsul, invisa omnibus,
Æthere negato : sero succumbet malis.

tel : voulez-vous plonger le fer dans ma gorge? la voici : préférez-vous me frapper comme une victime qu'on immole? je me livre avec joie et j'attends vos coups. Vous venez de commettre un crime ; il faut laver dans mon sang vos mains souillées et dégouttantes du meurtre de mon père.

CLYTEMNESTRE.

Vous qui partagez mes périls et ma puissance, Égisthe, venez; cette fille impie charge sa mère d'outrages, et me refuse mon fils qu'elle a caché.

ÉGISTHE.

Fille insolente, abaissez le ton de votre voix, et épargnez à l'oreille d'une mère vos paroles injurieuses.

ÉLECTRE.

Il veut aussi m'apprendre mon devoir, lui l'auteur du plus grand des crimes, lui le fruit du crime, lui que sa famille ne sait comment nommer, lui le fils de sa sœur et le petit-fils de son père!

CLYTEMNESTRE.

Égisthe, qui vous empêche de faire tomber sous le glaive sa tête impie? qu'elle rende son frère, ou qu'elle meure à l'instant.

ÉGISTHE.

On va la plonger dans un cachot ténébreux, sous une roche profonde, pour y passer sa vie au milieu de tous les tourmens. Il faudra bien qu'elle découvre ce qu'elle nous cache aujourd'hui, quand elle se verra réduite à la misère, à la faim, chargée de fers, livrée à l'horreur d'un cachot infect, veuve avant d'avoir connu l'hymen,

ELECTRA.
Concede mortem.
ÆGISTHUS.
Si recusares, darem.
Rudis est tyrannus, morte qui pœnam exigit.

ELECTRA.
Mortem aliquid ultra est?
ÆGISTHUS.
Vita, si cupias mori.
CLYTÆMNESTRA.
Abripite, famuli, monstrum, et avectam procul
Ultra Mycenas, ultimo in regni angulo
Vincite septam nocte tenebrosi specus,
Ut inquietam virginem carcer domet.
At ista pœnas capite persolvat suo,
Captiva conjux, regii pellex tori.
Trahite, ut sequatur conjugem ereptum mihi.

CASSANDRA.
Ne trahite: vestros ipsa præcedam gradus.
Perferre prima nuntium Phrygibus meis
Propero; repletum ratibus eversis mare;
Captas Mycenas; mille ductorem ducum,
Ut paria fata Troicis lueret malis,
Perisse dono feminæ, stupro, dolo.

séparée du monde et du commerce des vivans, privée de la lumière du jour; de longues douleurs triompheront de sa résistance.

ÉLECTRE.

Je vous demande la mort.

ÉGISTHE.

Je vous la donnerais, si vous ne la demandiez pas. C'est ne rien entendre à la tyrannie, que de tuer ceux qu'on veut punir.

ÉLECTRE.

Y a-t-il un plus cruel supplice que la mort?

ÉGISTHE.

Oui, la vie pour celui qui veut mourir.

CLYTEMNESTRE.

Gardes, entraînez ce moustre loin de Mycènes, dans le coin le plus reculé de ce royaume, et plongez-la chargée de fers dans la nuit d'un cachot ténébreux, pour dompter par les souffrances de la prison ce cœur indomptable. Quant à cette odieuse captive, qui fut l'épouse de son vainqueur, et la maîtresse d'un prince adultère, qu'elle meure à l'instant. Arrachez-la de l'autel, et qu'elle aille rejoindre l'époux qu'elle m'a ravi.

CASSANDRE.

Il n'est pas nécessaire de m'en arracher; moi-même je veux marcher au devant de vous. Je suis pressée d'aller annoncer la première à mes chers Troyens que la mer est couverte des naufrages de la Grèce, que Mycènes est captive; que le chef de tant de rois, pour expier les malheurs de Troie par une destinée semblable, a

Nihil moramur : rapite : quin grates ago.
Jamjam juvat vixisse, post Trojam juvat.

CLYTÆMNESTRA.

Furiosa morere.

CASSANDRA.

Veniet et vobis furor.

péri victime des présens d'une femme, de l'adultère, et de la perfidie. Je suis prête, entraînez-moi : je vous remercie même, car c'est vous qui m'avez fait trouver du bonheur à survivre à la ruine de Troie.

CLYTEMNESTRE.

Meurs, furieuse !

CASSANDRE.

Un furieux me vengera.

HERCULE SUR L'OETA.

DRAMATIS PERSONÆ.

HERCULES.
DEJANIRA.
HYLLUS.
NUTRIX.
ALCMENA.
PHILOCTETES.
IOLE.
LICHAS, muta persona.
CHORUS ÆTOLARUM MULIERUM.
CHORUS OECHALIARUM VIRGINUM.

IOLE et CHORUS OECHALIDUM sunt προτατικὰ πρόσωπα.

PERSONNAGES.

HERCULE.
DÉJANIRE.
HYLLUS.
LA NOURRICE.
ALCMÈNE.
PHILOCTÈTE.
IOLE.
LICHAS, personnage muet.
CHOEUR DE FEMMES ÉTOLIENNES.
CHOEUR DE VIERGES TRACHINIENNES.

Iole et le Choeur des Trachiniennes sont des personnages protatiques.

ARGUMENTUM.

Dejanira indigne ferens sibi prælatam Iolen, Euryti regis OEchaliæ filiam, Herculi tunicam mittit imbutam sanguine Centauri Nessi, sagitta Herculis hydræ felle tincta vulnerati; efficacissimum credens philtrum præsentissimumque amoris remedium, quod illa monuerat moriens Nessus. Quam simul ac induisset in Cenæo Eubœæ promontorio sacrificaturus Hercules, ignem concipit virus, vestisque corpori adhærentis æstus carnem, ossa interiora absumit. Nessi fraude intellecta, sibi mortem consciscit Dejanira. Hercules, interfecto Licha, qui munus letale attulerat, mandat Philoctetæ (cui moriens arcum et sagittas tradit) exstrui sibi in monte OEta pyram, in qua se cum clava, ac leonis pelle cremat. Alcmenæ denique matri apparet, ipsamque consolatur, jam in cælitum numerum adscriptus.

ARGUMENT.

Déjanire, indignée de se voir préférer Iole, fille d'Eurytus, roi d'OEchalie, envoie à Hercule une tunique trempée dans le sang du Centaure Nessus, qui avait été percé d'une flèche teinte du fiel de l'hydre de Lerne. Elle croit, sur la parole du Centaure mourant, que cette robe n'est autre chose qu'un philtre tout-puissant pour lui gagner l'amour de son époux. Hercule, au moment de sacrifier en Eubée, sur le promontoire de Cénée, revêt la fatale tunique : aussitôt le venin dont elle est pénétrée s'enflamme ; le feu s'attache à tous les membres d'Hercule, consume sa chair et brûle ses os. Déjanire, ayant reconnu la perfidie de Nessus, se donne la mort. Hercule tue d'abord Lichas, qui lui avait apporté ce fatal présent ; puis il ordonne à Philoctète (à qui il donne en mourant son arc et ses flèches) de lui élever sur l'OEta un bûcher, dans lequel il veut se brûler avec sa massue et la peau du lion de Némée. Enfin il apparaît à Alcmène sa mère, et la console en lui apprenant qu'il vient d'être reçu au nombre des dieux.

L. ANNÆI SENECÆ
HERCULES OETÆUS.

ACTUS PRIMUS.

SCENA I.

HERCULES.

Sator Deorum, cujus excussum manu
Utræque Phœbi sentiunt fulmen domus,
Secure regna: protuli pacem tibi,
Quacumque Nereus porrigi terras vetat.
Non est tonandum: perfidi reges jacent,
Sævi tyranni: fregimus, quidquid fuit
Tibi fulminandum: sed mihi cælum, parens,
Adhuc negatur? parui certe Jove
Ubique dignus: teque testata est meum
Patrem noverca: quid tamen nectis moras?
Numquid timemur? numquid impositum sibi
Non poterit Atlas ferre cum cælo Herculem?
Quid astra, genitor, quid negas? mors me tibi

HERCULE SUR L'ŒTA
DE L. A. SÉNÈQUE.

ACTE PREMIER.

SCÈNE I.

HERCULE.

Père des dieux, toi dont les foudres se font sentir d'une extrémité du monde à l'autre, règne maintenant sans crainte, j'ai pacifié ton empire dans toute cette étendue que Neptune enferme de ses flots. Laisse reposer le tonnerre ; les rois perfides et les tyrans cruels sont tombés sous mes coups ; j'ai détruit tout ce qu'il t'aurait fallu foudroyer. Cependant, ô mon père ! on me refuse encore le ciel ; certes, en tous lieux, je me suis montré digne de Jupiter, et Junon elle-même a prouvé ma céleste origine. Pourquoi donc ces délais ? est-ce que l'on me craint ? Atlas ne pourra-t-il porter le poids du ciel quand Hercule y sera monté ? Pourquoi me fermer le séjour des dieux, ô mon père ? la mort m'a rendu à toi.

Certe remisit : omne concessit malum,
Quod terra genuit, pontus, aer, inferi.
Nullus per urbes errat Arcadias leo.
Stymphalis icta est; Maenali nulla est fera.
Sparsit peremtus aureum serpens nemus :
Et hydra vires posuit : et notos Hebro
Cruore pingues hospitum fudi greges :
Hostisque traxi spolia Thermodontiae.
Vidi silentum fata; nec tantum redii,
Sed trepidus atrum Cerberum vidit dies,
Et ille solem : nullus Antaeus Libys
Animam resumit : cecidit ante aras suas
Busiris : una est Geryon sparsus manu;
Taurusque populis horridus centum pavor.

Quodcumque tellus genuit infesta, occidit,
Meaque fusum est dextera : iratis Deis
Non licuit esse : si negat mundus feras,
Animum noverca, redde nunc nato patrem,
Vel astra forti; nec peto, ut monstres iter :
Permitte tantum, genitor; inveniam viam :
Vel si times, ne terra concipiat feras,
Properet malum quodcumque, dum terra Herculem
Habet, videtque : nam quis invadet mala?
Aut quis per urbes rursus Argolicas erit
Junonis odio dignus? In tutum meas
Laudes redegi : nulla me tellus silet.
Me sensit Ursae frigidum Scythicae genus,
Indusque Phoebo subditus, Cancro Libys.

Tous les monstres que la terre, la mer, le ciel et les enfers ont pu produire ne sont plus : nul lion ne rôde maintenant autour des villes de l'Arcadie; les oiseaux du Stymphale ont péri; la bête du mont Ménale est tombée sous mes coups; le dragon est étendu mort dans le bois des Hespérides; l'hydre est sans vie. J'ai détruit les fiers chevaux de la Thrace, que leur maître nourrissait du sang de ses hôtes; j'ai ravi les dépouilles de la reine guerrière des Amazones. J'ai visité la demeure silencieuse des morts, et non-seulement j'en suis remonté, mais j'ai fait voir à Cerbère le jour effrayé de sa présence, et lui-même s'est effrayé à l'aspect du soleil. L'Afrique n'a plus de géant qui se ranime en touchant la terre; Busiris est tombé au pied de ses propres autels; ce bras seul a terrassé le triple Géryon, ainsi que le taureau qui était la terreur de cent peuples.

Tous les monstres que la terre enfanta dans son courroux sont morts sous l'effort de ma main victorieuse. J'ai rendu le courroux des dieux impuissant. Puisque la terre n'a plus d'ennemis à m'offrir, Junon plus de colère à exercer contre moi, rends-moi donc mon père, car je suis ton fils; ouvre-moi le ciel, car je suis courageux et fort. Je ne te prie point de m'en montrer la route, permets-moi seulement d'y monter, je trouverai moi-même le chemin. Ou si tu crains que la terre n'engendre de nouveaux monstres, dis-lui qu'elle se hâte de les produire tandis qu'elle possède et voit encore Hercule: car quel autre pourrait les combattre, et quand la Grèce enfantera-t-elle un héros digne comme moi de la haine de Junon? Ma gloire est désormais assurée; il n'y a point

Te, clare Titan, testor: occurri tibi,
Quacumque fulges: nec meos lux prosequi
Potuit triumphos. Solis excessi vices;
Intraque nostras substitit metas dies.
Natura cessit: terra defecit gradum.
Laxata prior est nox; et extremum chaos
In me incucurrit: inde ad hunc orbem redii,
Unde omne retro est: tulimus Oceani minas,
Nec ulla valuit quatere tempestas ratem,
Quacumque pressi.

      Pars quota est, quam prosequor?
Jam vacuus æther non potest odio tuæ
Sufficere nuptæ; quasque devincam feras,
Tellus timet concipere, nec monstra invenit.
Feræ negantur. Hercules monstri loco
Jam cœpit esse: quanta nunc fregi mala,
Quot scelera nudus? quidquid immane obstitit,
Solæ manus stravere: nec juvenis feras
Timui, nec infans: quidquid est jussum, leve est.
Nec ulla nobis segnis illuxit dies.
O quanta fudi monstra, quæ nullus mihi
Rex imperavit! institit virtus mihi
Junone pejor: sed quid impavidum genus
Fecisse prodest? non habent pacem Dei.

de pays qui ne retentisse du bruit de mon nom. Le Scythe errant sous les glaces de l'Ourse, l'Indien brûlé par le soleil, l'Africain soumis aux feux du Cancer, ont tous senti la puissance de mon bras. Je te prends à témoin, roi brillant du jour; tu m'as rencontré sur tous les points où pénètrent tes rayons, et ta lumière n'a pu me suivre dans tous mes triomphes. J'ai dépassé ta carrière, et le jour est demeuré en deçà des bornes que je me suis posées. La nature m'a manqué, la terre s'est trouvée trop étroite sous mes pas. La nuit s'est agrandie devant moi; les dernières profondeurs du chaos sont venues à ma rencontre, et je suis remonté sur la terre de ces profonds abîmes qui entraînent tout à eux. J'ai bravé les menaces de l'Océan, et nulle tempête n'a pu ébranler la partie du navire que je pressais du poids de mon corps.

Mais ce que je rappelle ici n'est que bien peu de chose. Déjà le ciel épuisé ne peut plus suffire à la haine de ton épouse; la terre n'ose plus enfanter de monstres, ni me fournir de nouvelles bêtes à vaincre. Ma valeur n'a plus où se prendre, et déjà il n'y a plus sur la terre d'autre monstre que moi. Que de fléaux, que de crimes j'ai surmontés ou punis sans armes! tout ce que j'ai trouvé de terribles ennemis, ces seules mains les ont terrassés: les bêtes les plus cruelles n'ont effrayé ni ma jeunesse ni mon enfance. Les travaux qu'on m'a imposés ne sont rien. Aucune de mes journées n'est demeurée oisive. Quels horribles monstres j'ai détruits sans attendre les ordres d'un tyran! mon courage m'excitait mieux encore que la haine de Junon. Mais que m'a-t-il servi d'assurer

Purgata tellus omnis in cælo videt,
Quodcumque timuit : transtulit Juno feras.
Ambit peremtus Cancer ardentem plagam,
Libyæque sidus fertur, et messes alit.
Annum fugacem tradit Astrææ Leo :
At ipse jactans fervidam collo jubam,
Austrum madentem siccat, et nimbos rapit.
Invasit omnis ecce jam cælum fera,
Meque antecessit : victor e terris meos
Specto labores : astra portentis prius
Ferisque Juno tribuit, ut cælum mihi
Faceret timendum : sparserit mundum licet,
Cælumque terris pejus, ac levius Styge
Irata faciat; dabitur Alcidæ locus.

Si post feras, post bella, post Stygium canem,
Nondum astra merui, Siculus Hesperium latus
Tangat Pelorus; una jam tellus erit,
Illinc fugabo maria : si jungi jubes,
Committat undas Isthmus, et juncto salo
Nova ferantur Atticæ puppes via.
Mutetur orbis : vallibus currat novis
Ister, novasque Tanais accipiat vias :
Da, da tuendos, Juppiter, saltem Deos.
Illa licebit fulmen a parte auferas,
Ego quam tuebor : sive glacialem polum,
Seu me tueri fervidam partem jubes,
Hac esse Superos parte securos puta.

le repos du genre humain? La paix n'est point dans le séjour des dieux : la terre voit dans le ciel tous les monstres qu'elle redoutait et dont je l'ai délivrée: Junon les a tous attachés à la voûte du ciel. Le Cancer, tué par mes mains, entoure la zône torride ; il brille sur les plaines de l'Afrique et mûrit les moissons. Le Lion livre le cours de l'année à la Vierge que la terre a bannie par ses crimes; il agite dans le ciel sa brûlante crinière, dissipe l'humidité du vent du midi et enlève les nuages. Tous ces monstres ont envahi le séjour des dieux et m'y ont précédé. Vainqueur, je contemple mes victoires au dessus de ma tête. C'est pour me rendre le ciel redoutable que Junon l'a rempli de monstres et de bêtes féroces; mais en vain, dans sa haine, elle l'a rendu plus dangereux que la terre, plus affreux que le Styx: Hercule y trouvera place.

Si après tant de combats, et tant de monstres vaincus, si après avoir enchaîné Cerbère, je ne mérite pas encore de monter au ciel, je réunirai le Pélore de Sicile à la côte d'Hespérie : ces deux terres n'en formeront plus qu'une; je chasserai la mer qui les sépare, si tu veux qu'elles s'unissent. Je ferai disparaître l'isthme de Corinthe, et, joignant les deux mers, j'ouvrirai une nouvelle route aux navires de l'Attique. Je changerai la face de l'univers : je creuserai un nouveau lit au Danube; j'ouvrirai une autre vallée au cours du Tanaïs. Confie-moi du moins, ô Jupiter! la défense du ciel. Là où je serai, ta foudre n'aura rien à faire : que le pôle glacial ou la zône torride soient commis à ma garde, il n'importe ; les dieux y seront également en sûreté.

Cirrhæa Pæan templa, et æteream domum
Serpente cæso meruit: at quoties jacet
Python in hydra? Bacchus et Perseus Deis
Jam se intulere: sed quota est mundi plaga
Oriens subactus? aut quota est Gorgon fera?
Quis astra natus laudibus meruit suis
Ex te et noverca? Quem tuli, mundum peto.

Sed tu, comes laboris Herculei, Licha,
Perfer triumphos, Euryti victos lares,
Stratumque regnum: vos pecus rapite ocius,
Qua templa tollens ara Cenæi Jovis
Austro timendum spectat Euboicum mare.

SCENA II.

CHORUS OECHALIARUM VIRGINUM, IOLE.

CHORUS.

Par ille est Superis, cui pariter dies
Et fortuna fuit: mortis habet vices,
Lente quum trahitur vita gementibus.
Quisquis sub pedibus fata rapacia,
Et puppem posuit fluminis ultimi,
Non captiva dabit brachia vinculis,
Nec pompæ veniet nobile ferculum.

Les temples de Cyrrha et le séjour du ciel ont été pour Apollon le prix de sa victoire sur un serpent ; mais que de Pythons vaincus dans mon hydre ! Bacchus et Persée ont déjà pris place parmi les dieux ; mais qu'est-ce que la conquête de l'Inde ? qu'est-ce que la défaite de la Gorgone ? Nul fruit de ton hymen avec la marâtre qui me persécute n'a mérité, par son courage, d'entrer dans le séjour des dieux. Moi je te demande une place dans le ciel pour l'avoir porté.

Fidèle compagnon de mes travaux, Lichas, va, cours annoncer ma victoire à mon épouse ; apprends-lui la défaite d'Eurytus et la ruine de son royaume. Et vous, conduisez au plus tôt ces victimes au pied de l'autel de Jupiter Cénéen, dont le temple domine la mer d'Eubée que soulèvent les vents du midi.

SCÈNE II.

CHOEUR DE VIERGES OECHALIENNES, IOLE.

LE CHOEUR.

C'est être l'égal des dieux, que de n'avoir à son bonheur d'autre terme que celui de ses jours : c'est une véritable mort qu'une vie traînée dans les larmes. L'homme qui a su mettre sous ses pieds la puissance impitoyable du destin, et la barque du fleuve des morts, ne livrera jamais ses mains captives pour être enchaînées, et jamais n'ornera la pompe triomphale de son vainqueur.

Nunquam est ille miser, cui facile est mori.
Illum si medio decipiat ratis
Ponto, quum Borean expulit Africus,
Aut Eurus Zephyrum, quum mare dividunt,
Non puppis lacerae fragmina colligit,
Ut litus medio speret in aequore.
Vitam qui poterit reddere protinus,
Solus naufragium non poterit pati.
Nos turpis macies, et lacrimae tenent,
Et crinis patrio pulvere sordidus.
Nos non flamma rapax, non fragor obruit.
Felices sequeris, Mors, miseros fugis.
Stamus; nunc patriae messibus heu locus
Et silvis dabitur : lapsaque sordidae
Fient templa casae : jam gelidus Dolops
Hac ducet pecudes, qua tepet obrutus,
Stratae qui superest OEchaliae, cinis.
Illo Thessalicus pastor in oppido
Indocta referens carmina fistula,
Cantu nostra canet tempora flebili.
Et dum pauca Deus saecula contrahit,
Quaeretur, patriae quis fuerit locus.
Felix incolui non steriles focos,
Nec jejuna soli jugera Thessali.
Ad Trachina vocor, saxa rigentia,
Et dumeta jugis horrida torridis,
Vix gratum pecori montivago nemus.
At si quas melior sors famulas vocat,
Illas aut volucer transferet Inachus;
Aut Dircaea colent moenia, qua fugit

L'homme qui sait mourir ne peut être misérable.
Que son navire se brise au milieu des mers soulevées,
que le vent du nord dispute au vent du midi, et l'Eurus
au Zéphyr, il ne cherchera point à recueillir les débris
de son vaisseau mis en pièces, pour gagner le rivage
sur une planche fragile. Celui-là seul n'a point à souffrir les horreurs du naufrage, qui peut sans hésiter faire
le sacrifice de sa vie.

Nous, la pâleur défigure nos visages, des pleurs coulent de nos yeux, et les cendres de la patrie souillent
nos cheveux en désordre. Ni les flammes dévorantes ni
la chute de nos murailles n'ont pu nous ôter la vie. Tu
cherches les heureux, ô mort! et tu fuis les misérables.
Le sol de notre ville se couvrira de moissons et de forêts : nos temples croulés se changeront en cabanes :
bientôt le Dolope glacé conduira ses troupeaux sur les
cendres tièdes encore de la triste Œchalie. Le pâtre du
Pinde viendra s'asseoir sur les ruines de notre ville, et,
sur sa flûte rustique, redira nos malheurs dans ses chants
lugubres. Il ne faut que peu de siècles pour qu'on cherche la place où fut notre patrie.

Heureuse, j'habitais une terre fortunée et les riches
campagnes de la Thessalie. Maintenant on m'entraîne
vers les rochers de Trachine, sol pierreux tout hérissé
de buissons brûlés du soleil, et qui peuvent à peine
fournir la pâture aux chèvres de montagnes. Les plus
heureuses d'entre nous seront transportées sur les bords
du rapide Inachus, ou dans la ville de Dircé, que le
faible Ismène arrose de ses eaux languissantes. C'est là

Ismenos tenui flumine languidus.
Hic mater tumidi nupserat Herculis.
Quæ cautes Scythiæ, quis genuit lapis?
Num Titana ferum te Rhodope tulit,
Te præruptus Athos, te fera Caspias,
Quæ virgata tibi præbuit ubera?
Falsa est de geminis fabula noctibus,
Æther quum tenuit sidera longius,
Commisitque vices Lucifer Hespero,
Et solem vetuit Delia tardior.
Nullis vulneribus pervia membra sunt:
Ferrum sentit hebes; lentior est chalybs.
In nudo gladius corpore frangitur,
Et saxum resilit, fataque negligit,
Et mortem indomito corpore provocat.
Non illum poterant figere cuspides,
Non arcus Scythica tensus arundine,
Non quæ tela gerit Sarmata frigidus;
Aut qui soliferæ suppositus plagæ
Vicino Nabathæ vulnera dirigit
Parthus, Cnossiacis certior ictibus.
Muros OEchaliæ corpore propulit.
Nil obstare valet: vincere quod parat,
Jam victum est: quota pars vulnere concidit?
Pro fato patuit vultus iniquior,
Et vidisse sat est Herculeas minas.
Quis vastus Briareus, quis tumidus Gyges,
Supra Thessalicos constitit aggeres,
Ut cælo insereret vipereas manus,
Hoc vultu riguit? commoda cladibus

que la mère du superbe Hercule a pris un époux. Quelle pierre insensible, quelle roche de Scythie a mis au monde cet homme cruel? Est-ce le Rhodope qui t'a vu naître, farouche Titan, ou l'Athos orgueilleux? as-tu sucé le lait de quelque bête farouche du Caucase? C'est à tort qu'on parle de deux nuits amoureuses dans lesquelles tu fus conçu, des astres arrêtés dans leur cours, de l'étoile du soir faisant les fonctions de l'étoile du matin, et du soleil retardé, parce que sa sœur ne voulait pas lui céder le ciel.

Ses membres sont invulnérables; le fer s'émousse en les touchant, et l'acier a moins de force : l'épée se brise sur son corps, et les pierres en rejaillissent comme si elles avaient heurté une autre pierre. Dans sa vigueur indomptable, il brave la mort et la provoque : rien ne peut l'entamer, ni la lance, ni la flèche du Scythe, ni les traits du Sarmate glacé, ni ceux que sous la zône brûlante le Parthe décoche contre le Nabathéen, avec plus d'adresse et de certitude que ne font les archers de Crète.

Sans armes, il a renversé les murs d'OEchalie; rien ne peut l'arrêter; ce qu'il veut vaincre, il l'a déjà vaincu; et même il n'a pas besoin de frapper : il n'a qu'à montrer son visage plus terrible que la mort, rien ne subsiste devant ses menaces. Quel gigantesque Briarée, quel orgueilleux Gygès, entassant les montagnes de Thessalie pour élever jusqu'au ciel ses bras de serpent, n'est pas resté éperdu à l'aspect de ce terrible visage? Mais une consolation des grandes misères, c'est qu'il n'y a plus

Magnis magna patent ; nil superest mali :
Iratum miseræ vidimus Herculem.

IOLE.

At ego infelix, non templa suis
Collapsa Deis, sparsosve focos,
Natis mixtos arsisse patres,
Hominique Deos, templa sepulcris ;
Nullum querimur commune malum.
Alio nostras Fortuna vocat
Lacrimas : alias flere ruinas
Mea fata jubent. Quæ prima querar ?
Quæ summa gemam ? pariter cuncta
Deflere juvat : nec plura dedit
Pectora tellus, ut digna sonent
Verbera fatis : me vel Sipyli
Flebile saxum fingite, Superi,
Vel in Eridani ponite ripis,
Ubi mœsta sonat Phaethontiadum
Silva sororum : me vel Siculis
Addite saxis, ubi fata gemam
Thessala Siren : vel in Edonas
Tollite silvas ; qualis natum
Daulias ales solet Ismaria
Flere sub umbra : formam lacrimis
Aptate meis, resonetque malis
Aspera Trachin : Cypria lacrimas
Myrrha tuetur : raptum conjux
Ceyca gemit : sibi Tantalis est
Facta superstes : fugit vultus
Philomela suos, natumque sonat

rien à craindre après elles. Hélas! malheureuses, nous avons vu Hercule irrité contre nous.

IOLE.

Pour moi, infortunée, ce ne sont point nos temples écroulés sur leurs dieux, ni nos palais détruits que je déplore, ni les fils mêlés aux pères, les hommes confondus avec les dieux, les temples avec les tombeaux dans un commun embrasement. Ces malheurs publics ne sont point le sujet de ma douleur. D'autres peines font couler mes larmes, et mon destin me force à pleurer sur d'autres ruines. Par où commencer? par où finir? Je veux déplorer tous mes maux à la fois; mais la nature ne m'a donné qu'une poitrine, et ce n'est pas assez pour me frapper comme le demandent mes malheurs. Dieux, faites de moi une statue qui pleure sur le mont Sipyle, ou posez-moi sur les bords de l'Éridan, plaintive et gémissante avec les sœurs de Phaéthon; jetez-moi dans la mer de Sicile, où, sirène de Thessalie, je ferai entendre mes tristes plaintes; ou emportez-moi dans les forêts de la Thrace, pour y gémir comme Philomèle, qui se lamente sous les ombrages d'Ismare. Donnez-moi une forme appropriée à ma douleur, et que l'âpre Trachine retentisse de mes cris. Myrrha la Cyprienne verse toujours des larmes; Alcyone pleure toujours son cher Céyx; la fille de Tantale se survit à elle-même dans sa douleur; Philomèle fuit encore le visage de l'homme, et redemande par ses cris plaintifs le fils qu'elle a perdu. Pourquoi mes bras ne se couvrent-ils pas de plumes légères! Heureuse, ah! trop heureuse quand les bois deviendront mon séjour; quand solitaire dans les cam-

Flebilis Atthis : cur mea nondum
Capiunt volucres brachia plumas?
Felix, felix, quum silva domus
Nostra feretur, patrioque sedens
Ales in agro referam querulo
Murmure casus; volucremque Iolen
Fama loquetur.
    Vidi, vidi
Miseranda mei fata parentis,
Quum, letifero stipite pulsus,
Tota jacuit sparsus in aula.
Proh, si tumulum fata dedissent,
Quoties, genitor, quærendus eras!
Potuine tuam spectare necem,
Nondum teneras vestite genas,
Necdum forti sanguine, Toxeu?
Quid vestra querar fata, parentes,
Quos in tutum mors æqua tulit?
Mea me lacrimas fortuna rogat.
Jamjam dominæ captiva colos
Fusosque legam : proh, sæve decor,
Formaque mortem paritura mihi:
Tibi cuncta domus concidit uni,
Dum me genitor negat Alcidæ,
Atque Herculeus socer esse timet.
Sed jam dominæ tecta petantur.

CHORUS.

Quid regna tui clara parentis,
Proavosque tuos respicis amens?
Fugiat vultus fortuna prior.

pagnes de ma patrie, je raconterai mes malheurs dans mes tristes chants, et que la renommée parlera d'Iole changée en oiseau !

J'ai vu, j'ai vu la mort de mon malheureux père ; la terrible massue a broyé ses membres et les a répandus dans tout son palais. Hélas ! si la destinée t'avait accordé un tombeau, combien de fois, ô mon père ! il eût fallu t'ensevelir ! Ai-je pu voir aussi ton trépas, cher Toxée, dont un léger duvet ne couvrait pas encore les joues, dont le sang n'avait pas encore l'énergie qui donne le courage ! Mais pourquoi pleurer sur vous, chers parens qu'une même mort a mis à l'abri de tous les maux ? c'est sur mon propre sort qu'il faut verser mes larmes. Captive, je vais tenir la quenouille et tourner le fuseau sous les ordres d'une maîtresse orgueilleuse. Fatale beauté, don funeste qui doit causer ma mort ! c'est elle qui a renversé notre maison, par le refus de mon père de me donner à Hercule et de l'accepter pour gendre. Mais il faut me rendre au palais de celle à qui j'appartiens.

LE CHOEUR.

Il n'est plus temps de penser encore à la royauté de votre père et à vos nobles aïeux. Écartez le souvenir de votre grandeur passée. Heureux le mortel qui sait vivre

Felix, quisquis novit famulum
Regemque pati, vultusque suos
Variare potest : vires pepulit
Pondusque mali, casus animo
              Qui tulit æquo.

à la fois sur le trône et dans l'esclavage, et conformer son visage à ces deux états si contraires ! C'est adoucir l'amertume et alléger le poids de ses malheurs, que de les supporter sans faiblesse.

ACTUS SECUNDUS.

SCENA I.

NUTRIX, DEJANIRA; LICHAS, muta persona.

NUTRIX.

O quam cruentus feminas stimulat dolor,
Quum patuit una pellici et nuptae domus!
Scylla, et Charybdis Sicula contorquens freta
Minus est timenda: nulla non melior fera est.
Namque, ut reluxit pellicis captae decus,
Et fulsit Iole, qualis innubis dies,
Purisve clarum noctibus sidus micat,
Stetit furenti similis, ac torvum intuens
Herculea conjux: feta ut Armenia jacens
Sub rupe tigris, hoste conspecto, exsilit:
Aut jussa thyrsum quatere, conceptum ferens
Maenas Lyaeum, dubia quo gressus agat,
Haesit parumper: tum per Herculeos lares
Lymphata rapitur; tota vix satis est domus.
Incurrit, errat, sistit: in vultus dolor
Processit omnis: pectori paene intimo
Nihil est relictum: fletus insequitur minas.
Nec unus habitus durat, aut uno furit

ACTE SECOND.

SCÈNE I.

LA NOURRICE, DÉJANIRE; LICHAS, personnage muet.

LA NOURRICE.

Quelle douleur amère, quel tourment cruel pour une épouse, de voir une concubine partager ses droits dans la maison conjugale ! Charybde et Scylla, qui roulent avec tant de violence les vagues de Sicile, sont moins redoutables, et il n'est point de bête féroce qui soit plus à craindre qu'une femme dominée par la jalousie. Dès que la beauté de cette jeune captive a paru dans ce palais, et que la jeune Iole s'est montrée brillante comme un jour sans nuage, et pure comme une étoile qui étincelle par une nuit sereine, l'épouse d'Hercule est devenue furieuse et a laissé tomber des regards sombres. Une tigresse d'Arménie, à la vue du chasseur qui vient pour lui ravir ses petits, s'élance avec moins de rage. Pareille à la Ménade qui au moment de balancer le thyrse, et déjà pleine du dieu qu'elle porte en son sein, demeure un instant indécise, elle a hésité quelque temps ; mais bientôt elle s'élance comme une furieuse à travers les appartemens, qui même n'offrent plus assez d'espace à son délire. Elle

Contenta vultu : nunc inardescunt genuæ,
Pallor ruborem pellit, et formas dolor
Errat per omnes : queritur, implorat, gemit.
Sonuere postes : ecce, præcipiti gradu,
Secreta mentis ore confuso exserit.

DEJANIRA.

Quamcumque partem sedis æthereæ premis,
Conjux Tonantis, mitte in Alcidem feram,
Quæ mihi satis sit : si qua fecundum caput
Palude tota vastior serpens movet,
Ignara vinci : si quid excessit feras,
Immane, dirum, horribile, quo viso Hercules
Avertat oculos ; hoc sinu immenso exeat.
Vel si feræ negantur, hanc animam precor
Converte in aliquid, quodlibet possum malum
Hac mente fieri : commoda effigiem mihi
Parem dolori : non capit pectus minas.

Quid excutis telluris extremæ sinus,
Orbemque versas ? quid rogas Ditem mala ?
Omnes in isto pectore invenies feras,
Quas timuit : odiis accipe hoc telum tuis.
Ego sum noverca : perdere Alcidem potes.
Profer manus quocumque : quid cessas, Dea ?

court, elle s'égare, elle s'arrête. Sa fureur se peint tout entière sur son visage, presque rien n'en reste au fond de son cœur. Les pleurs succèdent aux menaces ; son visage change à tous momens, et sa fureur ne garde pas une expression constante : l'ardente rougeur de ses joues fait place à la pâleur, et sa rage se produit sous toutes les formes. Elle se plaint, elle prie, elle éclate en gémissemens. Mais la porte s'ébranle : c'est Déjanire elle-même qui accourt à pas précipités ; les secrets de son cœur se trahissent par le trouble de son visage.

DÉJANIRE.

En quelque partie du ciel que tu habites, épouse de Jupiter, envoie contre Hercule un monstre qui me venge ; s'il est une hydre aux têtes renaissantes, trop vaste pour qu'aucun marais puisse la contenir, et invincible ; s'il est quelque bête farouche, horrible, cruelle, démesurée, dont la vue seule glace de terreur mon perfide époux, qu'elle sorte des profondes entrailles de la terre ! ou si tu me refuses les monstres que je te demande, change-moi, je te prie, moi-même en quelque monstre ; ma haine se prête aux formes les plus hideuses ; donne-m'en une qui réponde à mon désir de vengeance : ce corps de femme ne peut contenir les violentes pensées qui m'obsèdent.

Mais pourquoi fouiller dans les derniers replis de la terre, et bouleverser le monde ? pourquoi demander des monstres à Pluton ? Dans ce cœur, tu rencontreras tous les monstres qui l'ont fait trembler ; qu'il devienne l'instrument de ta haine de marâtre ; je le suis comme toi, tu peux maintenant te venger d'Hercule. Conduis mes

Utere furente : quod jubes fieri nefas ?
Reperi : quid hæres ? ipsa jam cesses licet,
Hæc ira satis est.

NUTRIX.

Pectoris sani parum,
Alumna, questus comprime, et flammas doma.
Frena dolorem : conjugem ostende Herculis.

DEJANIRA.

Iole meis captiva germanos dabit
Natis, Jovisque fiet e famula nurus !
Num flamma cursus pariter et torrens ferent,
Et Ursa pontum sicca cæruleum bibet ?
Non ibo inulta : gesseris cælum licet,
Totusque pacem debeat mundus tibi ;
Est aliquid hydra potius ; iratæ dolor
Nuptæ : quis ignis tantus in cælum furit
Ardentis Ætnæ ? quidquid est victum tibi,
Hic vincet animus. Capta præripiet toros ?
Adhuc timebam monstra : jam nullum est malum.
Cessere pestes : in locum venit feræ
Invisa pellex : summe proh rector Deûm,
Et clare Titan, Herculis tantum fui
Conjux timentis : vota quæ Superis tuli,
Cessere captæ : pellici felix fui.
Illi meas audistis, o Superi, preces :
Incolumis illi remeat : o nulla dolor
Contente pœna, quære supplicia horrida,
Incogitata, infanda. Junonem doce,
Quid odia valeant : nescit irasci satis.

mains à ton gré : que tardes-tu, ô déesse ! à mettre à profit ma fureur ? Quel crime veux-tu que je commette ? j'en ai trouvé un : tu hésites ? je n'ai plus besoin de toi, ma colère me suffit.

LA NOURRICE.

Étouffez, ma fille, ces plaintes insensées, et calmez cette fureur qui vous brûle. Montrez-vous l'épouse d'Hercule en triomphant de votre jalousie.

DÉJANIRE.

Iole, cette captive, donnerait des frères à mes enfans ! une servante deviendrait l'épouse du fils de Jupiter ! l'eau et le feu se mêleront donc ensemble, et l'Ourse du pôle se plongera dans les eaux bleues de l'Océan ? Je ne resterai pas sans vengeance : tu as porté le ciel sur tes épaules, tu as donné la paix à l'univers, mais qu'importe ? il est quelque chose encore de plus redoutable que ton hydre, le ressentiment d'une femme outragée : les flammes que l'Etna vomit contre le ciel sont moins terribles ; ma fureur sera plus puissante que tous les monstres que tu as vaincus. Une captive me ravir le lit de mon époux ! Jusqu'ici j'ai craint les monstres, maintenant il n'y en a plus pour moi ; une rivale odieuse les a tous remplacés. Puissant maître des dieux, et toi père de la lumière, je n'ai donc été la femme d'Hercule que pour le temps où il était entouré de dangers ? tous mes vœux pour son bonheur ont tourné au profit d'une captive ; c'est pour ma rivale que j'ai été heureuse ; c'est pour elle, ô dieux ! que vous avez exaucé mes prières ! c'est pour elle que mon époux revient triomphant ! O douleur qu'aucune vengeance ne pourra satisfaire ! in-

Pro me gerebas bella : propter me vagas
Achelous undas sanguine infecit suo,
Quum lenta serpens fieret; in taurum trucem
Nunc flecteret, serpente deposita, minas;
Et mille in hoste vinceres uno feras.
Jam displicemus, capta praelata est mihi.
Non praeferetur : qui dies thalami ultimus
Nostri est futurus, hic erit vitae tuae.

Quid hoc? recedit animus, et ponit minas.
Jam cessit ira. Quid miser langues dolor?
Perdis furorem? conjugis tacitae fidem
Mihi reddis iterum : quid vetas flammas ali?
Quid frangis ignes? hunc mihi serva impetum.
Pares eramus : non erit votis opus,
Aderit noverca, quae manus nostras regat,
Nec invocata.

NUTRIX.

Quod paras demens scelus?
Perimes maritum, cujus extremus dies
Primusque laudes novit, et caelo tenus
Erecta terras fama suppositas habet?
Rogos in istos terra consurget parens,
Domusque soceri prima, et Aetolum genus

vente des châtimens affreux, épouvantables, inouïs !
Montre à Junon ce que peut une véritable haine : elle
ne sait pas haïr.

Perfide ! c'est pour moi qu'il allait aux combats ; c'est
pour moi que les eaux errantes d'Achéloüs se teignirent
de son sang, malgré la résistance de ce fleuve qui tantôt se traînait à longs replis, comme un serpent, et
tantôt, par une autre métamorphose, se dressait en taureau furieux, de manière à donner à Hercule cent monstres à vaincre en un seul. Maintenant j'ai cessé de te
plaire ; une esclave a sur moi la préférence ! elle ne l'aura
pas long-temps : le dernier jour de notre union conjugale sera aussi le dernier de ta vie.

Mais quoi ! mon âme recule et ma colère tombe !
N'ai-je donc plus de ressentiment, et ma haine s'affai-
blit-elle ? Oui, ma fureur s'est éteinte, et les sentimens
d'une fidèle épouse la remplacent dans mon cœur. Pourquoi calmer ce feu qui me brûle, ô mon âme ! nourris-le
plutôt, et entretiens l'ardeur de mes transports : ils me
donnent une force égale à celle d'Hercule, et qui ne me
laisse plus de vœux à former. Junon viendra elle-même
à son secours, et conduira mes mains sans qu'il soit besoin que je l'invoque.

LA NOURRICE.

Insensée ! quel crime voulez-vous commettre ? donne-
rez-vous la mort à votre époux, dont les hauts faits sont
connus d'une extrémité du monde à l'autre, et dont la
renommée touche le ciel en s'appuyant sur la terre ?
Pour venger sa mort, l'univers tout entier se lèvera ; la
maison de votre père et toute l'Étolie périront d'abord :

Sternetur omne; saxa jamdudum et faces
In te ferentur : vindicem tellus suum
Defendet omnis : una quot pœnas dabis?
Effugere terras crede, et humanum genus
Te posse; fulmen genitor Alcidæ gerit.
Jamjam minaces iræ per cælum faces
Specta, et tonantem fulmine excusso diem.
Mortem quoque ipsam, quam putas tutam, time.
Dominatur illic patruus Alcidæ tui.
Quocumque perges, misera, cognatos Deos
Illic videbis.

DEJANIRA.

Maximum fieri scelus
Et ipsa fateor, sed dolor fieri jubet.

NUTRIX.

Moriere.

DEJANIRA.

Moriar Herculis nempe inclyti
Conjux : nec ullus nocte discussa dies
Viduam notabit, nec meos pellex toros
Captiva capiet : ante ab occasu dies
Nascetur. Indos ante glacialis polus
Scythasve tepida Phœbus inficiet rota,
Quam me relictam Thessalæ adspiciant nurus.
Meo jugales sanguine exstinguam faces.
Aut pereat, aut me perimat : elisis feris
Et conjugem addat : inter Herculeos licet
Me quoque labores numeret. Alcidæ toros
Moritura certe corpore amplectar meo.
Ire, ire ad umbras Herculis nuptam libet;

les pierres et les feux tomberont sur vous, toute la terre s'armera pour la cause de son vengeur : seule contre tous, combien serez-vous punie? En supposant que vous échappiez à la vengeance de la terre et du genre humain, le père d'Hercule ne porte-t-il pas la foudre? Voyez déjà ses feux menaçans traverser le ciel, et le tonnerre ébranler le monde avec un bruit épouvantable. Craignez jusqu'à la mort même dans laquelle vous vous flattez peut-être de trouver un asile : l'oncle d'Hercule la tient sous son empire; où que vous alliez, malheureuse, vous rencontrerez partout les dieux ses parens.

DÉJANIRE.

Je conviens que ce que je médite est le plus grand des crimes; mais la colère m'y pousse.

LA NOURRICE.

Vous mourrez.

DÉJANIRE.

Oui, mais je mourrai l'épouse du grand Hercule; mais le jour, à mon réveil, ne me verra point dans le veuvage; mais une captive ne montera point sur ma couche. Le soleil se lèvera du côté du couchant, les Indiens seront glacés par les frimas du pole septentrional, et le soleil noircira de ses rayons les Scythes nomades, avant que les femmes de la Thessalie me voient solitaire et délaissée. J'éteindrai dans mon sang les flambeaux de mon hymen. Que le traître périsse ou qu'il me tue : qu'il ajoute son épouse aux monstres qu'il a détruits: je consens à ce qu'il me mette au nombre de ses travaux; mais je veux de mes mains mourantes m'attacher à son lit nuptial. Oui, oui, c'est avec le titre de son épouse

Sed non inultam : si quid e nostro Hercule
Concepit Iole, manibus evellam meis
Ante, et per ipsas pellicem invadam faces.
Me nuptiali victimam feriat die
Infestus, Iolen dum supra exanimem ruam.
Felix jacet quicumque, quos odit, premit.

NUTRIX.

Quid ipsa flammas pascis, et vastum foves
Ultro dolorem misera? quid cassum times?
Dilexit Iolen: nempe dum starent lares,
Regisque natam peteret: in famulæ locum
Regina cecidit : perdidit vires amor,
Multumque ab illo traxit infelix status.
Illicita amantur; excidit, quidquid licet.

DEJANIRA.

Fortuna amorem pejor inflammat magis.
Amat vel ipsum, quod caret patrio lare,
Quod nudus auro crinis et gemma jacet :
Ipsas misericors forsan ærumnas amat.
Hoc usitatum est Herculi ; captas amat.

NUTRIX.

Dilecta Priami nempe Dardanii soror
Concessa famulo est : adice, quot nuptas prius,
Quot virgines dilexit : erravit vagus.
Arcadia nempe virgo, Palladios choros

que je veux descendre chez les morts, mais non pas sans vengeance : si ma rivale porte dans son sein quelque enfant de mon Hercule, je veux, avant de mourir, l'en arracher de mes mains, et attaquer Iole au milieu même des torches de son hymen. Que le cruel me frappe comme une victime au jour de sa perfidie, j'y consens, pourvu que je tombe sur ma rivale mourante. On est heureux de mourir en écrasant ceux que l'on déteste.

LA NOURRICE.

Pourquoi nourrir ainsi le feu qui vous dévore, et augmenter à plaisir une haine furieuse? pourquoi céder à une crainte frivole? Il a aimé Iole, mais quand le palais de son père était encore debout, et qu'elle était fille de roi. Maintenant cette princesse n'est plus qu'une esclave; l'amour d'Hercule a perdu sa force, et le malheur de l'objet aimé l'a presque réduit à rien; d'ailleurs, on se passionne toujours pour ce qu'on ne peut avoir, et l'on dédaigne ce que l'on possède.

DÉJANIRE.

Au contraire, le malheur est un aiguillon pour l'amour : ce qui lui fait chérir Iole, c'est qu'elle est privée du palais de ses pères, c'est que sa chevelure n'a plus ni or ni diamans pour l'embellir. La pitié l'attache à cette infortunée, et nous savons que c'est son habitude de se passionner pour ses captives.

LA NOURRICE.

Oui, mais pour peu de temps; comme il fit de la sœur de Priam, qu'il céda bientôt au compagnon de sa victoire. Ainsi de toutes les femmes et de toutes les vierges qu'il a aimées; ce n'a été qu'une flamme passagère :

Dum nectit Auge, vim stupri passa excidit,
Nullamque amoris retinet Herculei notam.
Referam quid alias? nempe Thespiades vacant,
Brevique in illas arsit Alcides face.
Hospes Timoli Lydiam fovit nurum,
Et amore captus, ad leves sedit colos,
Udum feroci stamen intorquens manu.
Nempe illa cervix spolia deposuit feræ,
Crinemque mitra pressit, et famulus stetit,
Hirtam Sabæa marcidus myrrha comam.
Ubique caluit, sed levi caluit face.
Hærere amantes post vagos ignes solent:
Famulamne et hostis præferet natam tibi?

DEJANIRA.

Ut alta silvas forma vernantes habet,
Quas, nemore nudo, primus investit tepor;
At quum solutos expulit Boreas Notos,
Et sæva totas bruma decussit comas,
Deforme solis aspicis truncis nemus:
Sic nostra longum forma percurrens iter,
Deperdit aliquid semper, et fulget minus,
Nec illa venus est: quidquid in nobis fuit
Olim petitum, cecidit et partu labat;
Materque multum rapuit ex illo mihi.
Ætas citato senior eripuit gradu.
Vides, ut altum famula non perdat decus?
Cessere cultus penitus, et pædor sedet;

ainsi la jeune Arcadienne, Augée, prêtresse de Minerve, ne lui plut qu'un moment ; il ravit ses faveurs et ne lui donna plus d'autres preuves de son amour. Faut-il rappeler d'autres exemples ? les filles de Thespius n'ont pas mieux fixé sa tendresse ; le feu dont il brûla pour elles s'éteignit aussitôt. Il aima, près du Tmole, la princesse de Lydie ; vaincu par ses charmes, il prit en main les fuseaux légers, et fit glisser le fil humide entre ses doigts robustes ; sa noble tête se dépouilla de la peau du lion ; il mit sur son front la mitre orientale, versa les parfums d'Arabie sur sa rude chevelure, et se fit l'esclave de sa belle maîtresse. Il prit feu partout, mais tous ces feux n'ont duré que peu d'instans. Il faut un terme à ces amours volages ; on finit par se fixer. Voulez-vous aujourd'hui qu'il vous préfère une esclave, et surtout la fille de son ennemi ?

DÉJANIRE.

Les arbres des forêts sont beaux à voir quand les tièdes haleines du printemps les ont parés d'une douce verdure ; mais quand l'Aquilon remplace les vents chauds du midi, et que les frimas ont dépouillé les arbres de leur belle chevelure, les forêts n'offrent plus à l'œil que des troncs hideux et mutilés. Ainsi la beauté d'une femme diminue toujours avec l'âge, elle perd son éclat et disparaît même tout-à-fait : les attraits qui me firent aimer d'Hercule se sont effacés ; mes nombreux enfans ont altéré les grâces de mon visage ; et ce que les grossesses ne m'ont pas ôté, le temps l'a pris dans sa course rapide. Vois au contraire cette esclave ; elle est dans tout l'éclat de sa beauté : malgré le désordre de sa parure et

Tamen per ipsas fulget ærumnas decor,
Nihilque ab illa casus et fatum grave
Nisi regna traxit : hic meum pectus timor,
Altrix, lacessit ; hic rapit somnos pavor.
Præclara totis gentibus conjux eram ;
Thalamosque nostros invido fato nurus
Optabat omnis : quæve mens quidquam Deos
Orabat ullos : nuribus Argolicis fui
Mensura voti. Quem Jovi socerum parem,
Altrix, habebo? quis sub hoc mundo mihi
Dabitur maritus? ipse, qui Alcidæ imperat,
Facibus suis me jungat Eurystheus licet,
Minus est : toro caruisse regnantis leve est :
Alte illa cecidit, quæ viro caret Hercule.

NUTRIX.

Conciliat animos conjugum partus fere.

DEJANIRA.

Sic ipse forsan dividet partus toros.

NUTRIX.

Famula illa trahitur interim donum tibi.

DEJANIRA.

Hunc, quem per urbes ire præclarum vides,
Et viva tergo spolia gestantem feræ,
Qui regna miseris donat, et celsis rapit,
Vasta gravatus horridam clava manum,
Cujus triumphos ultimi Seres canunt,

l'abattement de son visage, sa beauté brille à travers sa misère, et l'on voit que le malheur et la fortune cruelle ne lui ont ravi que le royaume de son père. Voilà, chère nourrice, le sujet de ma crainte, voilà ce qui m'ôte le sommeil. J'étais une épouse glorieuse devant tout l'univers : il n'y avait point de femme qui ne fût jalouse de mon bonheur; elles le demandaient toutes au ciel dans leurs prières, et les beautés de la Grèce voyaient en moi la mesure de leurs vœux. Où pourrai-je trouver un beau-père égal à Jupiter? le monde aurait-il à me fournir un autre époux comme le mien? Eurysthée commande à Hercule; mais quand il m'offrirait sa main, j'y perdrais encore : ne point partager la couche d'un roi, c'est un léger malheur; mais être bannie de celle d'Hercule, c'est tomber de bien haut.

LA NOURRICE.

La fécondité d'une femme est un lien qui lui conserve presque toujours le cœur de son époux.

DÉJANIRE.

Peut-être aussi elle fera qu'une rivale partagera ma couche.

LA NOURRICE.

Cette captive, après tout, n'est qu'un présent qu'il veut vous offrir.

DÉJANIRE.

Non, cet Hercule que tu vois parcourir les villes en conquérant, qui porte sur son dos la dépouille du lion de Némée, qui donne le sceptre aux malheureux et le ravit aux superbes, qui marche toujours armé de sa pesante massue; ce héros dont les peuples lointains de la

Et quisquis alius orbe consepto jacet;
Levis est, nec illum gloriæ stimulat decor.
Errat per orbem, non ut æquetur Jovi,
Nec ut per urbes magnus Argolicas eat:
Quod amet, requirit : virginum thalamos petit.
Si qua negata, rapitur : in populos furit;
Nuptas ruinis quærit; et vitium impotens
Virtus vocatur : cecidit OEchalia inclyta,
Unusque Titan vidit atque unus dies
Stantem et cadentem. Causa bellandi est amor :
Toties timebit, Herculi natam parens
Quoties negabit ; hostis est, quoties socer
Fieri recusat : si gener non est, furit.

Post hæc, quid istas innocens servo manus,
Donec furentem simulet, ac sæva manu
Intendat arcus, meque natumque opprimat?
Sic conjuges expellit Alcides suas :
Hæc sunt repudia! nec potest fieri nocens.
Terris videri sceleribus causam suis
Fecit novercam. Quid stupes, segnis furor?
Scelus occupandum est; perge, dum fervet manus.

NUTRIX.

Perimes maritum?

DEJANIRA.

Pellicis certe meæ.

Sérique, et toutes les nations du monde célèbrent les exploits, n'est qu'un homme volage, et que la gloire touche peu. Ce n'est point pour se montrer digne de Jupiter qu'il marche ainsi par le monde, ni pour rendre son nom fameux dans toutes les villes de la Grèce; c'est pour chercher de nouvelles amours, c'est pour monter au lit des vierges. Celle qu'on lui refuse, il l'enlève et frappe tout son peuple : les femmes déjà mariées, il les conquiert par le meurtre et le ravage; et l'on donne le nom de vertu à cette débauche effrénée. C'est ainsi qu'il a détruit la noble Œchalie; et le même soleil, le même jour, a vu briller et tomber cette ville malheureuse. C'est l'amour qui le pousse aux combats : tout père qui lui refuse sa fille doit trembler; il devient son ennemi, s'il ne consent pas à devenir le beau-père d'un homme dont on a tout à craindre si l'on n'en fait pas son gendre.

Et d'ailleurs, que gagnerai-je à garder mes mains pures? J'attendrai donc que, feignant un accès de fureur, il tende son arc homicide et me tue avec mon fils? car c'est ainsi qu'il se délivre de ses femmes; ce sont là ses divorces, qui, du reste, ne sauraient le rendre criminel, puisque tous ses forfaits il en rejette l'horreur sur sa marâtre. Pourquoi hésiter, ô lâche fureur! il faut le prévenir dans le crime : allons, pendant que cette main est brûlante.....

LA NOURRICE.

Vous tuerez votre époux?

DÉJANIRE.

Oui, l'époux de ma rivale.

NUTRIX.

At Jove creatum.

DEJANIRA.

Nempe et Alcmena satum.

NUTRIX.

Ferrone?

DEJANIRA.

Ferro.

NUTRIX.

Si nequis?

DEJANIRA.

Perimam dolo.

NUTRIX.

Quis iste furor est?

DEJANIRA.

Quem meus conjux docet.

NUTRIX.

Quem nec noverca potuit, hunc perimes virum?

DEJANIRA.

Cælestis ira quos premit, miseros facit;
Humana nullos.

NUTRIX.

Parce, miseranda, et time.

DEJANIRA.

Contemsit omnes ille, qui mortem prius.
Libet ire in enses.

NUTRIX.

Major admisso tuus,
Alumna, dolor est: culpa par odium exigit.

LA NOURRICE.

Le fils de Jupiter?

DÉJANIRE.

Et d'Alcmène.

LA NOURRICE.

Avec le fer?

DÉJANIRE.

Avec le fer.

LA NOURRICE.

Et si vous ne le pouvez pas?

DÉJANIRE.

J'emploierai la ruse.

LA NOURRICE.

Quelle est donc cette fureur?

DÉJANIRE.

Celle que mon époux m'inspire.

LA NOURRICE.

Sa marâtre n'a pu lui ôter la vie, le pourrez-vous mieux qu'elle?

DÉJANIRE.

La colère divine rend malheureux, mais la colère de l'homme anéantit.

LA NOURRICE.

Cessez, malheureuse, et tremblez!

DÉJANIRE.

On ne craint plus rien, quand on ne craint pas la mort : je veux me jeter au milieu des armes.

LA NOURRICE.

Votre colère, ma fille, est plus grande que l'outrage qui vous est fait. Il faut mesurer la vengeance au crime.

Cur sæva modicis statuis? ut læsa es, dole.

DEJANIRA.

Leve esse credis pellicis nuptæ malum?
Quidquid dolorem pascit, hoc nimium puta.

NUTRIX.

Amorne clari fugit Alcidæ tibi?

DEJANIRA.

Non fugit, altrix; remanet, et penitus sedet
Fixus medullis, crede : sed magnus dolor,
Iratus amor est.

NUTRIX.

    Artibus magicis fere
Conjugia nuptæ precibus admixtis ligant.
Vernare jussi frigore in medio nemus,
Missumque fulmen stare : concussi fretum
Cessante vento : turbidum explicui mare :
Et sicca tellus fontibus patuit novis.
Habuere motum saxa : discussi fores.
Umbræ stetistis : et mea jussi prece
Manes loquuntur : novit infernus canis.
Mare, terra, cælum, et Tartarus servit mihi.
Nox media solem vidit, et noctem dies :
Nihilque leges ad meos cantus tenent.
Flectemus illum : carmina invenient iter.

Pourquoi infliger une peine horrible à de légers torts ?
ne rendez de mal que ce que vous en avez souffert.

DÉJANIRE.

Crois-tu que ce soit peu de chose pour une femme
légitime, de voir une rivale au lit de son époux ? il n'y a
rien de léger dans ce qui peut nourrir une pareille douleur.

LA NOURRICE.

N'avez-vous donc plus d'amour pour le grand Hercule ?

DÉJANIRE.

Au contraire, nourrice ; mon amour dure, il s'enra-
cine au plus profond de mon cœur, et pénètre jusqu'à la
moelle de mes os. Mais le plus cruel des tourmens, c'est
l'amour outragé.

LA NOURRICE.

Les secrets de la magie et la force des enchantemens
donnent aux femmes les moyens de resserrer les nœuds
de l'union conjugale : moi-même j'ai rendu aux arbres
leur verdure pendant la saison des frimas, et forcé la
foudre à s'arrêter dans l'air ; j'ai soulevé la mer sans le
secours des vents, et calmé les flots émus. A ma voix,
des sources d'eau ont jailli d'une terre aride ; des rochers se sont ébranlés, des portes se sont brisées en
éclats ; des ombres sont apparues, et les Mânes ont parlé.
Le chien des enfers connaît ma puissance ; la mer, la
terre, le ciel et l'enfer m'obéissent. J'ai fait briller le soleil dans l'ombre des nuits, et amené la nuit à la face
du jour : les lois de la nature ne tiennent point contre
mes enchantemens. Je puis vous soumettre le cœur de

DEJANIRA.

Quas Pontus herbas generat, aut quas Thessala
Sub rupe Pindus? aut ubi inveniam malum,
Cui cedet ille? carmine in terras mago
Descendat astris luna desertis licet,
Et bruma messes videat, et cantu fugax
Stet deprehensum fulmen, et versa vice
Medius coactis ferveat stellis dies:
Non flectet unum.

NUTRIX.
Vicit et Superos Amor.
DEJANIRA.
Vincetur uni forsan, et spolium dabit,
Amorque summus fiet Alcidæ labor.
Sed te per omne cælitum numen precor,
Per hunc timorem; quidquid arcani apparo,
Penitus recondas, et fide tacita premas.

NUTRIX.
Quid istud est, quod esse secretum petis?

DEJANIRA.
Non tela sunt, non arma, non ignis minax.
NUTRIX.
Præstare fateor posse me tacitam fidem,
Si scelere careat: interim scelus est fides.

votre époux, et mes charmes trouveront un chemin pour arriver jusqu'à lui.

DÉJANIRE.

Que pourraient sur lui tous les végétaux de la Colchide, toutes les herbes de la Thessalie? où trouver un charme qui puisse le vaincre? Quand les enchantemens auraient la puissance de faire descendre la lune du haut des cieux, de faire naître des moissons pendant l'hiver, d'arrêter la foudre dans sa course rapide, de troubler les lois de la nature jusqu'à forcer les étoiles à se montrer à la face du jour, ils n'en seraient pas moins impuissans contre mon époux.

LA NOURRICE.

Mais l'amour triomphe des dieux même.

DÉJANIRE.

Oui, mais peut-être qu'Hercule doit le vaincre, et que cette victoire sera le dernier de ses travaux. Mais toi, chère nourrice, je t'en conjure par tous les dieux, et par la crainte que tu as de me déplaire, cache dans ton cœur et ne révèle à personne le secret de ce que je médite.

LA NOURRICE.

Et quel est donc ce projet sur lequel vous me demandez le silence?

DÉJANIRE.

Je n'emploierai ni les armes, ni les traits, ni les feux.

LA NOURRICE.

Je vous promets de ne point parler, si votre dessein n'est point criminel : autrement cette discrétion serait un crime.

DEJANIRA.

Circumspice, agedum, ne quis arcana aucupet,
Partemque in omnem vultus inquirens eat.

NUTRIX.

En locus ab omni tutus arbitrio vacat.

DEJANIRA.

Est in remoto regiæ sedis loco
Arcana tacitus nostra defendens specus.
Non ille primos accipit soles locus,
Non ille seros, quum ferens Titan diem
Lassam rubenti mergit Oceano rotam.
Illic amoris pignus Herculei latet.
Altrix, fatebor, Nessus est auctor mali,
Quem gravida Nephele Thessalo genuit duci,
Qua trepidus astris inserit Pindus caput,
Ultraque nubes Othrys eductus riget.
Namque ut subactus Herculis clava horridi
Achelous, omnes facilis in species dari,
Tandem peractis omnibus patuit feris,
Unoque turpe subdidit cornu caput;
Me conjugem dum victor Alcides habet,
Repetebat Argos : forte per campos vagus
Evenos altum gurgitem in pontum ferens
Jam pæne summis turbidus silvis erat.
Transire Nessus vorticem solitus vadis
Pretium poposcit; meque jam dorso ferens,
Qua jungit hominem spina deficiens equo,
Frangebat ipsas fluminis tumidi minas.
Jam totus undis Nessus exierat ferox,
Medioque adhuc errabat Alcides vado,

DÉJANIRE.

Regarde un peu si personne ne cherche à nous surprendre ; porte de tous côtés un œil attentif.

LA NOURRICE.

Nous sommes seules et sans aucun témoin.

DÉJANIRE.

Il est, dans la partie la plus retirée de ce palais, une caverne secrète où je cache de mystérieux trésors. Jamais le soleil ne l'éclaire de ses feux, ni lorsqu'il se lève, ni lorsque, le soir, il plonge ses chevaux fatigués dans les vagues de la mer. C'est là que je garde ce qui doit me rendre l'amour d'Hercule. Je le dois, je te l'avoue, à Nessus, ce fils que Néphélé donna au roi de la Thrace, aux lieux où le Pinde élève jusqu'au ciel sa tête orgueilleuse, et où les âpres cimes de l'Othrys vont percer la nue. Achéloüs avait succombé sous la terrible massue d'Hercule, malgré cette puissance qu'il avait de se changer en toutes sortes de bêtes féroces : vaincu dans toutes ses métamorphoses, il avait fini par s'incliner devant son ennemi avec la seule corne qui lui restât. Alcide vainqueur m'emmenait vers Argos comme le prix de son courage : il trouve par hasard l'Evenus débordé, qui, portant à la mer ses eaux profondes, inondait les campagnes, et s'élevait presque jusqu'à la hauteur des forêts. Nessus, habitué à passer les gués du fleuve, offre à Hercule de nous passer moyennant une récompense ; il me prend sur son dos à l'endroit où commence l'homme et finit le cheval, et se met à franchir le courant impétueux du fleuve menaçant. Déjà il s'élançait fièrement hors des eaux, que mon époux était encore à lutter contre

Vasto rapacem vorticem scindens gradu.
Ast ille ut esse vidit Alcidem procul :
« Tu præda nobis, inquit, et conjux eris.
« Prohibetur undis ; » meque complexus ferens
Gressum citabat : non tenent undæ Herculem :
« Infide victor, inquit, immixti licet
« Ganges et Ister vallibus junctis eant,
« Vincemus ambos : consequar telo fugam. »
Præcessit arcus verba : tum longum ferens
Arundo vulnus, tenuit hærentem fugam ;
Mortemque fixit : ille jam quærens diem
Tabum fluentem vulneris dextra excipit,
Traditque nobis ungulæ insertum suæ,
Quam forte sæva sciderat avulsam manu.
Tum verba moriens addit : « Hoc, inquit, magæ
« Dixere amorem posse defigi malo :
« Hoc docta Mycale Thessalas docuit nurus,
« Unam inter omnes luna quam sequitur magam,
« Astris relictis : illitas vestes dabis
« Hac, inquit, ipsa tabe, si pellex tuos
« Invisa thalamos tulerit, et conjux levis
« Aliam parenti dederit altisono nurum.
« Hoc nulla lux aspiciat, hoc tenebræ tegant
« Tantum remotæ : sic potens vires suas
« Sanguis tenebit. » Verba deprendit quies,
Mortemque lassis intulit membris sopor.

Tu, quam meis admittit arcanis fides,
Perge, ut nitentem virus in vestem datum
Mentem per artus adeat, et tacitum intimas

les vagues rapides, et faisant de grands pas pour fendre les eaux du torrent. Nessus, voyant Alcide bien loin derrière nous, me dit : « Vous êtes ma proie, et vous deviendrez ma femme ; votre époux est arrêté par le fleuve. » Et, me tenant embrassée, il redoublait de vitesse. Mais les eaux ne peuvent enchaîner les pas d'Hercule : « Perfide ! s'écrie-t-il, quand le Gange et le Danube joindraient leurs flots et couleraient dans le même lit, je les surmonterais tous les deux ; et mes flèches t'atteindront dans ta fuite. » Il n'avait pas fini de parler, que son arc était déjà tendu : la flèche part, et, faisant au Centaure une large blessure, l'arrête dans sa marche, et enfonce la mort dans son sein. Lui, les yeux déjà voilés des ombres du trépas, reçoit dans sa main le sang qui s'échappe de sa blessure, me le remet enfermé dans une corne de ses pieds qu'il détache lui-même, et me dit en expirant : « Les magiciennes m'ont assuré que ce sang avait la vertu de fixer l'amour ; c'est un secret appris aux femmes thessaliennes par la savante Mycale, qui seule a le pouvoir de faire descendre la lune du haut du ciel. Si jamais tu vois une rivale entrer dans le lit de ton époux, assez volage pour donner une autre belle-fille au maître du tonnerre, fais-lui prendre une robe trempée dans ce philtre ; mais il faut le tenir loin du jour, et le couvrir d'épaisses ténèbres, si tu veux qu'il conserve sa vertu. » L'éternel repos suivit ces dernières paroles, et le sommeil de la mort enchaîna ses membres engourdis.

Toi, la discrète confidente de mes secrets, va, prends une tunique brillante, et répands-y ce philtre amoureux, afin que par le corps de mon époux il pénètre jusqu'à

Intret medullas.

NUTRIX.

Ocius jussa exsequar,
Alumna: precibus tu Deum invictum advoca,
Qui certa tenera tela demittit manu.

DEJANIRA.

Te deprecor, quem mundus et Superi timent,
Et æquor, et qui fulmen Ætnæum quatit,
Timende matri, te, aliger sævæ puer;
Intende certa spiculum velox manu,
Non e sagittis levibus: ex numero, precor,
Graviore profer, quod tuæ nondum manus
Misere in aliquem: non levi telo est opus,
Ut amare possit Hercules: rigidas manus
Intende, et arcum cornibus junctis para.
Nunc, nunc sagittam prome, qua quondam horridus
Jovem petisti; fulmine abjecto, Deus
Quum fronte subita tumuit, et rabidum mare
Taurus puellæ vector Assyriæ scidit.
Immitte amorem: vincat exempla omnia.
Amare discat conjugem: si quas decor
Ioles inussit pectori Herculeo faces,
Exstingue totas: perbibat flammas mei.
Tu fulminantem sæpe domuisti Jovem,
Tu furva nigri sceptra gestantem poli,
Turbæ ducem majoris, et dominum Stygis.
Tuque, o noverca gravior irata Deus,
Cape hunc triumphum: solus evince Herculem.

son âme, et s'infiltre invisiblement jusque dans la moelle de ses os.

LA NOURRICE.

Je cours exécuter vos ordres, ma fille ; vous, pendant ce temps-là, adressez vos prières à l'invincible dieu qui, de ses faibles mains, lance des traits inévitables.

DÉJANIRE.

O toi qui fais trembler les hommes et les dieux, et la mer, et le puissant maître de la foudre, toi qui n'épargnes même pas ta mère, enfant ailé, j'invoque ta puissance : hâte-toi de prendre dans ton carquois la plus redoutable de tes flèches, parmi celles que tu n'as encore lancées contre personne. Ce n'est pas un trait léger qu'il te faut pour soumettre Alcide à ta puissance ; déploie toute la vigueur de tes bras, et ramène l'une vers l'autre les deux extrémités de ton arc : prends, prends la flèche dont tu blessas autrefois Jupiter, quand il laissa tomber le tonnerre de ses mains, et que, des cornes soudaines se dressant sur son front, il fendit les flots orageux en emportant sur son dos la vierge d'Assyrie. Lance l'amour dans son cœur, et fais de lui l'exemple le plus mémorable de ta puissance : qu'il apprenne à aimer son épouse ; et si quelques feux se sont allumés dans son âme pour la belle Iole, éteins-les entièrement et qu'il ne brûle que pour moi. Plus d'une fois tu as dompté le maître de la foudre, et le dieu qui règne sur le sombre empire, qui tient le Styx et la foule innombrable des morts sous sa puissance. Dieu d'amour, montre-toi plus terrible que la marâtre d'Hercule, triomphe de ce héros, et prends cette victoire à toi seul réservée.

NUTRIX.

Prolata vis est, quæque Palladia colu
Lassavit omnem texta famularem manum.
Nunc congeratur virus, ut vestis bibat
Herculea pestem : precibus augebo malum.
In tempore ipso gnavus occurrit Lichas.
Celanda vis est dira, ne pateat, doli.

DEJANIRA.

O, quod superbæ non habent unquam domus,
Fidele semper regibus nomen, Licha,
Cape hos amictus, nostra quos nevit manus,
Dum vagus in orbem fertur, et victus mero
Tenet feroci Lydiam gremio nurum,
Nunc poscit Iolen : sed jecur fors horridum
Flectam merendo : merita vicerunt malos.
Non ante vestes induat conjux, jube,
Quam ture flammas pascat, et placet Deos,
Cana rigentem populo cinctus comam.
Ipsa in penates regios gressus feram,
Precibusque Amoris horridi matrem colam.
Vos, quas paternis extuli comites focis,
Calydoniæ, deflete lugendam vicem.

SCENA II.

CHORUS ÆTOLARUM MULIERUM.

Flemus casus, OEnei, tuos,

LA NOURRICE.

Voici le philtre et une robe dont le tissu merveilleux a lassé les mains de toutes les esclaves que vous employez aux travaux de Minerve. Maintenant il faut verser la liqueur pour en imbiber la tunique d'Hercule : mes invocations en augmenteront encore la puissance. L'intelligent Lichas arrive ici fort à propos ; il faut lui cacher notre secret de peur qu'il ne le révèle.

DÉJANIRE.

Serviteur fidèle, homme précieux comme il s'en trouve peu dans le somptueux palais des rois, prenez cette robe que mes mains ont tissue pendant qu'Alcide errait par le monde, et, vaincu par le vin, pressait contre sa forte poitrine la reine de Lydie ; maintenant il se laisse prendre aux charmes d'Iole ; mais je compte ramener son cœur par mes prévenances ; l'ingratitude cède à la puissance des bienfaits. Dites-lui qu'avant de revêtir cette robe, il fasse brûler l'encens sur l'autel, et qu'il invoque les dieux, le front ceint d'une blanche couronne de peuplier. Moi, je vais me retirer dans mes appartemens, et prier la mère du cruel Amour. Vous, que j'ai amenées avec moi de notre commune patrie, vierges de Calydon, déplorez ma funeste destinée.

SCÈNE II.

CHŒUR DE VIERGES ÉTOLIENNES.

Nous, vos fidèles compagnes depuis l'enfance, nous

Comitum primos turba per annos:
Flemus dubios, veneranda, toros.
Nos Acheloi tecum solitæ
Pulsare vadum, quum jam tumidas
Vere peracto poneret undas,
Gracilisque gradu serperet æquo,
Ne præcipitem volveret amnem
Flavus rupto fonte Lycormas.
Nos Palladias ire per aras,
Et virgineos celebrare choros:
Nos Cadmeis orgia ferre
Tecum solitæ condita cistis,
Quum jam, pulso sidere brumæ,
Tertia soles evocat æstas,
Et spiciferæ concessa Deæ
Attica mystas claudit Eleusin.
Nunc quoque casum quemcumque times,
Fidas comites accipe fatis.
Nam rara fides, ubi jam melior
    Fortuna ruit.
Tu quicumque es, qui sceptra tenes,
Licet omne tua vulgus in aula
Centum pariter limina pulset,
Quum tot populis stipatus eas,
In tot populis vix una fides.
Tenet auratum limen Erinnys,
Et quum magnæ patuere fores,
Intrant fraudes, cautique doli,
Ferrumque latens: quumque in populos

pleurons vos malheurs, fille d'OEnée : nous pleurons l'abandon qui menace votre couche nuptiale. Autrefois nous traversions avec vous les flots de l'Achéloüs, lorsque, à la fin du printemps, ses eaux débordées rentraient dans leur lit, et que ce fleuve coulait d'un cours égal et tranquille, n'étant plus soulevé par l'irruption des ondes fangeuses du Lycormas. Avec vous nous allions aux temples de Minerve, et nous formions des danses virginales. Avec vous encore nous célébrions les fêtes mystérieuses de Bacchus, en portant dans nos mains les corbeilles thébaines, quand, chassant les constellations d'hiver, le troisième été ramène le soleil, et que les dames athéniennes s'enferment pour célébrer les fêtes silencieuses d'Éleusis.

Et maintenant encore, quelque malheur qui vous menace, recevez-nous comme vos fidèles compagnes ; rarement la fidélité reste, quand le bonheur s'en va. O vous qui vous asseyez sur le trône, c'est en vain que tout un peuple de courtisans vient assiéger les cent portes de votre palais : parmi tous ces hommes qui vous entourent, à peine trouverez-vous un ami fidèle. Érinnys veille en sentinelle sur votre seuil doré, et quand vos larges portes se sont ouvertes, elle fait entrer la ruse, la perfidie, et les poignards cachés : quand vous marchez parmi vos sujets, l'envie accompagne vos pas. Le réveil des rois, chaque matin, est pour eux comme une nouvelle naissance. Peu d'hommes savent aimer le

Prodire parant, comes invidia est.
Noctem quoties summovet Eos,
Regem toties credite nasci.
Pauci reges, non regna colunt :
Plures fulgor concitat aulæ.
Cupit hic regi proximus ipsi
Clarus latas ire per urbes :
Urit miserum gloria pectus.
Cupit hic gazis implere famem :
Nec tamen omnis plaga gemmiferi
Sufficit Istri ; nec tota sitim
Lydia vincit ; nec quæ, Zephyro
Subdita tellus, stupet aurato
Flumine clarum radiare Tagum ;
Nec si totus serviat Hebrus ;
Ruraque dives jungat Hydaspes ;
Intraque suos currere fines
Spectet toto flumine Gangem.
Avidis, avidis natura parum est.
Colit hic regem, regumque lares,
Non ut presso vomere semper
Nunquam cesset curvus arator,
Vel mille secent arva coloni :
Solas optat, quas ponat, opes.
Colit hic reges, calcet ut omnes,
Perdatque alios, nullumque levet :
Tantum ut noceat, cupit esse potens.
Quota pars moritur tempore fati ?
Quos felices Cynthia vidit,

roi autant que la royauté; le plus grand nombre est séduit par l'éclat du trône : l'un veut marcher le second du royaume après lui, et l'amour de cette vaine gloire brûle son cœur; un autre désire satisfaire l'avarice qui le tourmente, gouffre insatiable qui ne serait pas rempli par tous les diamans du Danube, soif ardente que n'étancheraient pas tous les trésors de la Lydie, ni ceux de la contrée occidentale qui voit briller l'or dans les eaux argentées du Tage, ni les riches possessions que l'Èbre arrose, et qui serait la même quand il se verrait maître des fécondes plaines de l'Hydaspe, et que le Gange tout entier coulerait dans ses domaines. Le monde n'est pas assez grand pour l'avarice : celui-ci ne recherche pas la faveur des rois pour avoir des terres labourables où mille fermiers soient éternellement courbés sur les sillons : il n'aime de richesses que celles qu'il peut enfouir. Cet autre ne se fait courtisan que pour dominer sur ses semblables, et perdre ceux qui lui déplaisent, sans rendre service à personne : ce n'est que pour faire le mal qu'il recherche la puissance. Combien peu de ces hommes meurent au temps marqué par la nature! heureux la veille, le lendemain les voit misérables : la vieillesse et le bonheur se rencontrent rarement sur la même tête. Plus doux que la pourpre de Tyr, le gazon des champs procure un sommeil exempt d'alarmes; mais le repos fuit les lambris dorés, et l'inquiétude veille sur une couche somptueuse. Oh! si le cœur de ces hommes puissans venait à s'ouvrir, que de soucis et de troubles on y verrait! Il y a moins d'orages dans la mer du Brutium quand elle est soulevée par le Corus. L'âme du pauvre

Vidit miseros enata dies.
Rarum est, felix, idemque senex.
Cespes, Tyrio mollior ostro,
Solet impavidos ducere somnos:
Aurea rumpunt tecta quietem,
Vigilesque trahit purpura noctes.
O si pateant pectora ditum,
Quantos intus sublimis agit
Fortuna metus! Brutia Coro
Pulsante fretum mitior unda est.
Pectora pauper secura gerit.
Tenet e patula pocula fago,
Sed non trepida tenet illa manu.
Carpit faciles vilesque cibos,
Sed non strictos respicit enses.
Aurea miscet pocula sanguis.
Conjux modico nupta marito
Non disposito clara monili
Gestat pelagi dona rubentis,
Nec gemmiferas detrahit aures
Lapis Eoa lectus in unda;
Nec Sidonio mollis aheno
Repetita bibit lana rubores;
Nec Mæonia distinguit acu,
Quæ Phœbeis subditus Euris
Legit Eois Ser arboribus.
Quælibet herbæ tinxere colos,
Quas indoctæ nevere manus:
Sed non dubios fovet illa toros.

est en repos; sa coupe n'est que de hêtre, mais il ne la porte pas à sa bouche d'une main tremblante; sa nourriture est simple et commune, mais il ne voit point de glaive suspendu sur sa tête. C'est dans les coupes d'or qu'on verse du sang. L'épouse d'un homme privé ne porte point les perles de la mer Rouge enchâssées dans un collier brillant, et les diamans de la mer Orientale ne chargent point ses oreilles; ce n'est point pour elle qu'une laine soyeuse a bu la pourpre dans les chaudières tyriennes, et que les femmes de Milet brodent à l'aiguille les tissus précieux que donnent les arbres de la Sérique : les herbes les plus communes ont fourni la teinture de ses vêtemens filés par des mains peu savantes; mais du moins sa couche n'est jamais souillée par l'adultère.

Sequitur dira lampade Erinnys,
Quorum populi coluere diem.
Nec sibi felix pauper habetur,
Nisi felices cecidisse videt.
Quisquis medium defugit iter,
Stabili nunquam tramite curret.
Dum petit unum praebere diem,
Patrioque puer constitit axe,
Nec per solitum percurrit iter,
Sed Phoebeis ignota secat
Sidera flammis errante rota,
Secum pariter perdidit orbem.
Medium caeli dum sulcat iter,
Tenuit placitas Daedalus oras,
Nullique dedit nomina ponto:
Sed dum volucres vincere veras
Icarus audet, patriasque puer
Despicit alas, Phoeboque volat
Proximus ipsi, dedit ignoto
   Nomina ponto.
Male pensantur magna ruinis.
Felix alius, magnusque sonet;
Me nulla vocet turba potentem.
Stringat tenuis litora puppis;
Nec magna meas aura phaselos
Jubeat medium scindere pontum.
Transit tutos Fortuna sinus,
Medioque rates quaerit in alto,
Quarum feriunt suppara nubes.

Mais la cruelle Érinnys poursuit de son flambeau ceux dont les peuples célèbrent la naissance. Pour que le pauvre comprenne son bonheur, il faut qu'il voie la chute des heureux. L'homme qui s'écarte du milieu de la route ne trouvera jamais une voie sûre. Jaloux d'éclairer le monde un seul jour, le fils du Soleil s'assied sur le char de son père : mais il ne sait pas tenir la route accoutumée ; il conduit le char à travers des régions célestes qu'il n'avait jamais parcourues, et se perd en causant la ruine du monde. Pour n'avoir pas quitté la moyenne région de l'air, Dédale revit sa chère patrie, et ne donna son nom à aucune mer ; mais Icare, voulant surpasser les oiseaux même, et méprisant l'essor de son père, s'approche du soleil, et son nom reste à une mer inconnue.

Les grands revers suivent les grandes fortunes ; je laisse à d'autres l'éclat de la richesse et de la puissance, et cette foule idolâtre qui courtise la grandeur. Je veux que ma barque rase modestement le rivage, et je ne souffrirai pas qu'un vent impétueux l'emporte au milieu des mers. La fortune laisse de côté les golfes paisibles, et va chercher parmi les hautes vagues les navires dont les voiles orgueilleuses frappent les nues.

Sed quid pavido territa vultu,
Qualis Baccho saucia Mænas,
Fertur rapido regina gradu?
Quæ te rursus fortuna rotat,
Miseranda, refer : licet ipsa neges,
Vultus loquitur, quodcumque tegis.

Mais la reine accourt tremblante, égarée, comme une Ménade pleine du dieu qui l'inspire. Dites-nous, infortunée, quel nouveau coup du sort est tombé sur vous ? parlez, car, malgré votre silence, votre visage nous révèle ce que vous cachez dans votre cœur.

ACTUS TERTIUS.

SCENA I.

DEJANIRA, CHORUS.

DEJANIRA.

Vagus per artus errat excussos tremor.
Erectus horret crinis: impulsis adhuc
Stat terror animis, et cor attonitum salit,
Pavidumque trepidis palpitat venis jecur.
Ut fractus Austro pontus etiamnum tumet,
Quamvis quiescat languidis ventis dies:
Ita mens adhuc vexatur excusso metu.
Semel profecto premere felices Deus
Quum cœpit, urget: hos habent magna exitus.

CHORUS.

Quis tam impotens, o misera, te casus rotat?

DEJANIRA.

Ut missa palla est, tabe Nessea illita,
Thalamisque mœrens intuli gressum meis,
Nescio quid animus timuit, et fraudem strui.
Libet experiri: solibus virus ferum

ACTE TROISIÈME.

SCÈNE I.

DÉJANIRE, LE CHOEUR.

DÉJANIRE.

Un tremblement universel agite mes membres; mes cheveux se dressent sur ma tête; l'impression de la terreur est encore dans mon âme, mon cœur bat avec violence et le sang bouillonne dans mes veines. Comme la mer soulevée par l'Auster s'agite encore après que la fureur des vents est tombée, ainsi mon sein est encore ému après que la terreur a cessé. Ah! quand la colère des dieux a commencé de s'appesantir sur les heureux, elle les accable de tout son poids : telle est la fin nécessaire des grandes fortunes.

LE CHOEUR.

Malheureuse princesse! quel coup déplorable vous a donc frappée?

DÉJANIRE.

Lorsque, après avoir envoyé la robe trempée dans le sang de Nessus, je me suis retirée toute triste dans mon appartement, mon âme a été saisie de je ne sais quelle crainte, et j'ai soupçonné quelque perfidie. J'ai pensé à

Flammisque Nessus sanguinem ostendi arcuit.
Hic ipse fraudes esse præmonuit dolus.
Et forte nulla nube respersus jubar
Laxabat ardens fervidum Titan diem
(Vix ora solvi patitur etiam nunc timor):
Medios in ignes solis, et claram facem,
Quo tincta fuerat palla, vestisque illita,
Abjectus horret sanguis, et Phœbi coma
Tepefactus ardet : vix queo monstrum eloqui.
Nives ut Eurus solvit, aut tepidus Notus,
Quas vere primo lubricus perdit Mimas ;
Utque involutos frangit Ionio salo
Opposita fluctus Leucas, et lassus tumor
In litore ipso spumat ; aut cælestibus
Aspersa tepidis tura laxantur focis :
Sic languet omne vellus, et perdit comam :
Dumque ipsa miror, causa mirandi perit.
Quin ipsa tellus spumeos motus agit,
Et quidquid illa tabe contactum est, labat.
(Tumensque tacita sequitur, et quassat caput.)

Natum paventem cerno et ardenti pede
Gressus ferentem : prome, quid portes novi.

en faire l'épreuve. Nessus m'avait défendu d'exposer son sang à l'action du soleil et du feu ; cette précaution même devait me faire craindre quelque piège. Le soleil ardent et sans nuages versait une vive lumière sur le monde. La frayeur me permet à peine d'ouvrir la bouche : le morceau de laine où j'avais répandu ce sang pour en teindre la robe et le vêtement d'Hercule, jeté au soleil et exposé à l'ardeur de ses rayons, s'est échauffé tout à coup à l'impression de la lumière, et a pris feu. C'est à peine si je puis raconter ce prodige. Comme les tièdes haleines du vent d'est ou du vent du midi fondent les neiges qui, aux premiers jours du printemps, s'écoulent par les pentes inclinées du Mimas ; comme les vagues de la mer Ionienne se brisent contre les roches de Leucade, et que leur écume vient mourir jusque sur le rivage ; comme l'encens se dissipe en fumée au feu des autels, ainsi la laine se consume et se détruit : et pendant que j'admire ce prodige, la cause de mon admiration cesse elle-même d'exister. Bien plus, la terre écume et s'agite ; tout ce qui a reçu le contact de cette liqueur fatale semble prêt à se dissoudre. (Elle se gonfle, suit en silence, et secoue la tête.)

Mais j'aperçois mon fils éperdu qui accourt ici d'un pas rapide : parlez, mon fils, quelle nouvelle apportez-vous ?

SCENA II.

HYLLUS, DEJANIRA, NUTRIX.

HYLLUS.

I, profuge, quaere, si quid ulterius patet
Terris, freto, sideribus, Oceano, inferis:
Ultra labores, mater, Alcidae fuge.

DEJANIRA.

Nescio quod animus grande praesagit malum.

HYLLUS.

Regna, triumpha, templa Junonis pete:
Haec tibi patent; delubra praeclusa omnia.

DEJANIRA.

Effare, qui me casus insontem premat.

HYLLUS.

Decus illud orbis, atque praesidium unicum,
Quem fata terris in locum dederant Jovis,
O mater, abiit: membra, et Herculeos toros
Urit lues nescio qua: qui domuit feras,
Ille, ille victor vincitur, moeret, dolet.
Quid quaeris ultra?

DEJANIRA.
     Miserias properant suas
Audire miseri: fare, quo posita in statu
Jam nostra domus est; o lares, miseri lares!
Nunc vidua, nunc expulsa, nunc feror obruta!

SCÈNE II.

HYLLUS, DÉJANIRE, LA NOURRICE.

HYLLUS.

O ma mère! cherchez un asile au delà de la terre, au delà des mers, au delà des cieux, de l'Océan, des enfers, au delà des travaux d'Hercule!

DÉJANIRE.

Mon cœur est frappé de je ne sais quel pressentiment funeste.

HYLLUS.

Régnez, triomphez, courez au temple de Junon; c'est le seul qui vous soit ouvert, tous les autres vous sont interdits.

DÉJANIRE.

Dites-moi quel malheur me frappe sans que je l'aie mérité.

HYLLUS.

L'ornement et l'appui du monde, l'homme à qui le destin avait donné la place de Jupiter ici-bas, ô ma mère! il a cessé de vivre: je ne sais quel poison dévore les membres et le corps d'Hercule. Ce héros, vainqueur des monstres, est vaincu lui-même; il pleure, il gémit. Que voulez-vous savoir davantage?

DÉJANIRE.

Les infortunés sont impatiens d'apprendre leurs malheurs: parlez, dans quel état déplorable est tombée notre maison? O palais! palais dévasté! c'est maintenant que je suis veuve, délaissée, accablée!

HYLLUS.

Non sola moeres. Hercules toto jacet
Mundo gemendus : fata ne, mater, tua
Privata credas : jam genus totum obstrepit.
Hunc, ejulatu quem gemis, cuncti gemunt.
Commune terris omnibus pateris malum.
Luctum occupasti : prima, non sola Herculem
Miseranda moeres.

DEJANIRA.

Quam prope a leto tamen,
Ede, ede, quæso, jaceat Alcides meus.

HYLLUS.

Mors refugit illum, victa quæ in regno suo
Semel est : nec audent fata tam vastum nefas
Admittere : ipsas forsitan trepida colos
Clotho manu projecit, et fatum Herculis
Timet peragere : proh diem! infandum diem!
Hocne illo summo magnus Alcides erit?

DEJANIRA.

Ad fata et umbras, atque pejorem polum
Præcedere illum dicis? an possum prior
Mortem occupare? fare, si nondum occidit.

HYLLUS.

Euboica tellus vertice immenso tumens
Pulsatur omni latere. Phrixeum mare
Scindit Caphareus : servit hoc Austro latus.
At qua nivosi patitur Aquilonis minas,
Euripus undas flectit instabilis vagas,
Septemque cursus volvit, et totidem refert,

HYLLUS.

Vous n'êtes pas seule à pleurer; le trépas d'Hercule est un sujet de larmes pour toute la terre : votre malheur, ô ma mère! n'est point personnel à vous seule. Les cris du genre humain étouffent les vôtres, et vos gémissemens sont répétés dans l'univers entier. Tous les peuples du monde partagent votre infortune; seulement vous ouvrez le deuil; vous êtes la première, mais non la seule à pleurer votre époux.

DÉJANIRE.

Mon Hercule est-il bien près de la mort? parlez, hâtez-vous de m'en instruire.

HYLLUS.

La mort, qu'il a une fois vaincue au cœur même de son empire, n'ose le frapper : le destin recule devant un pareil crime. La Parque même a jeté son fuseau, et craint d'achever la trame de la vie d'Hercule. O jour! jour déplorable! seras-tu le dernier terme d'une aussi belle carrière.

DÉJANIRE.

M'a-t-il précédée chez les morts, dans le triste séjour des Ombres qui sont sous la terre? ou puis-je encore mourir avant lui? dites-moi s'il a déjà cessé de vivre?

HYLLUS.

La terre d'Eubée s'élevant comme une montagne immense est de tous côtés battue par les flots. Le promontoire de Capharée s'avance dans l'Hellespont, et reçoit les vents du midi. Mais du côté de l'Aquilon pluvieux bouillonnent les flots mouvans de l'Euripe, qui montent sept fois et sept fois se retirent dans le temps qu'il faut

Dum lassa Titan mergat Oceano juga.
Hic rupe celsa, nulla quam nubes ferit,
Annosa fulgent templa Cenæi Jovis.
Ut stetit ad aras omne votivum pecus,
Totumque tauris gemuit auratis nemus;
Spolium leonis sordidum tabo exuit,
Posuitque clavæ pondus, et pharetra graves
Laxavit humeros: veste tunc fulgens tua,
Cana revinctus populo horrentem comam,
Succendit aras. « Accipe has, inquit, focis
« Non false messes genitor, et largo sacer
« Splendescat ignis ture, quod Phœbum colens
« Dives Sabæis colligit truncis Arabs.
« Pacata tellus, inquit, et cælum, et freta;
« Feris subactis omnibus victor redii.
« Depone fulmen. » Gemitus in medias preces,
Stupente et ipso, cecidit: hinc cælum horrido
Clamore complet: qualis impressa fugax
Taurus bipenni vulnus et telum ferens,
Delubra vasto trepida mugitu replet;
Aut quale mundo fulmen emissum tonat;
Sic ille gemitus sidera et pontum ferit:
Et vasta Chalcis sonuit, et voces Cyclas
Excepit omnis: hinc petræ Capharides,
Hinc omne voces reddit Herculeas nemus.
Flentem videmus: vulgus antiquam putat
Rabiem redisse: tunc fugam famuli petunt.
At ille vultus ignea torquens face,
Unum inter omnes quærit et sequitur Lichan.
Complexus aras ille tremebunda manu,

au soleil pour fournir toute sa carrière et plonger dans
la mer ses chevaux fatigués. Là, sur une roche élevée
que jamais aucun nuage ne couvre, brille le temple antique de Jupiter Cénéen. Hercule avait fait conduire au
pied des autels toutes les victimes qu'il voulait immoler,
et la voix des taureaux aux cornes dorées retentissait
dans toute l'étendue du bois sacré ; il dépouille alors la
peau sanglante du lion de Némée, pose à terre sa lourde
massue, et détache son carquois de ses fortes épaules.
Revêtu de la brillante robe qu'il a reçue de vous, et le
front ceint des rameaux blancs du peuplier, il allume le
feu sur les autels : « O mon véritable père ! dit-il, reçois l'odeur de ces parfums qui brûlent sur tes larges
brasiers, et de cet encens que l'Arabe, adorateur du soleil, recueille sur les arbres de Saba. La terre, le ciel et
les mers jouissent d'une paix profonde ; tous les monstres sont tombés sous la puissance de mon bras ; laisse
reposer ta foudre. » Sa prière est entrecoupée d'un gémissement qui l'étonne lui-même : alors il remplit l'air
d'un cri terrible, comme un taureau qui, blessé et emportant la hache dans sa plaie, s'échappe et fait trembler
le temple qu'il remplit de ses mugissemens ; pareil au
bruit du tonnerre qui gronde est le cri dont Alcide
ébranle les cieux et les mers. Chalcis en retentit au loin,
toutes les Cyclades en résonnent, les roches de Capharée et tous les bois d'alentour répètent le gémissement
d'Hercule. Nous le voyons pleurer ; nous nous imaginons
que son ancienne rage est revenue. Ses serviteurs pren-
nent la fuite : mais lui, terrible et l'œil tout en feu, ne
cherche et ne poursuit que Lichas. Le malheureux s'at-

Mortem metu consumsit, et parum suî
Pœnæ reliquit; dumque tremebundum manu
Tenuit cadaver: « Hac manu, inquit, hac ferar
« O fata! victus? Herculem perimit Lichas.
« Ecce alia clades, Hercules perimit Lichan.
« Facta inquinentur: fiat hic summus labor. »
In astra missus fertur, et nubes vago
Spargit cruore: talis in cælum exsilit
Arundo, Getica visa dimitti manu;
Aut quam Cydon excussit; inferius tamen
Et tela fugient: truncus in pontum cadit;
In saxa cervix: funus ambobus jacet.

« Resistite, inquit: non furor mentem abstulit.
« Furore gravius istud atque ira malum est.
« In me juvat sævire. » Vix pestem indicat,
Et sævit: artus ipse dilacerat suos,
Et membra vasta carpit avellens manu.
Exuere amictus quærit: hoc solum Herculem
Non posse vidi; trahere conatus tamen,
Et membra traxit: corporis palla horridi
Pars est, et ipsam vestis immiscet cutem.
Nec causa diræ cladis in medio patet:
Sed causa tamen est; vixque sufficiens malo
Nunc ore terram languidus prono ferit;
Nunc poscit undas: unda non vincit malum.
Fluctisona quærit litora, et pontum occupat.
Famularis illum retinet errantem manus.
O sortem acerbam! fuimus Alcidæ pares.
Nunc puppis illum litore Euboico refert,

tache à l'autel, d'une main tremblante; l'effroi le tue d'avance et ne laisse presque rien à faire à la vengeance d'Hercule. Mon père saisit ce corps défaillant et brisé par la peur : « O destinée ! s'écrie-t-il, voilà donc mon vainqueur ! Hercule périt de la main de Lichas ! Mais, ô misère non moins déplorable ! Lichas va périr de la main d'Hercule ! Il faut déshonorer tous mes travaux par le dernier. » A ces mots, Lichas est lancé dans l'air, et son sang tombe en pluie du milieu des nuages : il est parti de la main d'Alcide comme la flèche de l'archer scythe ou crétois : mais nul trait ne pourrait s'élever aussi haut. Le corps tombe dans la mer, la tête sur les rochers, et ses débris sont semés en divers lieux.

« Arrêtez, dit Hercule, ce n'est pas la fureur qui me porte à cette violence, un mal plus affreux que la colère et la rage me dévore, c'est contre moi-même que je veux porter mes coups. » A peine a-t-il expliqué la cause de ses douleurs, qu'il se met à se frapper : il ravage son propre corps, et déchire d'une main cruelle ses membres vigoureux. Il veut se dégager de la tunique fatale : c'est la première fois que j'ai vu sa force impuissante; mais, dans ses efforts pour l'arracher, il arrache en même temps sa propre chair : la robe fait partie de son corps, et son vêtement se confond avec sa peau. La cause de ses douleurs n'est point visible, mais on la juge par ses effets. Accablé par l'excès des maux, il frappe la terre de son visage; il demande de l'eau, mais l'eau n'apaise point ses tourmens. Il court sur la grève et se plonge dans la mer. La foule de ses serviteurs contient son aveugle emportement. O destinée cruelle ! notre force

Austerque lenis pondus Herculeum rapit.

DEJANIRA.

Destituit animus membra, nox oculos premit.
Quid, anime, cessas? quid stupes factum scelus?
Natum reposcit Juppiter, Juno æmulum.
Reddendus orbi est : quod potest reddi, exhibe.
Eat per artus ensis exactus meos.
Sic, sic agendum est : tam levis pœnas manus
Tantas reposcit? tolle fulminibus, socer,
Nurum scelestam : nec levi telo manus
Armetur : illud fulmen exsiliat polo,
Quo, ni fuisset genitus Alcides tibi,
Hydram cremasses; pestem ut insolitam feri,
Et ut noverca pejus irata malum.
Emitte telum, quale in errantem prius
Phaethonta missum est : perdidi sola Herculem,
Et ipsa populos : quid rogas telum Deos?
Jam parce socero : conjugem Alcidæ necem
Optare pudeat : hæc erit voto manus;
A me petatur ; occupa ferrum ocius.

Cur deinde ferrum? quidquid in mortem trahit,
Telum est abunde : rupe ab ætherea ferar.
Hæc, hæc renatum prima quæ poscit diem,
Œta eligatur : corpus hinc mitti placet.
Abrupta cautes scindat, et partem mei

égale enfin celle d'Hercule. En ce moment une barque le ramène de la côte d'Eubée, et un léger vent du midi fait rouler sur les eaux ce corps gigantesque.

DÉJANIRE.

La vie se retire de mon corps, et la nuit couvre mes yeux. Pourquoi cet engourdissement, ô mon âme? pourquoi cette stupeur à la vue de ton crime? Jupiter me redemande son fils, Junon son rival, le monde son sauveur. Il faut m'acquitter autant que je le puis, et plonger une épée dans mon sein. Oui, voilà ce qui me reste à faire : ma faible main peut-elle suffire à une telle vengeance? Père d'Alcide, frappe de ta foudre son épouse criminelle! et ce n'est pas d'un trait vulgaire qu'il faut armer tes mains : fais tomber du ciel le tonnerre, qui, sans la naissance d'Hercule, t'eût servi à consumer l'hydre de Lerne. Tu vois en moi un monstre sauvage, inconnu, plus cruel qu'une marâtre en fureur. Lance la foudre qui frappa jadis Phaéthon égaré dans le ciel. J'ai causé seule la mort d'Alcide et le malheur de tous les peuples. Mais pourquoi demander aux dieux le coup qui doit te punir? épargne cette peine à ton beau-père. L'épouse d'Hercule doit avoir honte de demander le trépas, cette main doit remplir tes vœux ; c'est de toi-même que tu dois réclamer cette faveur : prends une épée.

Mais pourquoi une épée? tout ce qui tue est une arme suffisante : je vais me précipiter d'une roche élevée. Je choisirai la cime de l'OEta qui voit les premiers feux du jour à son réveil : c'est de là que je veux tomber. Les roches aiguës déchireront mes membres, et chaque pierre

Ferat omne saxum : pendeant laceræ manus,
Totumque rubeat asperi montis latus.
Levis una mors est : levis, at extendi potest.
Eligere nescis, anime, cui telo incubes.
Utinam esset, utinam fixus in thalamis meis
Herculeus ensis! huic decet ferro immori.
Una perire dextera nobis sat est?
Coite gentes : saxa et incensas faces
Jaculetur orbis : nulla nunc cesset manus.
Corripite tela : vindicem vestrum abstuli.
Impune sævi sceptra jam reges gerent.
Impune jam nascetur indomitum malum.
Reddentur aræ cernere assuetæ hostiam
Similem colenti : sceleribus feci viam.
Ego vos tyrannis, regibus, monstris, feris,
Sævisque, rapto vindice, opposui Deis.
Cessas, Tonantis socia? non spargis facem,
Imitata fratrem, et mittis ereptam Jovi?
Meque ipsa perdis? laus tibi erepta inclyta est,
Ingens triumphus : æmuli, Juno, tui
Mortem occupavi.

NUTRIX.

Quid domum impulsam trahis?
Erroris est hoc omne, quodcumque est, nefas.
Haud est nocens, quicumque non sponte est nocens.

enlèvera un lambeau de mon corps. Mes mains sanglantes resteront suspendues aux ronces, et les âpres flancs de la montagne seront rougis de mon sang. C'est peu d'une seule mort, c'est peu, mais on peut la multiplier. Tu ne sais quelle arme choisir pour t'en frapper ? plût au ciel que l'épée d'Hercule fût encore suspendue à son lit nuptial ! voilà le fer qui doit me percer. Mais est-ce assez périr que de périr d'une seule main ? Rassemblez-vous contre moi, peuples de la terre; que le monde tout entier s'unisse pour m'accabler de pierres et de torches enflammées : point de mains oisives; armez-vous : c'est moi qui vous ai ravi votre vengeur. Les tyrans désormais pourront abuser impunément de leur puissance ; désormais tous les fléaux pourront exercer impunément leurs ravages : on relèvera les autels accoutumés à recevoir des victimes semblables au sacrificateur qui les immole : j'ai ouvert la porte à tous les crimes. C'est moi qui ai livré le monde aux tyrans, aux rois, aux monstres, aux bêtes féroces, aux divinités cruelles, en le privant de son défenseur. Épouse de Jupiter, pourquoi ne prends-tu pas en main la foudre de ton frère pour la lancer contre moi, et me tuer ainsi toi-même ? venge-toi, car je t'ai privée d'une gloire immense et d'un triomphe bien cher à ton cœur, en faisant mourir ce rival qui devait tomber sous tes coups.

LA NOURRICE.

Voulez-vous donc combler la ruine de votre maison ? Tout votre crime n'est que la suite d'une erreur. On n'est pas coupable, quand on ne l'est pas volontairement.

DEJANIRA.

Quicumque fato ignoscit, et parcit sibi,
Errore meruit : morte damnari placet.

NUTRIX.

Nocens videri, qui mori quærit, cupit.

DEJANIRA.

Mors innocentes sola deceptos facit.

NUTRIX.

Titana fugies?

DEJANIRA.

   Ipse me Titan fugit.

NUTRIX.

Vitam relinques misera?

DEJANIRA.

    At Alciden sequar.

NUTRIX.

Superest, et auras ille cælestes trahit.

DEJANIRA.

Vinci Hercules quum potuit, hinc cœpit mori.

NUTRIX.

Natum relinques, fataque abrumpes tua?

DEJANIRA.

Quamcumque natus sepelit, hæc vixit diu.

DÉJANIRE.

Ne point expier la faute du hasard et se pardonner à soi-même, c'est mériter l'erreur où l'on est tombé. Je me condamne moi-même à mort.

LA NOURRICE.

Quand on veut cesser de vivre, on aime à se figurer qu'on est coupable.

DÉJANIRE.

La mort seule justifie l'homme innocent qui n'a failli que par erreur.

LA NOURRICE.

Vous voulez fuir le soleil?

DÉJANIRE.

Il me fuit lui-même.

LA NOURRICE.

Vous quitterez la vie?

DÉJANIRE.

Je suivrai mon Hercule.

LA NOURRICE.

Mais il vit et voit le jour qui nous éclaire.

DÉJANIRE.

Du moment qu'il a cessé d'être invincible, il a commencé de mourir.

LA NOURRICE.

Laisserez-vous un fils orphelin, en tranchant vous-même le fil de vos jours?

DÉJANIRE.

Une femme qui laisse un fils pour l'ensevelir a suffisamment vécu.

NUTRIX.

Virum sequeris?

DEJANIRA.

Prægredi castæ solent.

NUTRIX.

Si te ipsa damnas, scelere te, misera, arguis.

DEJANIRA.

Nemo nocens sibi ipse pœnas abrogat.

NUTRIX.

Multis remissa est vita, quorum error nocens,
Non dextra, fuerat : fata quis damnat sua?

DEJANIRA.

Quicumque fata iniqua sortitus fugit.

NUTRIX.

Hic ipse Megaren nempe confixam suis
Stravit sagittis atque natorum indolem,
Lernæa figens tela furibunda manu.
Ter parricida factus ignovit tamen
Sibi : nam furoris fonte Cinyphio scelus
Sub axe Libyco tersit, et dextram abluit.
Quo misera pergis? quid tuas damnas manus?

DEJANIRA.

Damnat meas devictus Alcides manus.
Placet scelus punire.

NUTRIX.

Si novi Herculem,

LA NOURRICE.

Vous voulez suivre votre époux?

DÉJANIRE.

Une chaste épouse doit le précéder.

LA NOURRICE.

En vous condamnant ainsi vous-même, vous vous montrez criminelle.

DÉJANIRE.

Nul coupable ne se condamne lui-même.

LA NOURRICE.

On a laissé la vie à bien des hommes qui n'étaient coupables que d'une erreur; doit-on se punir soi-même d'un malheureux hasard?

DÉJANIRE.

Oui, quand on veut échapper à sa triste destinée.

LA NOURRICE.

Mais Alcide lui-même a percé Mégare son épouse et tous ses enfans, de ses flèches trempées dans le sang de l'hydre de Lerne; la fureur égarait son bras. Triplement parricide, il a pu néanmoins se pardonner à lui-même : il s'est lavé de ce crime dans les eaux du fleuve Cinyphe, sous le soleil de Libye, et a purifié ses mains que la démence avait égarées. Que prétendez-vous faire, malheureuse? qui vous porte à vous condamner ainsi vous-même?

DÉJANIRE.

Non, c'est Hercule vaincu par la mort qui me condamne : je veux me punir de ce crime.

LA NOURRICE.

Si je connais bien Hercule, nous le reverrons victo-

Aderit cruenti forsitan victor mali,
Dolorque fractus cedet Alcidæ tuo.

DEJANIRA.

Exedit artus virus, ut fama est, Hydræ.
Immensa pestis conjugis membra abstulit.

NUTRIX.

Serpentis illi virus enectæ autumas
Haud posse vinci, qui malum et vivum tulit?
Elisit Hydram, dente quum infixo stetit
Media palude victor, effuso obrutus
Artus veneno: sanguis hunc Nessi opprimet,
Qui vicit ipsas horridas Nessi manus?

DEJANIRA.

Frustra tenetur ille, qui statuit mori.
Proinde lucem fugere decretum est mihi.
Vixit satis, quicumque cum Alcide occidit.

NUTRIX.

Per has aniles ecce te supplex comas,
Atque ubera ista pæne materna obsecro,
Depone tumidas pectoris læsi minas:
Mortisque diræ expelle decretum horridum.

DEJANIRA.

Quicumque misero forte dissuadet mori,
Crudelis ille est: interim pœna est mori:
Sed sæpe donum in pluribus veniæ fuit.

NUTRIX.

Defende saltem dexteram, infelix, tuam,

rieux du mal dont il a senti les atteintes, et le poison ne prévaudra point contre la force de ce héros.

DÉJANIRE.

Le sang de l'hydre de Lerne consume les os, s'il faut en croire la renommée. Ce poison indomptable a dévoré déjà les membres de mon époux.

LA NOURRICE.

Vous croyez que le venin de ce monstre mort triomphera du héros qui a vaincu l'hydre encore vivante? Quand elle expira sous ses coups, au milieu de son marais, ses dents étaient entrées dans la chair de son vainqueur, déjà tout couvert du poison qu'elle avait vomi. Le sang de Nessus le tuera-t-il, quand il a terrassé ce terrible Centaure lui-même?

DÉJANIRE.

C'est en vain qu'on essaie de retenir celui qui a résolu de mourir. Je suis déterminée à cesser de vivre. On a assez vécu, quand on meurt avec Alcide.

LA NOURRICE.

Je vous en conjure par ces mains vieillies et suppliantes, par ce sein presque maternel, chassez de votre cœur ces pensées funestes, et renoncez à cette résolution cruelle d'attenter à vos jours.

DÉJANIRE.

C'est être cruel soi-même, que d'insister aussi fortement pour empêcher un misérable de mourir. On regarde la mort comme une peine; mais souvent elle est reçue comme une faveur.

LA NOURRICE.

Songez du moins, infortunée, à vous laver de tout

Fraudisque facinus esse, non nuptæ, sciant.

DEJANIRA.

Defendar illic : inferi absolvent ream.
A me ipsa damnor : purget has Pluton manus.
Stabo ante ripas, immemor Lethe, tuas,
Et umbra tristis conjugem excipiam meum.
Sed tu, nigrantis regna qui torques poli,
Para laborem : scelera quæ quisque ausus est,
Hic vicit error. Juno non ausa Herculem est
Eripere terris : horridam pœnam para.
Sisyphia cervix cesset, et nostros lapis
Impellat humeros : me vagus fugiat latex,
Meamque fallax unda deludat sitim.
Merui manus præbere turbinibus tuis,
Quæcumque regem Thessalum torques, rota.
Effodiat avidus hinc et hinc vultur fibras.
Vacat una Danais ; has ego explebo vices.
Laxate manes : recipe me comitem tibi,
Phasiaca conjux : pejor hæc, pejor tuo
Utroque dextra est scelere, seu mater nocens,
Seu dira soror es : adde me comitem tuis,
Threicia conjux, sceleribus : natam tuam,
Althæa mater, recipe : nunc veram tuam
Agnosce prolem : quid tamen tantum manus
Vestræ abstulerunt? Claudite Elysium mihi,
Quæcumque fidæ conjuges nemoris sacri
Lucos tenetis : si qua respersit manus
Viri cruore, nec memor castæ facis
Stricto cruenta Belias ferro stetit,

soupçon, et à prouver que vous n'avez été que la victime d'une perfidie.

DÉJANIRE.

Je me défendrai là-bas, et l'enfer m'absoudra de cette accusation ; me condamnant moi-même, je laisse à Pluton le soin de reconnaître mon innocence. Fleuve de l'oubli, je me tiendrai sur ta rive silencieuse, et là, femme désolée, je recevrai mon époux. Mais toi, maître du sombre empire, songe à préparer mon supplice : mon erreur est plus coupable que tous les crimes. Junon elle-même n'a pas osé trancher les jours d'Hercule : prépare-moi d'horribles tourmens. Laisse reposer la tête de Sisyphe, et fais rouler sa pierre sur mes épaules ; que le fleuve de Tantale échappe à mes lèvres, et que ses eaux perfides se jouent de ma soif. Roue d'Ixion, j'ai mérité d'être attachée à ton cercle, et soumise à tes mouvemens rapides. Que l'insatiable vautour déchire les deux côtés de mon sein. Il manque aux enfers une des Danaïdes, je tiendrai sa place. Ouvrez-moi le séjour des Mânes : laisse-moi partager tes supplices, femme de Jason : mère cruelle, et sœur sans pitié, ce que j'ai fait surpasse ton double crime. Fais-moi place dans tes tourmens, épouse du roi de Thrace : reçois ta fille auprès de toi, ô Althée ! et reconnais ton sang. Mais qu'est-ce que ton crime comparé au mien ? Fermez-moi l'accès de l'Élysée, fidèles épouses qui habitez les bocages heureux : mais vous qui avez répandu le sang de votre époux, vous, filles de Danaüs, qui avez éteint dans le sang les chastes flambeaux de votre hymen, c'est à vous de me reconnaître comme une sœur digne de vous. Voilà les

In me suas agnoscat et laudet manus :
In hanc abire conjugum turbam libet.
Sed et illa fugiet turba tam diras manus.
Invicte conjux, innocens animus mihi,
Scelesta manus est : proh nimis mens credula !
Proh Nesse fallax ! atque semiferi doli !
Auferre cupiens pellici, eripui mihi.
Recede, Titan ; tuque, quæ blanda tenes
In luce miseros, vita ; cariturae Hercule.
Lux vilis ista est. Exigam pœnas tibi,
Reddamque vitam : fata an extendo mea ?
Mortemque, conjux, ad tuas servo manus ?
Virtusne superest aliqua, et armatæ manus
Intendere arcum tela missurum valent ?
An arma cessant, teque languenti manu
Non audit arcus ? si potest letum dare,
Animose conjux, dexteram exspecto tuam.
Mors differatur : frange ut insontem Licham ;
Alias in urbes sparge ; et ignotum tibi
Emitte in orbem : perde, ut Arcadiæ nefas,
Et quidquid aliud restitit : ab illis tamen,
Conjux, redisti.

HYLLUS.

Parce jam, mater, precor.
Ignosce fatis : error a culpa vacat.

DEJANIRA.

Si vera pietas, Hylle, quærenda est tibi,
Jam perime matrem : pavida quid tremuit manus?

femmes parmi lesquelles je veux prendre ma place. Mais que dis-je ? elles ne pourront même souffrir ma présence.

Invincible époux, ce sont mes mains qui sont criminelles, mais mon cœur ne l'est pas. Crédulité funeste ! perfide Nessus ! fatale ruse du Centaure ! en voulant ravir Alcide à une rivale, je me le suis ravi à moi-même. Loin de moi le soleil ! loin de moi la vie, dont le charme retient les malheureux sur la terre ! Si je dois y vivre sans Hercule, ce monde n'est plus rien pour moi. Je vais te venger, et donner ma vie pour expier mon crime. Faut-il prolonger mon existence, et réserver mon trépas à tes mains ? te reste-t-il encore quelque force, et tes bras pourront-ils au moins tendre ton arc de manière à lancer des flèches ? ou tes armes te sont-elles devenues inutiles, et ton arc n'obéit-il plus à ta main languissante ? Si tu as encore la puissance de donner la mort, noble époux, je veux l'attendre de tes mains : oui, je l'attends ; brise-moi comme l'innocent Lichas ; sème les débris de mon corps par les villes étrangères ; lance-moi dans un monde inconnu de toi-même ; détruis-moi comme tu as fait le monstre d'Arcadie, et tous ceux qui t'ont résisté, mais que tu as cependant vaincus.

HYLLUS.

Renoncez à ce dessein, je vous en prie, ma mère ; excusez en vous la faute du hasard ; l'erreur n'est jamais criminelle.

DÉJANIRE.

Si tu veux montrer une véritable tendresse pour ta mère, ô mon fils ! tue-la. Pourquoi ta main tremble-t-

Quid ora flectis ? hoc erit pietas scelus.
Ignave, dubitas? Herculem eripui tibi.
Hæc, hæc peremit dextra, cui debes patri
Avum Tonantem : majus eripui decus,
Quam in luce tribui. Si tibi ignotum est nefas,
A matre disce : seu tibi jugulo placet
Mersisse ferrum, sive maternum libet
Invadere uterum, mater intrepidum tibi
Præbebit animum : non erit totum scelus
A te peractum; dextera sternar tua,
Sed mente nostra. Natus Alcidæ, times?
Ita nulla peragas jussa, nec frangens mala
Erres per orbem, si qua nascetur fera.
Referas parentem : dexteram intrepidam para.
Patet ecce plenum pectus ærumnis : feri.
Scelus remitto : dexteræ parcent tuæ
Eumenides ipsæ..... Verberum crepuit sonus.
Quænam ista torquens angue vipereo comam
Temporibus atras squalidis pinnas quatit?
Quid dira me flagrante persequeris face,
Megæra? pœnas poscit Alcides : dabo.
Jamne inferorum, Diva, sedere arbitri?
Sed ecce, diras carceris video fores.
Quis iste saxum immane detritis gerit
Jam senior humeris? ecce, jam vectus lapis.
Quærit relabi. Membra quis præbet rotæ ?
Hic ecce pallens dira Tisiphone stetit,
Causam reposcit..... Parce verberibus, precor,
Megæra, parce ; sustine Stygias faces :
Scelus est amoris. Sed quid hoc ? tellus labat,

elle? pourquoi détournes-tu les yeux? ce crime de ta part serait un acte d'amour. Tu hésites, lâche! c'est moi, c'est moi qui te ravis Hercule, ce père qui te rendait le petit-fils du maître de la foudre : je t'ai ôté plus de gloire par cette action, que je ne t'en ai donné en te mettant au monde. Si tu ne sais pas commettre le crime, ta mère te l'apprendra. Veux-tu enfoncer une épée dans ma gorge, ou frapper mon sein? j'attendrai tes coups d'une âme intrépide. Ce crime ne sera pas commis par toi seul : ta main me tuera, mais guidée par ma volonté. Fils d'Hercule, tu n'oses? alors ne va donc jamais par le monde, pour exécuter les ordres d'un maître, et terrasser les monstres; ou plutôt continue l'œuvre de ton père, et affermis tes bras : tiens, j'offre à tes coups ce cœur dévoré de chagrins; frappe. Je ne t'imputerai point ce crime; les Furies elles-mêmes n'en poursuivront pas la vengeance..... Mais un bruit de fouets s'est fait entendre. Quelle est cette femme aux cheveux entortillés de serpens qui viennent frapper ses tempes hideuses? Pourquoi me poursuis-tu avec cette torche enflammée, ô Mégère! Hercule demande vengeance, il sera vengé. Les juges de l'enfer sont-ils assis déjà sur leur tribunal, ô déesse! Mais voici les portes du sombre empire qui s'ouvrent devant moi. Quel est ce vieillard qui roule sur ses épaules déchirées cette énorme pierre? Arrivée presque au sommet de la montagne, la roche est prête à retomber. Quel est ce coupable attaché à une roue? La pâle Tisiphone se tient là devant moi, et s'apprête à me frapper..... Ne me frappe pas, Mégère; détourne de moi tes feux vengeurs. Mon crime est celui de l'amour.

Et aula tectis crepuit excussis: minax
Unde iste coetus? totus in vultus meos
Decurrit orbis, hinc et hinc populi fremunt,
Totusque poscit vindicem mundus suum.
Jam parcite, urbes: quo fugam praeceps agam?
Mors sola portus dabitur aerumnis meis.
Testor nitentis flammeam Phoebi rotam,
Superosque testor: Herculem terris adhuc
Moritura linquo.

HYLLUS.

Fugit attonita: hei mihi!
Peracta jam pars matris est: statuit mori.
Nunc nostra superest, mortis auferre impetum.
O misera pietas! si mori matrem vetas,
Patri es scelestus: si mori pateris tamen,
In matre peccas: surgit hinc illinc nefas.
Inhibenda tamen est? pergam, et eripiam scelus.

SCENA III.

CHORUS.

Verum est, quod cecinit sacer
Thressae sub Rhodopes jugis,
Aptans Pieriam chelyn,
Orpheus, Calliopae genus:
Aeternum fieri nihil.

Mais quoi! la terre tremble, et ce palais ébranlé craque avec un bruit affreux : que veut cette foule menaçante ? Tout l'univers est là qui m'entoure ; j'entends les peuples frémir autour de moi, et la terre tout entière me redemande son vengeur. Épargnez-moi, de grâce! où fuir ? où me dérober ? la mort seule peut offrir un asile à mes douleurs. J'en atteste le flambeau lumineux qui nous éclaire, j'en atteste les dieux, je meurs en laissant Hercule encore vivant.

HYLLUS.

Elle fuit, dans le transport qui l'égare. Hélas! son rôle de mère est fini : elle a résolu de mourir. Le mien commence, il faut l'empêcher de mettre fin à sa vie. Malheureux enfant que je suis! si j'empêche ma mère de mourir, je deviens criminel envers mon père; si je la laisse accomplir son dessein, je manque de tendresse pour elle : des deux côtés je vois un crime. Cependant il faut l'arrêter ; courons, et ne la laissons pas attenter sur elle-même.

SCÈNE III.

LE CHOEUR.

Il n'est rien d'éternel : Orphée, le fils de Calliope, le disait sur la lyre, au sommet du Rhodope de Thrace; faut-il l'en croire ?

Illius stetit ad modos
Torrentis rapidi fragor,
Oblitusque sequi fugam
Amisit liquor impetum :
Et dum fluminibus mora est,
Defecisse putant Geten
Hebrum Bistones ultimi.
Advexit volucrem nemus,
Et silva residens venit;
Aut si quæ aera pervolat,
Auditis vaga cantibus
Ales deficiens cadit.
Abrupit scopulos Athos,
Centauros obiter ferens;
Et juxta Rhodopen stetit,
Laxata nive cantibus.
Et quercum fugiens suam,
Ad vatem properat Dryas,
Ad cantus veniunt suos
Ipsis cum latebris feræ.
Juxtaque impavidum pecus
Sedit Marmaricus leo,
Nec damæ trepidant lupos,
Et serpens latebras fugit,
Tunc oblita veneni.
Quin per Tænarias fores
Manes quum tacitos adit,
Mœrentem feriens chelyn,
Cantu Tartara flebili

Aux accords de sa voix, le fleuve suspendait son cours impétueux, et l'onde s'arrêtait, oubliant de couler ; et pendant que les flots demeurent ainsi enchaînés, les peuples de la Thrace croient que l'Hèbre s'est tari. Les arbres amenaient, pour l'entendre, les oiseaux dont ils étaient chargés, et outre ceux-là qui venaient avec les bois, ceux qui, en volant par les airs, étaient frappés de son chant, oubliaient d'agiter leurs ailes et se laissaient tomber. Les roches de l'Athos se détachaient, emportant les Centaures dans leur chute ; et le Rhodope, venu pour l'entendre, voyait ses neiges se fondre aux accens de cette douce voix. La Dryade, abandonnant le chêne qui lui sert d'asile, accourt auprès du chantre divin, et les bêtes sauvages s'y rendent avec leurs repaires. Le lion d'Afrique s'arrête au milieu des troupeaux que sa présence n'effraie plus ; les daims ne tremblent point devant les loups, et le serpent sort de sa retraite, oubliant pour la première fois son venin.

Bien plus, lorsqu'il traversa les cavernes de l'enfer, pour descendre au séjour silencieux des Mânes, en touchant les cordes de sa lyre plaintive, le Tartare même et ses divinités sévères furent touchés de la mélancolie

Et tristes Erebi Deos
Movit : nec timuit Stygis
Juratos Superis lacus.
Hæsit non stabilis rota
Victo languida turbine.
Increvit Tityi jecur,
Dum cantus volucres tenet.
Aurito quoque navita
Inferni ratis æquoris
Nullo remigio venit.
Tunc primum Phrygius senex
Undis stantibus immemor
Excussit rabidam sitim,
Nec pomis adhibet manus.
Sed quum linqueret inferos
Orpheus carmina fundens,
Et vinci lapis improbus,
Et vatem potuit sequi.
Consumtas iterum Deæ
Supplent Eurydices colos :
Sed dum respicit immemor,
Nec credens sibi redditam
Orpheus Eurydicen sequi,
Cantus præmia perdidit.
Quæ nata est iterum, perit.
Tunc solamina cantibus
Quærens, flebilibus modis
Hæc Orpheus cecinit Getis :
« Leges in Superos datas,

de ses chants, et il vit sans danger le fleuve qui garantit les sermens des dieux. Sa voix arrêta la roue d'Ixion, et enchaîna son branle rapide. Le foie de Tityus eut le temps de croître, pendant que les vautours écoutaient; Caron se repose pour entendre, et la barque du fleuve infernal marche sans le secours des rames. Pour la première fois, le vieux Tantale ne songe plus à saisir l'onde immobile; il oublie sa soif furieuse, et n'avance point ses mains sur les fruits.

Mais comme il quittait les enfers, en touchant les cordes de sa lyre, les pierres elles-mêmes étaient attendries, et suivaient les pas du chantre divin. Les Parques renouent le fil des jours d'Eurydice; mais son amant oublie la condition qui lui a été faite; il doute que son Eurydice lui ait été rendue, et, se retournant pour voir si elle le suit, il perd le fruit de son chant. Revenue à la vie, elle meurt ainsi une seconde fois.

Alors cherchant des consolations sur sa lyre, il fait entendre aux Gètes ces lamentables paroles : « Les dieux mêmes sont soumis à la loi du trépas, sans en excepter celui qui règle le cours de l'année et la partage en quatre

[« Et qui tempora digerens
« Quatuor præcipitis Deus
« Anni disposuit vices ;]
« Nulli non avidas colo
« Parcas stamina nectere ;
« Quod natum est, poterit mori. »
Vati credere Thracio
Devictus jubet Hercules.
Jamjam legibus obrutis
Mundo quum veniet dies,
Australis polus obruet
Quidquid per Libyam jacet,
Et sparsus Garamas tenet.
Arctous polus obruet,
Quidquid subjacet axibus,
Et siccus Boreas ferit.
Amissum trepidus polo
Titan excutiet diem.
Cæli regia concidens
Ortus atque obitus trahet.
Atque omnes pariter Deos
Perdet mors aliqua, et chaos.
Et mors fata novissima
In se constituet sibi.
Quis mundum capiet locus?
Discedet via Tartari,
Fractis ut pateat polis?
An quod dividit æthera
A terris spatium, sat est

saisons; il n'en est point dont la vie ne soit une trame sujette aux ciseaux des Parques avides. Ce qui est né doit mourir. »

Le malheur d'Hercule justifie les paroles du chantre de la Thrace. Un jour viendra, jour suprême, où les lois qui maintiennent l'harmonie du monde se briseront; alors le pôle austral écrasera la Libye et tout le pays des Garamantes; le pole arctique écrasera tout ce que le Chariot domine, et tout le froid empire de Borée. Le soleil tremblant se détachera du ciel avec sa lumière. Le ciel lui-même tombera en entraînant, du couchant à l'aurore, la ruine de l'univers. Une mort particulière frappera tous les dieux, et le Chaos les saisira. La mort enfin se détruira aussi elle-même, après avoir tout détruit.

Mais où iront ces débris du monde? la voûte de l'enfer s'ouvrira-t-elle pour recevoir les cieux brisés? ou l'espace qui les sépare de la terre suffira-t-il pour contenir tant de ruines? Quel lieu assez vaste pour cacher ce crime du destin? quelle région sur nos têtes renfer-

Et mundi nimium malis?
Quis tantum capiet nefas
Fati? quis superus locus
Pontum, sidera, Tartara,
Regna unus capiet tria?
Sed quis non modicus fragor
Aures attonitas movet?
Est, est Herculeus sonus.

mera dans un même tombeau la mer, le ciel et l'enfer confondus ?

Mais un bruit effrayant vient frapper mes oreilles. Ce bruit ne peut être que la voix d'Hercule.

ACTUS QUARTUS.

SCENA I.

HERCULES, CHORUS.

HERCULES.

Converte, Titan clare, anhelantes equos,
Emitte noctem: pereat hic mundo dies,
Quo moriar; atra nube inhorrescat polus:
Obsta novercae. Nunc, pater, caecum chaos
Reddi decebat, hinc et hinc compagibus
Ruptis uterque debuit frangi polus.
Quid parcis astris? Herculem amittis, pater.
Nunc partem in omnem, Juppiter, specta poli,
Ne quis gigas Thessalica jaculetur juga,
Et fiat Othrys pondus Encelado leve.
Laxabit atri carceris jamjam fores
Pluton superbus: vincula excutiet patri,
Caelumque reddet. Ille, qui pro fulmine
Tuisque facibus natus in terris eram,
Ad Styga revertor: surget Enceladus ferox,
Mittetque, quo nunc premitur, in Superos onus.
Regnum omne, genitor, aetheris dubium tibi
Mors nostra faciet: antequam spolium tui

ACTE QUATRIÈME.

SCÈNE I.

HERCULE, LE CHOEUR.

HERCULE.

Brillant Soleil, ramène en arrière tes coursiers haletans, et laisse venir la nuit. Que le jour de ma mort soit un jour perdu pour le monde, et qu'un sombre nuage couvre la face du ciel : ne donne pas à Junon le spectacle de mon trépas. Maintenant, ô mon père! tu devrais laisser le chaos revenir sur le monde, briser les liens qui joignent les deux pôles, et les rompre du même coup. Pourquoi épargner le ciel, quand tu perds ton Hercule? Veille donc sur tous les points de ton empire, et prends garde que les Titans ne lancent encore contre toi les montagnes de Thessalie, et que l'Othrys ne devienne trop léger pour contenir les efforts d'Encelade. L'orgueilleux Pluton ouvrira les portes de ses noirs cachots, et, délivrant Saturne de ses chaînes, lui rendra le royaume du ciel. Voici que moi, ton fils, qui remplissais dans ce monde l'office de ta foudre et de tes feux, je redescends vers le Styx : Encelade va se relever plein de fureur, et lancer contre les dieux le poids qui l'ac-

Cælum omne fiat, conde me tota, pater,
Mundi ruina: frange, quem perdis, polum.

CHORUS.

Non vana times, nate Tonantis;
Jam Thessalicam Pelion Ossam
Premet; et Pindo congestus Athos
Nemus æthereis inseret astris.
Vincet scopulos inde Typhoeus,
Et Tyrrhenam feret Inarimen.
Feret Ætnæos inde caminos
Scindetque latus montis aperti,
Nondum Enceladus fulmine victus.
Jam te cæli signa sequentur.

HERCULES.

Ego, qui relicta morte, contemta Styge,
Per media Lethes stagna cum spolio redii,
Quum pæne trepidis excidit Titan equis:
Ego, quem Deorum regna senserunt tria,
Morior: nec ullus per meum stridet latus
Transmissus ensis: haud meæ telum necis
Saxum est, nec instar montis abrupti latus,
Aut totus Othrys; non truci rictu Gyges
Pindo cadaver obruit toto meum:
Sine hoste vincor: quodque me torquet magis,
O misera virtus! summus Alcidæ dies
Nullum malum prosternit: impendo, hei mihi,
In nulla vitam facta: proh! mundi arbiter,
Superique, quondam dexteræ testes meæ!

cable en ce moment. Ma mort compromettra la sûreté de ton empire : préviens ce malheur, et avant qu'on ne te le ravisse, ensevelis-moi sous les ruines du monde : brise le ciel dont on va te déposséder.

LE CHOEUR.

Vos craintes ne sont point vaines, fils de Jupiter; dans peu nous reverrons le Pélion sur l'Ossa de Thessalie ; et l'Athos, monté sur le Pinde, élèvera jusqu'aux astres les forêts qui le couronnent. Typhée soulèvera les roches qui l'accablent, et rejètera loin de lui la pesante Inarime : Encelade, vainement frappé de la foudre, soulèvera les forges de l'Etna, et ouvrira les flancs de cette montagne en la brisant. La ruine du ciel va suivre votre mort.

HERCULE.

Moi qui, échappé des gouffres de l'enfer et vainqueur du Styx, ai traversé les flots du Léthé, chargé de dépouilles, et emmenant Cerbère dont l'aspect affreux manqua renverser le Soleil de son char; moi, dont les trois empires des dieux ont senti la puissance, je meurs; et cependant aucune épée n'a traversé mon flanc ; une roche ne m'a pas frappé; aucun quartier de montagne, l'Othrys tout entier n'est point tombé sur moi. Ce n'est point l'effroyable Gygès qui m'ensevelit sous la masse énorme du Pinde : je meurs sans combat ; et ce qui est le plus cruel tourment pour mon courage malheureux, le dernier jour d'Alcide n'est signalé par la mort d'aucun monstre ; je meurs, hélas ! et cette vie que je perds n'est le prix d'aucun exploit. Maître du monde,

Proh! cuncta Tellus, Herculis vestri placet
Mortem perire? dirus o nobis pudor!
O turpe fatum! femina Herculeae necis
Auctor feretur; auctor Alcides quibus?

Invicta si me cadere feminea manu
Voluere fata, perque tam turpes colos
Mea mors cucurrit, cadere potuissem, hei mihi,
Junonis odio: feminae caderem minis,
Sed caelum habentis. Si nimis, Superi, fuit,
Scythico sub axe genita domuisset meas
Vires Amazon: feminae cujus manu,
Junonis hostis, vincor? hinc gravior tuî,
Noverca, pudor est: quid diem hunc laetum vocas?
Quid tale tellus genuit iratae tibi?
Mortalis odia femina excessit tua.
Adhuc ferebas esse te Alcidae imparem:
Victa es duobus: pudeat irarum Deos.

Utinam meo cruore satiasset suos
Nemeaea rictus pestis! aut centum anguibus
Vallatus Hydram tabe pavissem mea!
Utinam fuissem praeda Centauris datus!
Aut inter umbras victus, aeterno miser
Saxo sederem, spolia quum traxi ultima
Fato stupente! nunc ab inferna Styge
Lucem recepi; Ditis evici moras.

dieux témoins autrefois de mon courage, et toi, terre, souffrirez-vous que la mort de votre Hercule soit ainsi perdue? O honte! ô désespoir! ô trépas ignominieux! on dira que ma mort est l'ouvrage d'une femme, après les ennemis que j'ai tués.

Si les arrêts inévitables du destin me condamnaient à périr de la main d'une femme, si telle devait être la fin déplorable de mes jours, je pouvais, hélas! succomber sous la haine de Junon : c'eût été mourir de la main d'une femme, mais d'une femme habitante du ciel. Ou si cette faveur vous eût semblé trop grande, dieux de l'Olympe, il m'eût été doux au moins de mourir sous les coups de l'Amazone guerrière, née parmi les frimas de la Scythie. Quelle est la femme qui m'a vaincu, moi, l'ennemi de Junon? Cette victoire est une honte pour toi, cruelle marâtre : pourquoi regarder ce jour comme un jour de triomphe? La terre n'a pu fournir à ton courroux de monstre aussi puissant que cette femme, qui seule s'est montrée plus forte que ta haine. Jusqu'ici, tu pouvais souffrir d'avoir été vaincue par le seul Alcide, maintenant tu as trouvé deux vainqueurs. Que les dieux apprennent à rougir de leur courroux!

Plût au ciel que le monstre de Némée se fût abreuvé de mon sang! Plût au ciel que j'eusse été la proie de l'hydre, qui m'entourait de ses cent gueules béantes! Plût au ciel que je fusse tombé sous les coups des Centaures, ou que, vaincu dans le séjour des Ombres, j'eusse été enchaîné par des liens éternels à quelque rocher, lorsque j'étonnai le destin par ma victorieuse audace! Des rives du Styx je suis remonté vers la lumière; j'ai

Ubique me mors fugit, ut leto inclyto
Fortis carerem : o feræ victæ, o feræ!
Non me triformis sole conspecto canis
Ad Styga reduxit : non sub Hesperio polo
Ibera vicit turba pastoris feri ;
Non gemina serpens : perdidi mortem, hei mihi,
Toties honestam ; titulus extremus quis est?

CHORUS.

Viden', ut laudis conscia virtus
Non Lethæos horreat amnes ?
Pudet auctoris ; non morte dolet.
Cupit extremum finire diem
Vasta pressus mole Gigantum ;
Et montiferum Titana pati,
Rabidæque necem debere feræ.
Si tua causa est miseranda necis,
Quod nulla fera est, nullusque gigas,
Jam quis dignus necis Herculeæ
Superest auctor, nisi dextra tuî ?

HERCULES.

Heu qualis intus scorpios, quis fervida
Plaga revulsus cancer infixus meas
Urit medullas ? Sanguinis quondam capax
Tumidi vigor pulmonis arentes fibras
Distendit : ardet felle siccato jecur,
Totumque lentus sanguinem avexit vapor.
Primam cutem consumsit, hinc aditus nefas
In membra fecit, abstulit costis latus,

brisé la puissance de Pluton. La mort m'a toujours fui pour ôter à mon courage l'honneur d'un glorieux trépas. O monstres! monstres que j'ai vaincus! le chien aux trois têtes n'a pu me ramener au fond des enfers, quand je lui ai fait voir le soleil ; le triple Géryon, ce cruel berger de l'Hespérie, n'a pu m'abattre sous la masse de ses trois corps ; les deux serpens n'ont pu me nuire. Que de fois, hélas! j'ai manqué une mort glorieuse! et maintenant par où vais-je clore la liste de mes exploits ?

LE CHOEUR.

Voyez comme son noble cœur ne témoigne aucune crainte du Léthé. Ce qui l'afflige, c'est l'auteur de son trépas, et non le trépas lui-même. Il voudrait finir sa vie écrasé sous la masse énorme des Géans ; il voudrait mourir par la main du Titan que presse le poids d'une montagne, ou par la dent de quelque bête furieuse. Mais s'il te paraît dur de ne point devoir ta mort à quelque monstre ni à quelque Titan, quelle autre main que la tienne, ô Hercule! sera digne de trancher le fil de tes jours?

HERCULE.

Hélas! quel scorpion brûlant, quel cancer détaché de la zone torride s'attache à mes entrailles et les brûle? Mes poumons, autrefois gonflés de sang, ont perdu leur force, et mes fibres desséchées se distendent : mon foie aride s'enflamme; une chaleur lente a dévoré tout mon sang. L'épiderme est déjà consumé; le poison s'est ouvert par là une entrée dans l'intérieur de mon corps; il a mis mes côtes à nu, il a dévoré mes articulations, et

Exedit artus penitus, et totas malum
Hausit medullas: ossibus vacuis sedet.
Nec ossa durant ipsa, sed compagibus
Discussa ruptis mole collapsa fluunt.
Defecit ingens corpus, et pesti satis
Herculea non sunt membra: proh! quantum est malum,
Quod esse vastum fateor? O dirum nefas!
En cernite, urbes, cernite ex illo Hercule
Quid jam supersit. Herculem agnoscis, pater?
Hisne ego lacertis spolia Nemeæi mali
Elisa pressi? tensus hac arcus manu
Astris ab ipsis detulit Stymphalidas?
His ego citatam gressibus vici feram,
Radiante clarum fronte gestantem caput?
His fracta Calpe manibus elisit fretum?
His tot feræ, tot scelera, tot reges jacent?
His mundus humeris sedit? hæc moles mea est?
Hæcne illa cervix? has ego opposui manus
Cælo ruenti? cujus, o, custos manu
Trahetur ultra Stygius? o vires prius
In me sepultæ! quid patrem appello Jovem?
Quid per Tonantem vindico cælum mihi?
Jamjam meus credetur Amphitryon pater.

Quæcumque pestis viscere in nostro lates,.
Procede: quid me vulnere occulto petis?
Quis te sub axe frigido pontus Scythes,
 Quæ pigra Tethys genuit, aut Maurum premens
Ibera Calpe litus? o dirum malum!
Utrumne serpens squalidum crista caput

rongé la moelle de mes os, qui sont maintenant vides et creux. Que dis-je? mes os même ne subsistent plus; leurs jointures sont brisées, et je les sens qui se séparent et se fondent. Ce vaste corps tombe en lambeaux, et les membres d'Hercule ne suffisent pas à la voracité du poison. Oh! quel doit être ce supplice, dont moi-même j'avoue la puissance! O crime épouvantable! Voyez, peuples, voyez ce qui reste encore du grand Hercule! Me reconnais-tu, mon père? est-ce dans ces bras que j'ai étouffé le lion de Némée? est-ce avec ces mains que j'ai tendu mon arc pour atteindre au sein des nues les oiseaux du Stymphale? est-ce avec ces jambes que j'ai atteint en courant la biche rapide, à la tête brillante et parée de cornes d'or? Sont-ce là les mains qui ont séparé Calpé d'Abyla? qui ont mis à mort tant de monstres, tant de scélérats et de tyrans? sont-ce là les épaules qui ont porté le monde? Est-ce là mon corps? est-ce là ma tête? est-ce avec ces mains que j'ai arrêté la chute du ciel? Quel autre bras désormais pourra traîner à la lumière du jour le gardien du Styx? O mes forces perdues avant ma vie, et ensevelies dans mon propre corps! pourquoi me dire encore le fils de Jupiter, et réclamer le ciel à ce titre? le monde croira maintenant que j'étais le fils d'Amphitryon.

Ennemi cruel qui te caches dans mes entrailles, montre-toi donc : pourquoi me frapper ainsi de coups invisibles? Est-ce la mer de Scythie qui t'a engendré parmi ses glaces, ou quelque autre mer croupissante, ou le détroit de Calpé qui touche au rivage du Maure? O cruel poison! es-tu le fiel de quelque serpent armé

Vibrans? an aliquod est mihi ignotum malum?
Numquid cruore es genita Lernaeae ferae?
An te reliquit Stygius in terris canis?
Omne es malum, nullumque : quis vultus tibi est?
Concede saltem scire, quo peream malo.
Quaecumque pestis, sive quaecumque es fera,
Palam timeres : quis tibi in medias locum
Fecit medullas? ecce, derepta cute
Viscera manus detexit, ulterior tamen
Inventa latebra est : o malum simile Herculi!
Unde iste fletus? unde in has lacrimae genas?
Invictus olim vultus et nunquam malis
Lacrimas suis praebere consuetus (pudet!)
Jam flere didicit : quis dies fletum Herculis,
Quae terra vidit? siccus aerumnas tuli.
Tibi illa virtus, quae tot elisit mala,
Tibi cessit uni : primo, et ante omnes mihi
Fletum abstulisti. Durior saxo horrido
Et chalybe vultus, et vaga Symplegade,
Ritus meos infregit, et lacrimam expulit.
Flentem, gementem, summe proh rector poli,
Me terra vidit : quodque me torquet magis,
Noverca vidit : urit ecce iterum fibras,
Incaluit ardor : unde nunc fulmen mihi?

CHORUS.

Quid non possit superare dolor?
Quondam Getico durior Aemo,
Nec Parrhasio lentior axe,
Saevo cessit membra dolori ;

d'une crête hideuse, ou de quelque monstre inconnu de moi? as-tu été formé du sang de l'hydre de Lerne, ou si c'est le chien des enfers qui t'a laissé sur la terre?

Tu es tout, et tu n'es rien : quelle est ta forme? laisse-moi connaître au moins le fléau qui me tue. Quoi que tu sois, monstre ou fléau, tu n'oserais paraître à mes yeux. Qui t'a donné passage pour arriver jusqu'à mes entrailles? ma main, écartant la peau, les a découvertes, mais je trouve encore une cavité plus profonde où tu es entré. O douleur aussi forte que moi-même!

Mais je pleure : des larmes sur mes joues! des larmes (quelle honte!) se répandent sur ce visage autrefois inaltérable, et qui jamais ne se mouilla de pleurs versés sur mes propres maux. Quel jour, quelle contrée, ont jamais vu pleurer Hercule? mes yeux sont demeurés secs dans toutes mes disgrâces. Toi seul, toi seul as vaincu ce courage fatal à tant de monstres; le premier, tu m'as arraché des larmes. Ces yeux, plus durs que les rochers, plus durs que le fer, plus durs que les Symplégades errantes, ont perdu leur force et laissé tomber des pleurs. O souverain maître du monde! la terre m'a vu pleurer et gémir, et ce qui est pour moi le plus grand des supplices, Junon a été témoin de cette faiblesse! Le feu se rallume dans mes entrailles, et son ardeur augmente. O Jupiter! un coup de foudre.

LE CHOEUR.

Que ne peut l'excès de la douleur! cet homme, plus dur que l'Émus, aussi inflexible que le pole septentrional, ne résiste plus aux tourmens qui le dévorent : sa tête appesantie s'incline et retombe sur ses épaules.

Fessumque movens per colla caput
Latus alterno pondere flectit.
Fletum virtus sæpe resorbet.
Sic Arctoas laxare nives,
Quamvis tepido sidere, Titan
Non tamen audet, vincitque faces
Solis adulti glaciale jubar.

SCENA II.

HERCULES.

Converte vultus ad meas clades, pater;
Nunquam ad tuas confugit Alcides manus;
Non, quum per artus Hydra fecundum meos
Caput explicaret. Inter infernos lacus
Possessus atra nocte quum Fato steti;
Nec invocavi. Tot feras vici horridas,
Reges, tyrannos; non tamen vultus meos
In astra torsi: semper hæc nobis manus
Votum spopondit: nulla propter me sacro
Micuere cælo fulmina. Hic aliquid dies
Optare jussit: primus audierit preces,
Idemque summus: unicum fulmen peto.
Giganta crede: non minus cælum mihi
Asserere potui: dum patrem verum puto,
Cælo peperci: sive crudelis pater,
Sive es misericors, commoda nato manum

Souvent la force de l'âme retient les larmes prêtes à couler, comme on voit que pendant l'été le soleil ne peut fondre les neiges du pôle, dont le froid glacial triomphe de sa douce chaleur.

SCÈNE II.

HERCULE.

Abaisse tes regards sur mon malheur, ô mon père! jamais Hercule n'implora le secours de ta main. Je n'ai point crié vers toi quand l'hydre m'enveloppait de ses têtes renaissantes, ni quand l'ordre du destin me fit descendre dans l'affreuse nuit des enfers. Dans mes combats contre tant de bêtes cruelles, contre tant de rois et de tyrans que j'ai vaincus, mes regards ne se sont point tournés vers le ciel. Toujours cette main a accompli mes vœux : aucune foudre n'a brillé pour moi dans le ciel. C'est la première fois que je suis réduit à demander quelque chose, et ce sera la dernière aussi; je ne veux de toi qu'un coup de tonnerre. Prends-moi pour un des Géans : j'ai pu comme eux conquérir le ciel; mais, persuadé que j'étais véritablement ton fils, je m'en suis abstenu. Par colère ou par amour, prête ta main à ton fils pressé de mourir, et assure-toi l'honneur de sa mort;

Properante morte, et occupa hanc laudem tibi.
Vel, si piget, manusque detrectat nefas,
Emitte Siculo vertice ardentes, pater,
Titanas in me, qui manu Pindum ferant,
Aut te, Ossa, qui me monte projecto opprimant.
Abrumpat Erebi claustra, me stricto petat
Bellona ferro : mitte Gradivum trucem ;
Armetur in me dirus; est frater quidem,
Sed ex noverca : tu quoque Alcidae soror
Tantum ex parente, cuspidem in fratrem tuum
Jaculare, Pallas : supplices tendo manus
Ad te, noverca : sparge tu saltem, precor,
Telum : perire feminae possum manu.
Jam fracta, jam satiata, quid pascis minas?
Quid quaeris ultra? supplicem Alciden vides.
Et nulla tellus, nulla me vidit fera
Te deprecantem : nunc mihi irata quidem
Opus est noverca : nunc tuus cessat dolor;
Nunc odia ponis : parcis, ubi votum est mori ?
O terrae et urbes ! non facem quisquam Herculi,
Non arma tradet? tela subtrahitis mihi.
Ita nulla saevas terra concipiat feras
Post me sepultum : nec meas unquam manus
Imploret orbis : si qua nascentur mala,
Nascantur ocius : undique infelix caput
Mactate saxis, vincite aerumnas meas.

Ingrate cessas orbis? excidimus tibi?
Adhuc malis ferisque suppositus fores,
Ni me tulisses : vindicem vestrum malis

ou, si ton bras se refuse à me rendre ce funeste service, délivre les Titans de la montagne de Sicile qui pèse sur eux, et déchaîne-les contre moi, afin qu'ils m'accablent sous le poids du Pinde ou de l'Ossa.

Que Bellone brise la barrière du Tartare, et vienne sur moi le fer en main : arme contre moi le cruel dieu des combats ; il est mon frère, mais il est fils de ma jalouse marâtre. Et toi aussi, Pallas, qui n'es ma sœur que de père, frappe-moi de ta lance : j'étends vers toi mes mains suppliantes ! O Junon ! lance du moins un trait contre moi ; je puis mourir de la main d'une femme. Déjà fatiguée, déjà rassasiée de mes souffrances, pourquoi nourrir encore ta haine ? que cherches-tu au delà ? tu vois Hercule suppliant, lui que nulle contrée, nulle bête féroce n'a vu réclamer ton assistance. Mais aujourd'hui c'est de ta haine que j'ai besoin ; et ta haine me manque, ton ressentiment s'apaise ; tu me pardonnes, quand je ne forme plus d'autre vœu que la mort.

O terre ! ô villes ! n'y a-t-il personne pour donner à Hercule une arme ou une torche allumée ? On me dérobe tout moyen de destruction. Ayez pitié de moi, et que la terre n'enfante plus de monstres après mon trépas ; que l'univers n'ait jamais besoin de mon bras ; s'il doit naître encore d'autres fléaux, qu'ils se hâtent de paraître : mais vous, hommes, accablez-moi de pierres, et triomphez ainsi de mes souffrances.

Monde ingrat, tu m'abandonnes, tu m'as oublié : sans moi tu serais encore la proie des fléaux et des monstres. Peuples, délivrez votre vengeur de ses tour-

Eripite, populi : tempus hoc vobis datur.
Pensate merita : mors erit pretium omnium.

SCENA III.

ALCMENA, HERCULES.

ALCMENA.

Quas misera terras mater Alcidæ petam?
Ubi natus, ubinam est? certa si visus notat,
Reclinis ecce corde anhelanti æstuat :
Gemit : peractum est : membra complecti ultima,
O nate, liceat : spiritus fugiens meo
Legatur ore : brachia in amplexus cape.
Ubi membra sunt? ubi illa, quæ mundum tulit,
Stelligera cervix? quis tibi exiguam tui
Partem reliquit?

HERCULES.

Herculem spectas quidem,
Mater ; sed umbram et vile nescio quid meî
Agnosce, mater : ora quid flectis retro,
Vultumque mergis? Herculem dici tuum
Partum erubescis?

ALCMENA.

Quis feram mundus novam,
Quæ terra genuit? quodve tam dirum nefas
De te triumphat? Herculis victor quis est?

mens : voici le moment de vous acquitter envers moi : pesez tous mes bienfaits, la mort que vous me donnerez en sera le juste prix.

SCÈNE III.

ALCMÈNE, HERCULE.

ALCMÈNE.

Malheureuse mère d'Alcide! où me faut-il aller? où est mon fils, où est-il? Si mes yeux ne m'abusent pas, le voici renversé à terre, haletant et plein d'agitation. Il gémit, c'en est fait. Laisse-moi t'embrasser pour la dernière fois, ô mon fils! et recueillir sur tes lèvres ton âme expirante; ouvre-moi tes bras. Mais où sont tes membres? où sont ces épaules vigoureuses qui ont porté le ciel et ses astres? quelle affreuse puissance t'a réduit à si peu de chose?

HERCULE.

Oui, je suis Hercule, ô ma mère! mais il ne reste de moi qu'une ombre, un je ne sais quoi qui n'a pas de nom. Pourquoi couvrir et détourner vos yeux? rougissez-vous de m'avouer pour votre fils?

ALCMÈNE.

Quel monde, quelle terre a produit le monstre nouveau qui t'a détruit? quelle puissance exécrable triomphe ainsi de toi? quel est le vainqueur d'Hercule?

HERCULES.

Nuptæ jacentem cernis Alciden dolis.

ALCMENA.

Quis tantus est, qui vincat Alciden, dolus?

HERCULES.

Quicumque, mater, feminæ iratæ sat est.

ALCMENA.

At unde in artus pestis aut ossa incidit?

HERCULES.

Aditum venenis palla femineis dedit.

ALCMENA.

Ubinam ipsa palla est? membra nudata intuor.

HERCULES.

Consumta mecum est.

ALCMENA.

Tantane inventa est lues?

HERCULES.

O mater, Hydram, et mille cum Lerna feras
Errare mediis crede visceribus meis.
Quæ tanta nubes flamma Sicanias bibit?
Quæ Lemnos ardens? quæ plaga igniferi poli,
Vetans flagranti currere in zona diem?
In ipsa me jactate, proh comites, freta,
Mediosque in amnes: qui sat est Ister mihi?
Non ipse terris major Oceanus mèos
Frangit vapores: omnis in nostris malis

HERCULE.

Il succombe sous la perfidie de son épouse.

ALCMÈNE.

Mais quelle perfidie assez grande pour triompher d'Hercule?

HERCULE.

Celle qui devait assouvir la vengeance d'une femme irritée.

ALCMÈNE.

Mais comment le poison a-t-il pénétré dans ton corps?

HERCULE.

La robe qu'elle m'a fait revêtir en était imprégnée.

ALCMÈNE.

Où est cette robe? aucun vêtement ne couvre ton corps.

HERCULE.

Elle s'est consumée avec ma chair.

ALCMÈNE.

Peut-il exister un poison aussi terrible?

HERCULE.

Croyez, ô ma mère! que je sens au fond de mes entrailles l'hydre de Lerne, et mille autres monstres avec elle. Le volcan de Sicile ne lance point contre le ciel d'aussi brûlantes flammes : moins ardentes sont les forges de Lemnos; moins vifs sont les feux de la zône torride, où le dieu du jour demeure éternellement arrêté. Chers amis, jetez-moi, de grâce, au sein des mers, au milieu des fleuves. Le Danube aurait-il assez d'eau pour moi? non, l'Océan lui-même, plus grand que la terre, n'é-

Deficiet humor, omnis arescet latex.
Quid, rector Erebi, me remittebas Jovi?
Decuit tenere : redde me tenebris tuis.
Talem subactis Herculem ostende inferis,
Nil inde ducam ; quid times iterum Herculem?
Invade, Mors non trepida : jam possum mori.

ALCMENA.

Compesce lacrimas saltem, et ærumnas doma,
Malisque tantis Herculem indomitum refer,
Mortemque vince : quod soles, vince inferos.

HERCULES.

Si me catenis horridus vinctum suis
Præberet avidæ Caucasus volucri dapem,
Scythia gemente, flebilis gemitus mihi
Non exstitisset : si vagæ Symplegades
Utraque premerent rupe, redeuntis minas
Ferrem ruinæ. Pindus incumbat mihi
Atque Æmus, et qui Thracios fluctus Athos
Frangit, Jovisque fulmen excipiens Mimas.
Non ipse si in me, mater, hic mundus ruat,
Superque nostros flagret incensus toros
Phœbeus axis, degener mentem Herculis
Clamor domaret : mille decurrant feræ,
Pariterque lacerent : hinc feris clangoribus
Ætherea me Stymphalis, hinc taurus minax
Cervice tota pulset, et quidquid fuit
Solum quoque ingens, surgat hinc illinc frequens,

teindrait pas l'ardeur qui me dévore. C'est un feu capable de tarir toutes les sources, de dessécher tous les fleuves. Pourquoi, dieu de l'Érèbe, m'as-tu rendu à Jupiter ? il fallait me garder. Reprends-moi dans tes ténèbres ; montre-moi, dans l'état où je suis, à l'enfer que j'ai vaincu. Je n'emporterai plus rien de ton empire ; pourquoi craindre encore Alcide ? O mort ! saisis-moi sans crainte : maintenant je puis mourir.

ALCMÈNE.

Sèche au moins tes larmes, et surmonte la douleur ; montre-toi invincible à tant de maux ; triomphe de la mort, et mets sous tes pieds les enfers comme tu l'as déjà fait.

HERCULE.

Si j'étais enchaîné sur les roches du Caucase, et livré en proie au vautour dévorant, et que je visse les Scythes pleurer autour de moi, je ne pleurerais pas. Si j'étais pris entre les Symplégades errantes, je souffrirais sans gémir leur entrechoquement terrible. Je me laisserais écraser sous le poids du Pinde, de l'Émus, de l'Athos qui brise les flots de la mer de Thrace, et du Mimas si souvent frappé de la foudre de Jupiter. Quand le monde entier tomberait sur moi, quand le char du Soleil s'abattrait embrasé sur ma tête, aucune plainte indigne de moi ne m'échapperait. Que mille bêtes féroces m'attaquent et me déchirent à la fois ; que, d'un côté, les oiseaux du Stymphale m'assaillent avec un bruit terrible ; que le taureau menaçant me frappe de toute la force de ses cornes ; que chaque monstre effroyable se multiplie pour me perdre ; que Sinis déchire mes membres attachés

Artusque nostros dirus immittat Sinis;
Sparsus silebo : non feræ excutient mihi,
Non arma gemitus; nil, quod impelli potest.

ALCMENA.

Non virus artus, nate, femineum coquit;
Sed dura series operis; et longus tibi
Pavit cruentos forsitan morbos labor.

HERCULES.

Ubi morbus? ubinam est? estne adhuc aliquid mali
In orbe? me eccum! veniat huc : aliquis mihi
Intendat arcus : nuda sufficiet manus.
Procedat, agedum, huc.

ALCMENA.

Hei mihi, sensum quoque
Excussit ille nimius impulsum dolor.
Removete, quæso, tela, et infestas, precor,
Rapite hinc sagittas : igne suffusæ genæ
Scelus minantur : quas petam latebras anus?
Dolor iste furor est : Herculem solus domat.
Cur deinde latebras aut fugam vecors petam?
Obire forti meruit Alcmene manu :
Vel scelere pereat, antequam letum mihi
Ignavus aliquis mandet, ac turpis manus
De me triumphet : ecce, lassatus malis
Sopore fessas alligat venas dolor,
Gravique anhelum pectus impulsu quatit.
Favete, Superi : si mihi natum inclytum
Miseræ negatis; vindicem saltem, precor,

à des pins, et les disperse, je ne ferai entendre aucun cri. Ni bêtes sauvages, ni armes, ni rien de ce qu'on peut repousser par la force, ne m'arracheront un gémissement.

ALCMÈNE.

Ce n'est pas un poison reçu de ton épouse qui te dévore ainsi, mais la suite de tes cruels travaux, et peut-être un mal affreux nourri dans ton sein par tes longues fatigues.

HERCULE.

Une maladie? où est-elle? y a-t-il encore quelque fléau sur la terre? me voici! qu'il paraisse. Qu'un ennemi prenne un arc en ses mains, mon bras désarmé suffira pour le vaincre; qu'il s'avance, qu'il vienne!

ALCMÈNE.

Hélas! l'excès de la douleur lui ôte le sens, et le met hors de lui-même. De grâce, éloignez ces armes, et retirez-lui ses flèches homicides. Ses yeux sanglans respirent le crime. Où fuir? où cacher ma vieillesse? cette douleur est une rage, une fureur qui le transporte.

Mais pourquoi fuir, et chercher un asile? Alcmène est digne de mourir sous sa main puissante. Qu'elle périsse même par un crime, plutôt que de se voir condamner à la mort par quelque lâche, et qu'une main sans gloire triomphe de la mère d'Hercule. Mais, épuisé par l'excès des maux, le voilà qui s'endort; sa respiration lourde soulève péniblement sa poitrine. O dieux! j'implore votre assistance : si vous refusez à une malheureuse mère son glorieux fils, conservez du moins à la

Servate terris : abeat excussus dolor,
Corpusque vires reparet Herculeum suas.

SCENA IV.

HYLLUS, ALCMENA, HERCULES; PHILOCTETES, muta persona.

HYLLUS.

Proh lux acerba, proh capax scelerum dies!
Nurus Tonantis occidit : natus jacet.
Nepos supersum : scelere materno hic periit ;
Fraude illa capta est : quis per annorum vices,
Totoque in ævo poterit ærumnas senex
Referre tantas? unus eripuit dies
Parentem utrumque : cætera ut sileam mala,
Parcamque fatis, Herculem amitto patrem.

ALCMENA.

Compesce voces, inclytum Alcidæ genus,
Miseræque fato similis Alcmenæ nepos.
Longus dolorem forsitan vincet sopor.
Sed ecce lassam deserit mentem quies,
Redditque morbo corpus, et luctus mihi.

HERCULES.

Quid hoc? rigenti cernitur Trachin jugo;

terre son vengeur; que sa douleur s'apaise, et que ce héros puissant reprenne ses forces.

SCÈNE IV.

HYLLUS, ALCMÈNE, HERCULE; PHILOCTÈTE, personnage muet.

HYLLUS.

O jour funeste! jour plein de crimes! la belle-fille de Jupiter a cessé de vivre, et son fils est expirant; moi, son petit-fils, je survis à mes parens; mon père meurt par le crime de ma mère, qui elle-même a été victime d'une affreuse perfidie. Quelle longue vie de vieillard pourra suffire au récit de tant de malheurs? un seul jour me ravit mon père et ma mère : mais pour ne parler que d'un seul, et pour ne point faire au destin tous les reproches que je lui dois, il m'enlève mon père, et ce père est Alcide.

ALCMÈNE.

Cesse tes plaintes, noble enfant d'Hercule, toi dont le malheur égale celui de ton aïeule. Peut-être qu'un sommeil prolongé triomphera du mal qui le dévore. Mais voici qu'il s'éveille; le repos abandonne ses membres épuisés, il rend son corps à sa souffrance, et moi-même à ma douleur.

HERCULE.

Que vois-je? n'est-ce pas Trachine que j'aperçois sur

Et inter astra positus evasi genus
Mortale tandem : quis mihi cælum parat ?
Te, te, pater, jam video : placatam quoque
Specto novercam : qui sonus nostras ferit
Cælestis aures ? Juno me generum vocat.
Video nitentem regiam clari ætheris,
Phœbique tritam flammea zonam rota.
Cubile video Noctis : hinc tenebras vocat.
Quid hoc? quis axem cludit, et ab ipsis, pater,
Deducit astris?

    Ora Phœbeus modo
Afflabat axis : tam prope a cælo fui.
Trachina video : quis mihi terras dedit ?
OEte modo infra steterat, ac totus fuit
Suppositus orbis : tam bene excideras, dolor.
Cogis fateri : parce, et hanc vocem occupa.

Hæc, Hylle, dona matris : hoc munus parat.
Utinam liceret stipite ingesto impiam
Effringere animam, quale Amazonium malum
Circa nivalis Caucasi domui latus !
O clara Megara, tune, quum furerem, mihi
Conjux fuisti? Stipitem atque arcus date.
Dextra inquinetur : laudibus maculam imprimam.
Summus legatur femina Herculeus labor.

HYLLUS.

Compesce diras, genitor, irarum minas.
Habet : peractum est : quas petis pœnas, dedit.

son âpre rocher? Élevé jusqu'aux astres, j'échappe enfin aux conditions de l'existence humaine. Qui m'ouvre l'entrée du ciel? c'est toi, mon père, je te vois : je vois aussi Junon apaisée envers moi. Quelle voix céleste a frappé mon oreille? l'épouse de Jupiter m'appelle son gendre. Je découvre devant moi le brillant palais de l'Olympe radieux, et la zône brûlante où glisse le char enflammé du Soleil. Maintenant je vois le triste séjour de la Nuit; elle appelle les ténèbres. Qu'est-ce donc? ô mon père! quelle puissance me ferme le ciel et me fait descendre du séjour des dieux?

Il n'y a qu'un moment, je sentais sur mon front le souffle brûlant du Soleil : j'étais si près du ciel, et c'est Trachine que je vois! Qui me rend donc à la terre? tout-à-l'heure, je voyais l'OEta sous mes pieds, et le monde au dessous de moi. O douleur! tu m'avais entièrement quitté; maintenant je reconnais ta puissance, épargne-moi, et écoute ma prière.

Hyllus, voilà le présent que m'a fait ta mère! voilà ses dons. Que ne puis-je d'un coup de massue briser cette femme coupable, comme j'ai dompté les cruelles Amazones sur les flancs neigeux du Caucase! O fidèle Mégare! faut-il que tu aies trouvé en moi un époux furieux! Donnez-moi ma massue et mon arc : je veux souiller mes mains, je veux imprimer une tache à ma gloire; il faut que la mort d'une femme couronne les travaux d'Hercule.

HYLLUS.

Calmez, ô mon père! cette ardeur de vengeance; elle n'est plus, c'en est fait : elle s'est infligé elle-même le

Sua peremta dextera mater jacet.

HERCULES.

Cæci dolores : manibus irati Herculis
Occidere meruit : perdidit comitem Lichas.
Sævire in ipsum corpus exanime impetus
Atque ira cogit : cur minis nostris caret?
Ipsum cadaver pabulum accipiant feræ.

HYLLUS.

Plus misera læso doluit : hic aliquid quoque
Detrahere velles : occidit dextra sua,
Tuo dolori plura, quam poscis, tulit.
Sed non cruentæ sceleribus nuptæ jaces,
Nec fraude matris. Nessus hos struxit dolos,
Ictus sagittis qui tuis vitam exspuit.
Cruore tincta est palla semiferi, pater,
Nessusque nunc has exigit pœnas sibi.

HERCULES.

Habet : peractum est : fata se nostra explicant.
Lux ista summa est : quercus hanc sortem mihi
Fatidica quondam dederat, et Parnassio
Cirrhæa quatiens templa mugitu nemus :
« Dextra peremti, victor Alcide, viri
« Olim jacebis : hic tibi emenso freta,
« Terrasque et umbras, finis extremus datur. »

Nil querimur ultra : decuit hunc finem dari,

châtiment que vous voulez faire tomber sur elle. Ma mère a péri de sa propre main.

HERCULE.

O douleur inexprimable ! Elle devait tomber sous ma main vengeresse, et mourir avec Lichas son complice. Je veux sévir contre son cadavre même, la colère et l'emportement m'y forcent : pourquoi ma vengeance ne l'atteindrait-elle pas ? je veux que son corps devienne la proie des bêtes féroces.

HYLLUS.

La malheureuse n'a été déjà que trop punie ; vous-même voudriez retrancher quelque chose de ses souffrances. Elle est morte de sa propre main ; elle a expié vos douleurs plus cruellement que vous ne l'exigez vous-même. D'ailleurs ce n'est point la scélératesse de votre épouse qui vous tue. L'auteur de cette perfidie est Nessus que vous avez percé de vos flèches : votre robe, ô mon père ! a été trempée dans le sang de ce monstre, et votre mort est la vengeance qu'il exerce contre vous.

HERCULE.

C'en est fait maintenant, je vois clair dans ma destinée. C'est aujourd'hui mon dernier jour. C'est l'oracle qui me fut prononcé jadis par le chêne prophétique, et la réponse qui sortit pour moi du temple de Cirrha, qui s'élève au milieu d'un bois sacré au pied des deux cimes du Parnasse : « Hercule, tu périras un jour de la main d'un ennemi tombé sous tes coups ; après que tu auras traversé en conquérant la mer, la terre, et les enfers, tel sera le terme de ta vie. »

Je n'ai plus à me plaindre ; c'est ainsi que je devais mou-

Ne quis superstes Herculis victor foret.
Nunc mors legatur clara, memoranda, inclyta,
Me digna prorsus : nobilem hunc faciam diem.

Cædatur omnis silva, et Œtæum nemus
Concipiat ignes. Herculem accipiat rogus.
Sed ante mortem, tu genus Pœantium,
Hoc triste nobis, juvenis, officium appara.
Herculea totum flamma succendat diem.
Ad te preces nunc, Hylle, supremas fero.
Est clara captas inter, in vultu genus
Regnumque referens, Euryto virgo edita,
Iole : tuis hanc facibus et thalamis para.
Victor cruentus abstuli patriam, lares,
Nihilque miseræ præter Alciden dedi ;
Et iste rapitur : penset ærumnas suas :
Jovis nepotem foveat, et natum Herculis.
Tibi illa pariat, quidquid ex nobis habet.

Tuque ipsa planctus pone funereos, precor,
O clara genitrix : vivit Alcides tuus.
Virtute nostra pellicem feci tuam
Credi novercam : sive nascente Hercule
Nox illa certa est, sive mortalis meus
Pater est ; licet sit falsa progenies mihi,
Materna culpa cesset, et crimen Jovis :
Merui parentem, contuli cælo decus.
Natura me concepit in laudes Jovis.

rir, pour qu'aucun être vivant ne pût se vanter de ma défaite. Il ne me reste plus qu'à choisir une mort illustre, mémorable, glorieuse, et tout-à-fait digne de moi. Je veux rendre ce jour à jamais célèbre.

Abattez cette forêt tout entière, et embrasez tous les arbres de l'OEta; ce sera le bûcher d'Hercule. Mais avant ma mort, toi, jeune guerrier, fils de Péan, c'est à toi de me rendre ce triste service : que la flamme qui doit consumer Alcide, éclaire le monde entier.

Maintenant, cher Hyllus, écoute mes dernières prières : Parmi les captives, il en est une surtout dont les nobles traits rappellent une royale origine, c'est la fille d'Eurytus, c'est Iole : tu allumeras les flambeaux d'un hymen qui vous unira tous deux. Vainqueur impitoyable, je lui ai ravi sa patrie et le palais de ses pères; rien ne lui est resté qu'Alcide, et voici même qu'il est perdu pour elle. Pour la consoler dans sa disgrâce, elle aura pour époux le petit-fils de Jupiter et le fils d'Hercule. Si elle porte en son sein quelque gage de ma tendresse, reçois-le comme ton propre fils.

Et vous, ma glorieuse mère, cessez, je vous prie, vos plaintes funèbres : votre Hercule ne peut mourir. Mon courage vous a fait passer pour l'épouse légitime de Jupiter. Soit que vous m'ayez conçu dans cette longue nuit dont on parle, soit que j'aie un mortel pour père, je consens à perdre cette origine adultère, à n'être que le fils d'une épouse fidèle, et à ce que ma naissance ne soit point reprochée au maître du tonnerre; je mérite au moins d'être l'enfant d'un tel père. J'ai honoré le ciel, et la nature m'a conçu pour la gloire de Jupiter.

Quin ipse, quamquam Juppiter, credi meus
Pater esse gaudet. Parce jam lacrimis, parens;
Superba matres inter Argolicas eris.
Quid tale Juno genuit, æthereum gerens
Sceptrum, et Tonanti nupta? mortali tamen
Cælum tenens invidit : Alciden suum
Dici esse voluit.
     Perage nunc, Titan, vices
Solus relictus : ille, qui vester comes
Ubique fueram, Tartara et Manes peto.
Hanc tamen ad imos perferam laudem inclytam,
Quod nulla pestis vicit Alciden palam,
Omnemque pestem vicit Alcides palam.

SCENA V.

CHORUS.

O decus mundi, radiate Titan,
Cujus ad primos Hecate vapores
Lassa nocturnæ levat ora bigæ,
Dic sub Aurora positis Sabæis,
Dic sub Occasu positis Iberis,
Quique ferventi quatiuntur axe,
Quique sub plaustro patiuntur Ursæ,
Dic ad æternos properare Manes
Herculem, et regnum canis inquieti,
Unde non unquam remeavit ullus.

Mais Jupiter lui-même se plaît à me regarder comme son fils. Essuyez vos larmes, ô ma mère! vous marcherez glorieuse entre toutes les femmes de la Grèce. Junon qui s'assied sur le trône du ciel, Junon, l'épouse de Jupiter, a-t-elle jamais enfanté un aussi noble fils? toute déesse qu'elle est, elle a été jalouse d'une simple mortelle; elle a voulu passer pour la mère d'Alcide.

Poursuis maintenant ta carrière, ô Soleil! qui vas rester seul au monde; moi, ton compagnon dans tous les climats, je vais descendre au séjour des Mânes : j'emporte du moins cette gloire au fond du Tartare, que nul fléau n'a triomphé d'Alcide à la face du jour, et qu'à la face du jour Alcide a triomphé de tous les fléaux.

SCÈNE V.

LE CHOEUR.

Ornement du ciel, brillant Soleil, dont les premiers rayons forcent la reine des nuits à dételer les noirs coursiers de son char nocturne, annonce aux Sabéens, peuples de l'aurore, annonce aux Ibères situés au couchant, et aux habitans de la zone torride, et à ceux qui vivent sous le char de l'Ourse glaciale, annonce que le grand Hercule descend au séjour des Mânes, dans cet empire dont le chien vigilant garde les portes, et dont aucun mortel n'est jamais revenu. Voile tes rayons de nuages lugubres; ne laisse tomber sur la terre que des

Sume, quos nubes radios sequantur.
Pallidus mœstas speculare terras,
Et caput turpes nebulæ pererrent.
Quando, proh Titan, ubi, quo sub axe
Herculem in terris alium sequeris?
Quas manus, orbis miser, invocabis,
Si qua sub Lerna numerosa pestis
Sparget in centum rabiem dracones?
Arcadum si quis, populi vetusti,
Fecerit silvas aper inquietas?
Thraciæ si quis Rhodopes alumnus,
Durior terris Helices nivosæ,
Sparget humano stabulum cruore?
Quis dabit pacem populo timenti,
Si quid irati Superi per urbes
Jusserint nasci? jacet omnibus par,
Quem parem tellus genuit Tonanti.
Planctus immensas resonet per urbes,
Et comas nullo cohibente nodo,
Femina exsertos feriat lacertos;
Solaque, obductis foribus Deorum,
Templa securæ pateant novercæ.
Vadis ad Lethen Stygiumque litus,
Unde te nullæ referent carinæ.
Vadis ad Manes miserandus, unde
Morte devicta tuleras triumphum.
Umbra nudatis venies lacertis,
Languido vultu, tenuique collo:
Teque non solum feret illa puppis.
Non tamen viles eris inter umbras;

regards sombres, et que ton disque se couvre d'épais brouillards.

O Soleil! quand pourras-tu suivre à travers le monde les pas d'un autre Hercule? Malheureuse terre! de quel autre bras pourras-tu réclamer l'appui? que feras-tu si une nouvelle hydre vient à déployer dans le marais de Lerne cent têtes furieuses? si un autre sanglier dévaste les forêts de la vieille Arcadie? si un nouveau tyran de la Thrace, plus cruel que les glaces de l'Ourse, repaît ses chevaux de sang humain? que les dieux irrités envoient quelque fléau parmi les hommes, quel sauveur fera cesser leurs alarmes? Il est mort comme meurent tous les hommes, ce fils de la terre égal au maître de la foudre.

Qu'un immense cri de douleur soit entendu par toute la terre; que les femmes laissent tomber leurs cheveux en désordre et se frappent le sein. Que tous les temples se ferment, et que ceux de Junon triomphante demeurent seuls ouverts. Noble Hercule, tu descends aux rivages du Styx et du Léthé, d'où nul vaisseau ne te ramènera plus; tu descends vers le séjour des Mânes d'où tu étais remonté victorieux de la mort. Tu arriveras aux enfers les bras désarmés, le visage abattu, la tête inclinée; et la barque du Styx ne te portera point seul comme elle a fait jadis.

Cependant tu ne seras point rangé parmi les ombres

Æaconque inter, geminosque Cretas,
Facta discernes : feries tyrannos.
Parcite, o dites, inhibete dextras.
Laudis est, purum tenuisse ferrum,
Dumque regnabas, minimum procellis
In tuas urbes licuisse fati.
Sed locum virtus habet inter astra.
Sedis Arctoæ spatium tenebis ?
An gravis Titan ubi promit æstus ?
An sub Occasu tepido nitebis,
Unde commisso resonare ponto
Audies Calpen ? loca quæ sereni
Deprimes cæli ? quis erit recepto
Tutus Alcida locus inter astra ?
Horrido tantum procul a Leone
Det pater sedes, calidoque Cancro ;
Ne tuo vultu tremefacta leges
Astra conturbent, trepidetque Titan.
Vere dum flores venient tepenti,
Et comam silvis hiemes recident,
Vel comam silvis revocabit æstas,
Pomaque autumno fugiente cedent,
Nulla te terris rapiet vetustas.
Tu comes Phœbo, comes ibis astris.
Ante nascetur seges in profundo,
Vel fretum dulci resonabit unda ;
Ante descendet glacialis Ursæ
Sidus, et Ponto vetito fruetur,
Quam tuas laudes populi quiescant.
Te, pater rerum, miseri precamur,

sans gloire ; assis à côté d'Éaque et des deux rois de la Crète, tu jugeras les coupables, tu puniras encore les tyrans. Épargnez-le, puissances de l'enfer, et retenez vos coups. C'est la gloire d'Hercule, de n'avoir point souillé ses armes ; et, sous son règne, jamais les hommes n'eurent à gémir de ses cruels caprices.

Mais c'est au ciel que son courage le fera monter : quelle partie est destinée à te recevoir ? celle où brille l'astre du pôle, ou bien la zone que le soleil brûle de ses feux ? te verra-t-on resplendir dans la région tempérée du couchant, d'où tu entendras retentir autour de Calpé les deux mers que tu as réunies ? quelle portion du ciel s'abaissera sous ton poids ? quelle région pourra garder son équilibre, quand tu t'y seras posé ? Que du moins ton père te marque ta place loin de l'affreux Lion et du Cancer brûlant ; et puissent les astres, effrayés à ta vue, ne pas se troubler dans leur cours ! puisse le soleil ne point pâlir à ton aspect !

Tant que les tièdes haleines du printemps ramèneront les fleurs nouvelles ; tant que les hivers dépouilleront les bois de leur feuillage, et que l'été leur rendra cette verte parure ; tant que les fruits des arbres se détacheront à la fin de l'automne, le temps, dans sa durée, n'éteindra jamais la gloire de ton nom. Ta vie égalera celle du soleil et des astres. L'abîme se couvrira de moissons, les eaux de la mer orageuse perdront leur amertume, l'Ourse du pôle glacial s'abaissera jusqu'à tremper dans les flots qu'elle ne doit jamais toucher, avant que les humains cessent de chanter tes louanges.

Père de toutes choses ! sois sensible à nos prières :

Nulla nascatur fera, nulla pestis.
Non duces sævos miseranda tellus
Horreat: nulla dominetur aula,
Qui putet solum decus esse regni,
Semper impensum tenuisse ferrum.
Si quid in terris iterum timetur,
Vindicem terræ petimus relictæ.
Hem, quid hoc? mundus tonat: ecce, mœret,
Mœret Alcidæ pater: an Deorum
Clamor, an vox est timidæ novercæ?
Hercule an viso fugit astra Juno?
Lassus an pondus titubavit Atlas?
An magis diri tremuere Manes
Herculem? et visum canis inferorum
Fugit abruptis trepidus catenis?
Fallimur: læto venit, ecce, vultu,
Quem tulit Pœan, humerisque tela
Gestat, et notas populis pharetras,
    Herculis heres.

fais qu'il ne naisse plus sur la terre aucun monstre, aucun fléau; plus de tyrans cruels qui la désolent, plus de rois qui croient que la seule gloire d'un monarque est d'avoir toujours le glaive levé sur leurs sujets. Si quelque nouvelle terreur nous menace encore, nous te supplions de nous envoyer un autre vengeur à la place de celui que nous avons perdu.

Mais qu'est-ce donc? le tonnerre gronde dans le ciel. C'est le père d'Alcide qui témoigne sa douleur. Est-ce l'acclamation des dieux, ou le cri de Junon tremblante? a-t-elle fui de l'Olympe à la vue d'Hercule? est-ce Atlas qui chancelle sous son fardeau? ou peut-être les Mânes ont tremblé, en voyant Alcide, plus encore que la première fois, et le chien des enfers s'est échappé en brisant ses chaînes. Non, voici le fils de Péan, qui s'avance la joie peinte sur son visage; héritier d'Hercule, il porte sur ses épaules les flèches de ce héros, et son carquois célèbre parmi tous les peuples.

ACTUS QUINTUS.

SCENA I.

NUTRIX, PHILOCTETES.

NUTRIX.

Effare casus, juvenis, Herculeos, precor,
Vultuque quonam tulerit Alcides necem.

PHILOCTETES.

Quo nemo vitam.

NUTRIX.

Lætus adeone ultimos
Invasit ignes?

PHILOCTETES.

Esse jam flammas nihil
Ostendit ille, qui sub hoc mundo Hercules
Immune nil reliquit : en domita omnia.

NUTRIX.

Inter vapores quis fuit forti locus?

PHILOCTETES.

Quod unum in orbe vicerat nondum malum,
Et flamma victa est : hæc quoque accessit feris.

ACTE CINQUIÈME.

SCÈNE I.

LA NOURRICE, PHILOCTÈTE.

LA NOURRICE.

Racontez-moi, jeune guerrier, les derniers momens d'Hercule : comment a-t-il supporté la mort?

PHILOCTÈTE.

Comme jamais homme n'a supporté la vie.

LA NOURRICE.

Quoi! il s'est jeté avec joie sur son bûcher funèbre?

PHILOCTÈTE.

Cet Hercule, dont la valeur n'a rien laissé dans ce monde à l'abri de ses coups, vient de prouver que la flamme n'a rien de terrible ; et ainsi il a tout dompté.

LA NOURRICE.

Comment, au milieu de tant de feux, a-t-il pu conserver son courage?

PHILOCTÈTE.

Le seul fléau qu'il n'eût pas encore vaincu dans ce monde, la flamme, il l'a domptée ; il a ajouté cette vic-

Inter labores ignis Herculeos abiit.

NUTRIX.

Edissere agedum, flamma quo victa est modo?
PHILOCTETES.
Ut omnis OEten moesta corripuit manus,
Huic fagus umbras perdit, et toto jacet
Succisa trunco : flectit hic pinum ferox
Astris minantem, et nube de media vocat;
Ruitura cautes movit, et silvam trahit
Secum minorem. Chaonis quondam loquax
Stat vasta late quercus, et Phœbum vetat,
Ultraque totos porrigit ramos nemus.
Gemit illa multo vulnere impresso minax,
Frangitque cuneos : resilit incussus chalybs,
Vulnusque ferrum patitur, et truncum fugit.
Commota tandem est : tunc cadens latam sui
Duxit ruinam : protinus radios locus
Admisit omnes : sedibus pulsæ suis,
Volucres pererrant nemore succiso diem,
Quæruntque lassis garrulæ pinnis domos.
Jamque omnis arbor sonuit, et sacræ quoque
Sensere quercus horridam ferro manum,
Nullique priscum profuit ligno nemus.

Aggeritur omnis silva, et alternæ trabes
In astra tollunt Herculi angustum rogum.
Raptura flammas pinus, et robur tenax,
Et brevior ilex : silva contexit pyram
Populea, silva, frontis Herculeæ decus.

toire à celles qu'il avait remportées sur les bêtes féroces, et le feu compte maintenant parmi les travaux d'Hercule.

LA NOURRICE.

Racontez-moi les détails de ce dernier triomphe.

PHILOCTÈTE.

A peine le triste cortège est-il arrivé au sommet de l'OEta, l'un dépouille le hêtre de son ombrage, et le coupe au pied; un autre abat un pin sourcilleux qui monte vers le ciel, et le fait tomber du sein des nues : l'arbre immense ébranle les rochers dans sa chute, et entraîne avec lui d'autres arbres moins forts. Un chêne de Chaonie, qui autrefois rendit des oracles, étend au loin ses vastes rameaux; l'épaisseur de son ombrage arrête le soleil, et ses branches surplombent toute la forêt qu'elles dominent. Nous le frappons à coups redoublés, il gémit sourdement sous la hache, et les coins se brisent dans ses flancs; le fer s'émousse, il est blessé lui-même, et rejaillit du tronc : mais enfin l'arbre s'ébranle, il tombe avec une ruine épouvantable. A l'instant le soleil éclaire le vaste espace qu'il ombrageait : chassés de leurs retraites, les oiseaux s'élancent à la lumière du jour, et fatiguent leurs ailes à chercher, avec de grands cris, leurs asiles renversés. Tous les arbres sont tombés, les chênes sacrés eux-mêmes ont senti la hache, et leur antiquité n'en préserve aucun de ses atteintes.

Nous entassons tous ces débris, et les troncs posés deux à deux forment un bûcher qui s'élève jusqu'au ciel, mais trop petit encore pour Hercule. Nous disposons le pin, qui doit prendre feu le premier, le robuste chêne, et la petite yeuse; nous recouvrons le tout de

At ille, ut ingens nemore sub Nasamonio
Æger reclini pectore immugit leo,
Fertur : quis illum credat ad flammas rapi?
Vultus petentis astra, non ignes, erant.
Ut pressit OEten, ac suis oculis rogum
Lustravit omnem, fregit impositus trabes,
Arcumque poscit : « Accipe hæc, inquit, sate
« Pœante, dona; munus Alcidæ cape.
« Has Hydra sensit : his jacent Stymphalides,
« Et quidquid aliud eminus vici malum.
« Virtute felix juvenis, has nunquam irritas
« Mittes in hostem : sive de media voles
« Auferre volucres nube, descendent aves,
« Et certa prædæ tela de cælo fluent.
« Nec fallet unquam dexteram hic arcus tuam :
« Librare telum didicit, et certam dare
« Fugam sagittis : ipsa non fallunt iter
« Emissa nervo tela : tu tantum, precor,
« Accommoda ignes et facem extremam mihi.
« Hic nodus, inquit, nulla quem capiet manus,
« Mecum per ignem flagret : hoc telum Herculem
« Tantum sequatur : hoc quoque acciperes, ait,
« Si ferre posses : adjuvet domini rogum. »

Tum rigida secum spolia Nemeæi mali
Arsura poscit : latuit in spolio rogus.
Ingemuit omnis turba, nec lacrimas dolor

branches de peuplier, l'arbre chéri d'Hercule, et dont il parait son front. Nous y portons le fils d'Alcmène, semblable à un lion malade qui, renversé sur sa poitrine, mugit dans les forêts de Libye. Qui croirait que c'est au bûcher qu'on le traîne? Son œil était celui d'un homme qui va monter au ciel et non se jeter au milieu des flammes. Arrivé sur l'OEta, il considère le bûcher, et après s'y être couché en brisant par son poids les arbres qui le composent, il demande son arc : « Prends-le, dit-il, fils de Péan, reçois ce présent d'Hercule. Voici les flèches qui ont tué l'hydre, voici celles qui ont percé les oiseaux du Stymphale, et tous les monstres que j'ai vaincus en les combattant de loin. Tu dois ce bonheur à ton courage; ces flèches ne seront jamais lancées en vain contre tes ennemis : les oiseaux que tu voudras frapper tomberont de la nue, et tes traits n'en descendront point sans rapporter la proie. Cet arc aussi ne trompera jamais ta main; il a appris à balancer mes flèches, et à leur donner un jet sûr; les flèches elles-mêmes ne manquent jamais le but. Seulement, je te prie, embrase mon bûcher, et jette-s-y les torches enflammées. Cette massue, dit-il, que nulle autre main ne saurait porter, sera consumée avec moi, c'est la seule de ses armes qu'Alcide emportera. Je te la donnerais avec les autres, si elle n'était trop lourde pour ta main : elle augmentera le bûcher qui doit dévorer son maître. »

Il demande alors la dépouille effrayante du lion de Némée pour la brûler avec lui : elle couvre tout le bûcher. Nous éclatons en gémissemens, aucun de nous ne

Cuiquam remisit : mater in luctum furens
Deduxit avidum pectus, atque utero tenus
Exserta vastos ubera in planctus ferit :
Superosque et ipsum vocibus pulsans Jovem,
Implevit omnem voce feminea locum.
« Deforme letum, mater, Herculeum facis :
« Compesce lacrimas, inquit : introrsus dolor
« Femineus abeat. Juno cur lætum diem
« Te flente ducat ? pellicis gaudet suæ
« Spectare lacrimas : contine infirmum jecur,
« Mater : nefas est ubera atque uterum tibi
« Laniare, qui me genuit. »
       Et dirum fremens,
Qualis per urbes duxit Argolicas canem,
Quum victor Erebi Dite contemto rediit
Tremente Fato, talis incubuit rogo.
Quis sic triumphans lætus in curru stetit
Victor ? quis illo gentibus vultu dedit
Leges tyrannus ? quanta pax obitus tulit ?
Hæsere lacrimæ : cecidit impulsus dolor
Nobis quoque ipsis : nemo morituro ingemit.
Jam flere pudor est : ipsa, quam sexus jubet
Mœrere, siccis hæsit Alcmene genis ;
Stetitque nato pæne jam similis parens.

NUTRIX.

Nullasne in astra misit ad Superos preces
Arsurus, aut in vota respexit Jovem ?

retient ses larmes. Sa mère, livrée à l'emportement d'une douleur furieuse, découvre son sein tout entier, et se frappe à coups redoublés : elle accuse les dieux, elle accuse Jupiter lui-même, et remplit tout l'OEta de ses cris lugubres. « Vous déshonorez mon trépas, ô ma mère! lui dit Hercule; arrêtez vos larmes, et concentrez en vous-même votre douleur. Pourquoi donner par vos pleurs de la joie à Junon? elle se plaît sans doute aux tourmens de sa rivale; cachez votre faiblesse; c'est un crime à vous de meurtrir le sein qui m'a porté, les mamelles qui m'ont nourri. »

Il dit, et poussant un cri terrible, du même air qu'on le vit jadis mener par les villes de la Grèce le chien du Tartare, lorsqu'il remonta victorieux des enfers, de Pluton et de la destinée, il s'étend sur le bûcher. Quel triomphateur parut jamais plus calme et plus fier sur son char de victoire? quel monarque montra jamais plus de majesté dans l'exercice de sa puissance? quelle tranquillité dans ce moment suprême!

Nos larmes cessent de couler; son courage nous fait oublier à nous-mêmes notre douleur; il va mourir, et nul ne pense à pleurer sur lui; on ne le pourrait même sans rougir; sa mère elle-même, dont le sexe permet des pleurs, n'en laisse plus couler de ses yeux, et le calme de son âme égale presque le calme de son fils.

LA NOURRICE.

N'a-t-il fait aux dieux aucune prière avant de mourir dans les flammes? n'a-t-il pas invoqué son père?

PHILOCTETES.

Jacuit sui securus, et cælum intuens,
Quæsivit oculis, arce an ex aliqua pater
Despiceret illum : tum manus tendens ait :
« Quacumque parte prospicis natum, pater,
« Te, te, pater, quem nocte commissa dies
« Quæsivit unus, si meas laudes canit
« Utrumque Phœbi litus, et Scythiæ genus,
« Et omnis ardens ora, quam torret dies :
« Si pace tellus plena, si nullæ gemunt
« Urbes, nec aras impius quisquam inquinat :
« Si scelera desunt; spiritum admitte hunc, precor,
« In astra. Nec me mortis infernæ locus,
« Nec mœsta nigri regna conterrent Jovis :
« Sed ire ad illos umbra, quos vici, Deos,
« Pater, erubesco : nube discussa diem
« Pande, ut Deorum vultus ardentem Herculem
« Spectet : licet tu sidera et mundum neges,
« Ultro, pater, cogere : si voces dolor
« Abstulerit ullas, pande tum Stygios lacus,
« Et redde Fatis : approba natum prius.
« Ut dignus astris videar, hic faciet dies.
« Leve est, quod actum est : Herculem hic, genitor, dies
« Inveniet, aut damnabit. » Hoc postque addidit :
« Noverca cernat, quo feram flammas modo. »
Flammas poposcit.

« Hoc age, Alcidæ comes;

PHILOCTÈTE.

Il s'est étendu tranquillement sur le bûcher, puis, élevant ses yeux pour voir si son père ne le regardait pas de quelque point du ciel, il tendit ses bras et dit : « De quelque partie du céleste séjour que tes yeux descendent sur ton fils, ô mon père, que le monde chercha en vain tout un jour pendant les deux nuits de ma naissance, tu vois que le couchant et l'aurore, les plages glacées de la Scythie et les climats que le soleil brûle de ses feux, sont tous remplis de ma gloire, que la terre jouit d'une profonde paix, que les peuples ne sont plus dans les larmes, que le sang humain ne coule plus sur des autels impies, et qu'il ne reste plus de crimes à punir ; reçois donc, je t'en prie, mon âme dans le ciel. Ce n'est pas que l'enfer m'épouvante, ni que je redoute le sombre empire du Jupiter souterrain : mais j'ai honte, ô mon père ! de descendre comme une ombre vulgaire chez ces dieux que j'ai vaincus. Dissipe les nuages qui obscurcissent la face du ciel, pour que ses habitans puissent contempler Alcide au milieu des flammes. Ne me refuse pas l'entrée de l'Olympe, car je saurai te contraindre à me l'accorder. Si la douleur m'arrache un cri, plonge-moi dans le Tartare, et dans l'empire de la mort : mets-moi d'avance à l'épreuve, ce jour fera voir si je mérite le ciel. Ce que j'ai fait jusqu'ici n'est que peu de chose ; voici le moment qui doit glorifier Alcide ou le condamner. » Puis il ajoute : « Que Junon voie comment je supporterai les flammes. » Il demande alors que le bûcher s'allume.

« Courage, dit-il, ô toi le compagnon d'Hercule !

« Non segnis, inquit, corripe Œtæam facem.
« Quid dextra tremuit? num manus pavida impium
« Scelus refugit? redde jam pharetras mihi,
« Ignave, iners, inermis : en nostros manus
« Quæ tendat arcus. Quis sedet pallor genis ?
« Animo faces invade, quo Alciden vides
« Vultu jacere : respice arsurum, miser.
« Vocat ecce jam me genitor, et pandit polos.
« Venio, pater. »
     Vultusque non idem fuit.
Tremente pinum dextera ardentem impuli.
Refugit ignis, et reluctantur faces,
Et membra vitant : sed recedentem Hercules
Insequitur ignem. Caucasum, aut Pindum, aut Athon
Ardere credas : nullus erumpit sonus.
Tantum ingemiscit ignis.
     O durum jecur !
Typhon in illo positus immanis rogo
Gemuisset ipse, quique convulsam solo
Imposuit humeris Ossan Enceladus ferox.
At ille medias inter exsurgens faces
Semiustus ac laniatus, intrepidus, rubens :
« Nunc es parens Herculea ; sic stare ad rogum,
« Te, mater, inquit, sic decet fleri Herculem. »
Inter vapores positus et flammæ minas,
Immotus, inconcussus, in neutrum latus
Correpta torquens membra, adhortatur, monet.
Gerit aliquid ardens : omnibus fortem addidit
Animum ministris : urere ardentem putes.

élève sans pâlir la torche de l'OEta. Mais tu trembles ! est-ce que tu crains de commettre un crime ? Rends-moi donc mes flèches, homme lâche, pusillanime et sans force : voilà donc les bras qui doivent tendre mon arc ! Pourquoi cette pâleur sur tes joues ? prends cette torche avec le même courage que tu me vois l'attendre. Regarde, malheureux, celui que tu vas brûler. Voici déjà mon père qui m'appelle et m'ouvre les cieux. Je viens, mon père, je viens. »

Alors son visage prend une expression nouvelle. Moi, je saisis un pin enflammé, et l'approche du bûcher. Le feu recule, les torches refusent d'embraser le bois, et se retirent d'Hercule ; mais lui poursuit le feu qui s'éloigne. Vous croiriez voir brûler le Caucase, le Pinde ou l'Athos. Aucun cri ne sort de la bouche du héros ; la flamme seule fait entendre un sourd gémissement.

O fermeté d'âme incroyable ! le gigantesque Typhon, et le fier Encelade qui chargea l'Ossa sur ses épaules, n'eussent pu s'empêcher de gémir au milieu de ces flammes ; mais lui, se dressant au dessus des feux, à demi brûlé, déchiré, tout rouge, mais toujours intrépide : « Maintenant, dit-il, ô ma mère ! vous êtes digne d'Hercule ; c'est ainsi qu'il vous convient d'assister aux funérailles de votre fils, et de pleurer sa mort. » Environné de tant de feux, pris dans ce cercle brûlant, il demeure immobile et inébranlable ; on ne le voit point se tordre de douleur, ni se tourner pour changer de position, mais il nous encourage et nous fortifie. Il ne veut pas rester oisif dans cet instant même : il inspire la

Stupet omne vulgus ; vix habent flammæ fidem :
Tam placida frons est, tanta majestas viro !
Nec properat uri : quumque jam forti datum
Leto satis pensavit, igniferas trabes
Hinc inde traxit, minima quas flamma occupat,
Totasque in ignem vertit, et qua plurimus
Exundat ignis, recipit intrepidus, ferox.
Nunc ora flammis implet : ast illi graves
Luxere barbæ; quumque jam vultum minax
Appeteret ignis, lamberent flammæ caput,
Non pressit oculos.
     Sed quid hanc mœstam intuor
Sinu gerentem ? reliquias magni Herculis
Cineremque jactans squalidum Alcmene gemit.

SCENA II.

ALCMENA, PHILOCTETES.

ALCMENA.

Timete, Superi, fata : tam parvus cinis
Herculeus est : huc ille decrevit gigas.
O quanta, Titan, in nihil moles abit !
Anilis, heu me! cepit Alciden sinus.
Hic tumulus illi est : ecce vix totam Hercules

constance à tous ses serviteurs ; on ne croirait pas qu'il brûle lui-même, mais qu'il fait brûler un autre que lui.

Tous les assistans sont dans la stupeur : on a peine à croire que ce soit réellement là du feu, tant le visage du héros est tranquille et son attitude majestueuse ! il ne se hâte même pas de brûler : ce n'est que lorsqu'il croit avoir donné assez de preuves de courage, qu'il ramène autour de lui les poutres les moins enflammées, les embrase tout-à-fait, et se plonge avec joie, avec orgueil, dans les plus épais tourbillons de flammes. Le feu monte à son visage : sa forte barbe est déjà consumée; et au moment où les flammes entourent sa tête, et viennent toucher ses yeux, il ne les ferme pas.

Mais quelle est cette femme éplorée qui porte quelque chose dans ses bras? c'est Alcmène gémissante, qui tient dans ses mains les tristes restes et la cendre du grand Hercule.

SCÈNE II.

ALCMÈNE, PHILOCTÈTE.

ALCMÈNE.

Dieux, craignez la mort : voyez à quoi se réduit la cendre d'Hercule, et combien il reste peu de chose de ce géant. O soleil ! comment un aussi vaste corps a-t-il pu se perdre en un pareil néant ? mon sein vieilli suffit, hélas ! à porter Alcide; cette urne est son tombeau, et

Complevit urnam : quam leve est pondus mihi,
Cui totus æther pondus incubuit leve !

Ad Tartara olim regnaque, o nate, ultima
Rediturus ibas : quando ab inferna Styge
Remeabis iterum ? non ut et spolium trahas,
Rursumque Theseus debeat lucem tibi :
Sed quando solus ? mundus impositus tuas
Compescet umbras, teque Tartareus canis
Inhibere poterit ? quando Tænareas fores
Pulsabis ? aut quas mater ad fauces agar,
Qua mors aditur ? vadis ad Manes iter
Habiturus unum : quid diem questu tero ?
Quid misera duras vita ? quid lucem hanc tenes ?
Quem parere rursus Herculem possum Jovi ?
Quis me parentem natus Alcmenam suam
Tantus vocabit ? O nimis felix, nimis,
Thebane conjux ! Tartari intrasti loca
Florente nato ; teque venientem Inferi
Timuere forsan, quod pater tantum Herculis
Vel falsus aderas. Quas petam terras anus,
Invisa sævis regibus, si quis tamen
Rex est relictus sævus ? Hei miseræ mihi !
Quicumque cæsos ingemunt nati patres,
A me petent supplicia : me cuncti obruent.
Si quis minor Busiris, aut si quis minor
Antæus urbes fervidæ terret plagæ,
Ego præda ducar : si quis Ismarios greges
Thracis cruenti vindicat, carpent greges
Mea membra diri : forsitan pœnas petet

il ne la remplit pas tout entière. Qu'il pèse peu à mon bras, celui pour qui le ciel tout entier ne fut qu'un léger fardeau !

Autrefois tu descendis chez les Mânes et dans le royaume de Pluton pour en revenir : remonteras-tu encore des rives du Styx ? Je ne demande pas que tu reviennes chargé de dépouilles, ni que Thésée te doive la vie une seconde fois : mais reviendras-tu au moins tout seul ? Le poids du monde enchaînera-t-il ton ombre dans les enfers, et le chien des morts t'empêchera-t-il d'en sortir ? Quand forceras-tu les portes du Tartare ? ou par quel chemin descendrai-je, moi, vers la mort ? Tu ne reviendras point par la route qui te mène au séjour des Mânes. Mais pourquoi perdre le temps en de vaines plaintes ? pourquoi prolonger ma vie misérable ? pourquoi rester encore sur la terre ? puis-je donner à Jupiter un autre Hercule, et naîtra-t-il de moi un semblable héros ? Heureux, trop heureux Amphitryon ! tu es descendu chez les morts quand ton fils était encore dans sa force ; et quand il t'a vu, l'enfer peut-être a tremblé, parce que tu passais pour le père d'Hercule. Mais moi, où trouver un asile pour ma vieillesse ? je serai en butte à la haine des tyrans, si toutefois mon fils en a laissé vivre. Hélas ! malheureuse, tous ceux qui ont à pleurer sur un père immolé par Hercule, se vengeront sur moi, et s'uniront pour m'accabler. Si Busiris a laissé quelque enfant, si quelque fils d'Antée répand la terreur parmi les peuples d'Afrique, ils me prendront pour victime : si quelque héritier du roi de la Thrace veut venger son père, je serai la pâture de ses cruels chevaux : peut-être

Irata Juno : totus uretur dolor.
Secura victo tandem ab Alcide vacat.
Pellex supersum, supplicia de qua exigat.
Ne parere possem, fecit hic natus mihi
Utero timendo.
     Quæ petam Alcmene loca ?
Quis me locus , quæ regio, quæ mundi plaga
Defendet ? aut quas mater in latebras agar?
Ubique per te nota : si patriam petam ,
Laresque miseros, Argos Eurystheus tenet.
Marita Thebas regna et Ismenon petam ,
Thalamosque nostros, in quibus quondam Jovem
Dilecta vidi? proh nimis felix, nimis,
Si fulminantem et ipsa sensissem Jovem !
Utinam meis visceribus Alcides foret
Exsectus infans ! nunc datum est miseræ, datum,
Videre natum laude certantem Jovi :
Ut hoc daretur scire, quid fatum mihi
Eripere posset! Quis memor vivet tui,
O nate, populus ? omne jam ingratum est genus.

Petam Cleonas? Arcadum an populos petam?
Meritisque terram nobilem quæram tuis ?
Hic dira serpens cecidit ; hic ales fera ;
Hic rex cruentus; hic tua fractus manu ,
Qui, te sepulto, possidet cælum , leo.
Si grata terra est, populus Alcmenam tuam
Defendat omnis. Thracias gentes petam ,
Hebrique populos? hæc quoque est meritis tuis
Defensa tellus : stabula cum regno jacent.

aussi que Junon irritée fera tomber sur moi le poids de
sa colère; elle triomphe maintenant par le trépas d'Hercule; elle peut assouvir sa haine sur sa rivale; le fils
que j'ai mis au monde était trop redoutable, pour qu'il
me soit permis d'en enfanter un autre.

Où me réfugier? quel lieu, quel pays, quelle partie
de l'univers m'offriront un asile assez sûr? dans quelle
retraite me cacher, moi, la mère d'Hercule? Par toi, je
suis connue en tous lieux, ô mon fils! si je veux retourner dans ma patrie, et dans le triste palais de mes pères,
je crains Eurysthée qui règne dans Argos. Irai-je dans
Thèbes où régna mon époux, sur les bords de l'Ismène,
revoir ce lit nuptial où je reçus dans mes bras Jupiter
amoureux? Ah! plût au ciel qu'il m'eût aussi frappée de
la foudre! plût au ciel que le fer eût ouvert mes entrailles et qu'on en eût retiré Hercule enfant! C'est mon
malheur, oui, mon malheur, d'avoir vécu pour voir mon
fils égaler la gloire de Jupiter. Cet avenir connu, la mort
ne pouvait rien m'ôter. Quel peuple, ô mon fils! conservera ta mémoire? l'ingratitude règne dans le cœur de
tous les hommes.

Faut-il me réfugier à Cléones, ou chez les habitans
de l'Arcadie, et chercher un asile dans cette terre immortalisée par tes bienfaits? Ici est tombée l'hydre de
Lerne, là les oiseaux du Stymphale, là un tyran, là
encore le lion terrible qui, terrassé par tes mains, brille
au ciel pendant que tu es au tombeau! S'il y a de la reconnaissance au monde, tous les peuples se lèveront
pour la défense d'Alcmène. Faut-il gagner la Thrace et
les peuples de l'Hèbre? cette terre encore doit son repos

Hic pax cruento rege prostrato data est;
Ubi enim negata est? Quod tibi infelix anus
Quærant sepulcrum? de tuis totus rogis
Contendat orbis : reliquias magni Herculis
Quis populus, aut quæ templa, quæ gentes colent?
Quis jam petet, quis poscet Alcmenes onus?

Quæ tibi sepulcra, nate, quis tumulus sat est?
Hic totus orbis : fama erit titulus tibi.
Quid, anime, trepidas? Herculis cineres tenes.
Complectere ossa : reliquiæ auxilium dabunt.
Erunt satis præsidia : terrebunt tuæ
Reges vel umbræ.

PHILOCTETES.
   Debitos nato quidem
Compesce fletus, mater Alcidæ inclyti.
Non est gemendus, nec gravi urgendus nece,
Virtute quisquis abstulit fatis iter.
Æterna virtus Herculem fleri vetat.
Fortes vetant mœrere, degeneres jubent.
ALCMENA.
Sedabo questus? vindicem amisi parens
Terræ atque pelagi, quaque purpureus dies
Utrumque clara spectat Oceanum rota.
Quot misera in uno condidi natos parens?
Regno carebam, regna sed poteram dare.
Una inter omnes terra quas matres gerit,

à tes bienfaits. Les écuries de Diomède sont tombées avec leur maître : tu as donné la paix à ce peuple en immolant son roi ; et quel est le pays qui ne te doive pas le même bonheur? où faut-il que ta malheureuse mère te cherche un tombeau? Toutes les parties de l'univers doivent se disputer la gloire de ta sépulture : quel peuple, quel temple, quelle nation conservera un culte à ta cendre? qui me demandera, qui réclamera de moi le fardeau précieux que je porte?

Quel sépulcre, ô mon fils! quel tombeau sera suffisant pour toi? ce n'est pas trop du monde entier, ta gloire le mérite. Pourquoi craindre quelque chose? je porte les cendres d'Hercule : je n'ai qu'à prendre ses os dans mes bras, ses restes me seront une sûre défense; avec eux je n'ai rien à craindre. Ton ombre seule, ô mon fils! fera trembler les tyrans.

PHILOCTÈTE.

Mère d'Alcide, mettez un terme à votre juste douleur; les gémissemens et les larmes ne doivent point déshonorer les funérailles d'un homme qui a triomphé du destin par son courage. L'immortelle valeur d'Hercule défend de le pleurer : ce n'est point sur les héros, mais sur les lâches, qu'il faut gémir.

ALCMÈNE.

Ne point pleurer, quand je perds un fils qui assurait la paix de la terre et des mers, du couchant à l'aurore! Malheureuse mère! que d'enfans je viens d'ensevelir dans un seul! Je n'étais point reine, mais je pouvais donner des royaumes : j'étais la seule mère au monde qui n'eût point de vœux à former : je n'ai rien demandé

Votis peperci : nil ego a Superis petii
Incolume nato : quid dare Herculeus mihi
Non poterat ardor ? quis Deus quidquam mihi
Negare poterat ? vota in hac fuerant manu.
Quidquid negaret Jupiter, daret Hercules.
Quid tale genitrix ulla mortalis tulit ?
Deflevit aliqua mater, et toto stetit
Succisa fetu, bisque septenos greges
Deplanxit una : gregibus aequari meus
Quot ille poterat ? matribus miseris adhuc
Exemplar ingens deerat : Alcmene dabo.
Cessate, matres, pertinax si quas dolor
Adhuc jubet lugere, quas luctus gravis
In saxa vertit : cedite his cunctae malis.
Agedum, senile pectus, o miserae manus,
Pulsate : et una funeri tanto sat est
Grandaeva anus defecta ; quod totus brevi
Jam quaeret orbis ? expedi in planctus tamen
Defessa quamquam brachia : invidiam ut Deis
Lugendo facias, advoca in planctum genus.

SCENA III.

ALCMENA.

Flete Alcmenen, magnique Jovis
Plangite natum, cui concepto

aux dieux, tant que mon fils a vécu. Y avait-il quelque chose que la valeur de mon fils ne me pût donner? les dieux me pouvaient-ils rien refuser, quand mes désirs avaient pour eux le bras de mon fils? tout ce que Jupiter m'eût dénié, je l'aurais eu d'Hercule. Quelle mère eut jamais un pareil fils? Niobé se vit frappée dans ses quatorze enfans, et pleura ces fruits nombreux de sa fécondité; mais combien il eût fallu de tels enfans pour égaler mon Hercule! Il manquait, jusqu'ici, dans le monde un grand exemple aux mères infortunées : Alcmène sera cet exemple. Séchez vos pleurs, vous que la douleur accable, vous que l'excès des maux a changées en pierres : tous vos malheurs s'effacent devant le mien.

Allons, mes tristes mains, frappez ce sein flétri par l'âge. Est-ce donc assez d'une femme vieillie pour célébrer dignement des funérailles qui bientôt vont causer les pleurs du monde entier? n'importe; dispose tes bras défaillans et frappe ton sein. Pour rendre le ciel odieux à la terre, il faut appeler le genre humain tout entier à partager tes douleurs.

SCÈNE III.

ALCMÈNE.

Pleurez sur Alcmène, pleurez sur le fils du grand Jupiter dont la naissance coûta un jour au monde, et prit

Lux una periit, noctesque duas
Contulit Eos : ipsa quiddam
Plus luce perit : totæ pariter
Plangite gentes, quarum sævos
Ille tyrannos jussit Stygias
Penetrare domos, populisque madens
Ponere ferrum : fletum meritis
Reddite tantis : totus, totus
Personet orbis : fleat Alciden
Cærula Crete, magno tellus
Cara Tonanti : centum populi
   Brachia pulsent.
Nunc Curetes, nunc Corybantes,
Arma Idæa quassate manu :
Armis illum lugere decet.
Nunc nunc funus plangite verum :
Jacet Alcides non minor ipso,
   Creta, Tonante.
Flete Herculeos, Arcades, obitus,
Nondum Phœbo nascente genus.
Juga Parthenii Nemeæque sonent,
Feriantque graves Mænala planctus.
Poscite magno Alciden gemitu :
Stratus vestris setiger agris ;
Alesque sequi jussa sagittas,
Totum pennis velata diem.
Flete, Argolicæ, flete, Cleonæ ;
Hic terrentem mœnia quondam
Vestra leonem fregit nostri
Dextera nati.

deux nuits tout entières. Sa mère, en le perdant, perd plus que la vie. Pleurez-le tous ensemble, vous peuples dont il a plongé les tyrans dans l'enfer, en faisant tomber de leurs mains le glaive rougi du sang de leurs sujets ; que vos larmes du moins soient le prix de ses bienfaits : que le monde entier retentisse de vos cris : que la Crète, chère au dieu de la foudre, pleure sur Alcide; que ses cent peuples célèbrent les funérailles de ce héros.

Curètes et Corybantes de l'Ida, que vos armes résonnent dans vos mains; car c'est avec des armes qu'il faut pleurer mon fils. Célébrez aujourd'hui de véritables funérailles ; Hercule aussi grand que Jupiter même, Hercule est mort.

Pleurez son trépas, habitans de l'Arcadie, vous dont la naissance a précédé celle du soleil; faites retentir les sommets du Parthénius et les bois de Némée; que vos cris lugubres éclatent dans les gorges du Ménale. Redemandez Hercule par vos gémissemens ; c'est dans vos campagnes qu'il a terrassé l'horrible sanglier, et percé de ses flèches les oiseaux sinistres qui, dans leur vol, couvraient la lumière du soleil.

Pleure aussi, toi Cléones, ville de l'Argolide; c'est autour de tes murs que le bras de mon fils a détruit un lion qui répandait la terreur dans tes campagnes.

                    Date Sithoniæ
Verbera matres, gelidusque sonet
Planctibus Hebrus: flete Alciden,
Quod non stabulis nascitur infans,
Nec vestra greges viscera carpunt.
Fleat Antæo libera tellus,
Et rapta fero plaga Geryonæ.
Mecum miseræ plangite gentes.
Audiat ictus utraque Tethys.

Vos quoque mundi turba citati,
Flete Herculeos, numina, casus.
Vestrum Alcides cervice meus
Mundum, Superi, cælumque tulit,
Quum stelligeri vector Olympi,
Pondere liber spiravit Atlas.
Ubi nunc vestræ, Juppiter, arces?
Ubi promissi regia mundi?
Nempe Alcides mortalis obit,
Nempe sepultus. Quoties telis
Facibusque tuis ille pepercit!
Quoties ignis spargendus erat!
In me saltem jaculare facem,
Semelemque puta. Jamne Elysias,
O nate, domus, jam litus habes,
Ad quod populos Natura vocat?
An post raptum Styx atra canem
                    Præclusit iter,
Teque in primo limine Ditis
Fata morantur? quis nunc Umbras,

Femmes de la Thrace, meurtrissez votre sein, faites retentir de vos cris plaintifs les rives glacées de l'Hèbre : pleurez Alcide, car c'est par lui que vos enfans ne sont plus traînés aux écuries de Diomède, et ne servent plus de pâture à ses cruels chevaux.

Terre de Libye, qui respires maintenant par la mort d'Antée, plaines de l'Hespérie, que mon fils a délivrées du barbare Géryon, pleurez. Unissez-vous à ma douleur, malheureuses nations, et que les deux mers entendent vos gémissemens.

Et vous aussi, habitans du ciel, dieux, donnez des larmes au trépas d'Hercule; il a prêté ses fortes épaules à votre demeure chancelante; il a soutenu le poids du ciel, lorsque Atlas, qui porte sur sa tête l'Olympe étoilé, demanda un moment pour respirer.

Tu devais l'admettre dans ta haute demeure, tu devais lui ouvrir le ciel, ô Jupiter! où est l'effet de ta promesse? Hercule est mort comme un homme vulgaire, il est enseveli. Combien de fois pourtant il a ménagé ta foudre, et laissé reposer tes flammes vengeresses, au lieu de tant de carreaux qu'il t'eût fallu lancer sans lui! frappe-moi du moins, et prends-moi pour Sémélé.

Es-tu descendu déjà dans l'Élysée, ô mon fils! as-tu vu le rivage où la nature assemble tous les humains, ou si, pour avoir enlevé le chien des morts, on t'a fermé les portes du Styx, et forcé ton ombre de s'arrêter sur le seuil des demeures infernales? quel tumulte, quel trouble s'est élevé parmi les Mânes à ton arrivée? Sans doute le vieux nocher s'est enfui à ta vue, en t'aban-

Nate, tumultus, Manesque tenet?
Fugit abducta navita cymba,
Et Centauris Thessala motis
Ferit attonitos ungula Manes?
Anguesque suos Hydra sub undis
Territa mersit? teque labores,
O nate, timent?
Fallor, fallor, vesana parens;
Nec te Manes Umbræque timent.
Non Argolico rapta leoni
Fulva pellis contecta juba
Lævos operit dura lacertos,
Vallantque feri tempora dentes.
Donum pharetræ cessere tuæ;
Telaque mittet jam dextra minor.
Vadis inermis, nate, per umbras,
Ad quas semper mansurus eris.

SCENA IV.

ALCMENA, HERCULES.

HERCULES.

Quid me tenentem regna siderei poli,
Cæloque tandem redditum, planctu jubes
Sentire fatum? parce: nam virtus mihi
In astra, et ipsos fecit ad Superos iter.

donnant sa barque ; les Centaures de Thessalie s'agitent avec violence, et le bruit de leurs pas glace d'effroi les Mânes tremblans ; l'hydre de Lerne a caché sous les eaux ses têtes effroyables, et tous les monstres que tu as vaincus tremblent à ton aspect.

Mais je me trompe, je me trompe, mère insensée ! les Mânes n'éprouvent point de terreur à ta présence. La dépouille effrayante du lion d'Argos à la crinière dorée ne couvre plus tes fortes épaules, et ses dents terribles ne brillent plus sur ton front. Ton carquois n'est plus à toi, tu l'as donné ; d'autres mains plus faibles que les tiennes lanceront désormais tes flèches. O mon fils ! tu descends désarmé dans les enfers, et pour y demeurer toujours.

SCÈNE IV.

ALCMÈNE, HERCULE.

HERCULE.

J'ai pris place dans le séjour des dieux, le ciel étoilé s'est ouvert pour me recevoir ; pourquoi, ô ma mère ! me faire sentir encore par vos cris les conditions de la vie mortelle ? Cessez vos plaintes, car mon courage m'a frayé la route du ciel, et m'a fait asseoir parmi les dieux.

ALCMENA.

Unde sonus trepidas aures ferit?
Unde meas inhibet lacrimas fragor?
Agnosco, agnosco; victum est Chaos.
A Styge, nate, redis iterum mihi;
Fractaque non semel est Mors horrida.
Vicisti rursus Noctis loca,
Puppis et infernae vada tristia.
Pervius est Acheron jam languidus,
Et remeare licet soli tibi;
Nec te Fata tenent post funera.
An tibi praeclusit Pluton iter,
Et pavidus regni metuit sibi?
Certe ego te vidi flagrantibus
Impositum silvis, quum plurimus
In caelum fureret flammae metus.
Arsisti certe; verum ultima
Non tenuere tuas umbras loca.
Quid timuere tuî Manes, precor?
Umbra quoque est Diti nimis horrida.

HERCULES.

Non me gementis stagna Cocyti tenent,
Non puppis umbras furva transvexit meas.
Jam parce, mater, questibus. Manes semel
Umbrasque vidi: quidquid in nobis tuî
Mortale fuerat, ignis evictus tulit.
Paterna caelo pars data est, flammis tua.
Proinde planctus pone, quos nato paret
Genitrix inerti: luctus in turpes eat.
Virtus in astra tendit, in mortem timor.

ALCMÈNE.

Quelle voix a frappé mon oreille tremblante? qui me commande ainsi de sécher mes pleurs? Ah! je vois, je vois; tu as vaincu la mort, ô mon fils! et tu reviens à moi des rivages du Styx. Pour la seconde fois, tu as brisé la puissance du destin; pour la seconde fois, tu as triomphé de la nuit infernale, et du sombre fleuve où glisse la barque des morts. Seul, tu peux librement passer et repasser les eaux stagnantes de l'Achéron; et le destin n'a point d'empire sur toi, même après ta mort.

Mais peut-être que le roi des enfers t'en a fermé l'entrée, craignant pour son trône et pour lui-même. Certainement je t'ai vu étendu sur un bûcher ardent, et tout environné de flammes furieuses qui montaient vers le ciel. Certainement je t'ai vu brûler : mais l'enfer n'a pu retenir ton ombre. Dis-moi ce qui en toi a effrayé les Mânes : ton ombre seule aura jeté l'épouvante dans le cœur de Pluton.

HERCULE.

Je ne suis point enfermé dans les flots paresseux du Cocyte gémissant; la triste barque n'a point passé mon ombre : cessez vos plaintes, ô ma mère! Je n'ai vu qu'une fois le séjour des Mânes. Tout ce que vous aviez mis en moi de parties mortelles s'est dissipé dans les flammes que j'ai supportées avec tant de courage : le feu a pris ce qui était de vous, le ciel a reçu ce qui était de mon père. Séchez donc vos pleurs, car on n'en doit qu'aux lâches : le deuil est pour les hommes sans gloire; le

Præsens ab astris, mater, Alcides cano:
Pœnas cruentus jam tibi Eurystheus dabit.
Curru superbum vecta transcendes caput.
Me jam decet subire cælestem plagam:
Inferna vici rursus Alcides loca.

ALCMENA.

Mane parumper..... cessit; ex oculis abiit;
In astra fertur: fallor, an vultus putat
Vidisse natum? misera mens incredula est.
Es numen; et te mundus æternus tenet.
Credo triumphis: regna Thebarum petam,
Novumque templis additum numen canam.

SCENA V.

CHORUS.

Nunquam Stygias fertur ad umbras
Inclyta virtus: vivite fortes;
Nec Lethæos sæva per amnes
Vos fata trahent: sed, quum summas
Exiget horas consumta dies,
Iter ad Superos gloria pandet.
Sed tu, domitor magne ferarum,

courage monte au ciel, la pusillanimité mène à la mort.

Voici, ma mère, ce que j'ai à vous annoncer, et pourquoi je suis descendu de l'Olympe : dans peu de temps, vous verrez le cruel Eurysthée puni; votre char triomphal lui écrasera la tête. Adieu, il est temps que je remonte vers l'Olympe, vainqueur une seconde fois du royaume des Ombres.

ALCMÈNE.

Oh! demeure encore un moment. — Il a disparu, il est loin de mes yeux, il remonte au ciel : est-ce une illusion? suis-je bien sûre d'avoir vu mon fils? l'excès du malheur me rend incrédule. Non, tu es dieu, mon fils; tu as une place dans l'Olympe, j'en crois tes glorieux triomphes. Je vais retourner à Thèbes, et ajouter à ses temples celui d'une divinité nouvelle.

SCÈNE V.

LE CHOEUR.

Le vrai courage ne descend point aux rives du Styx ; soyez braves, et la mort ne vous traînera point au fleuve de l'oubli ; mais quand viendra le terme heureux de votre vie, la gloire vous ouvrira le chemin du ciel.

Mais toi, généreux vainqueur des monstres, et paci-

Orbisque simul pacator, ades.
Nunc quoque nostras respice terras:
Et, si qua novo bellua vultu
Quatiet populos terrore gravi,
Tu fulminibus frange trisulcis:
Fortius ipso genitore tuo
          Fulmina mittes.

ficateur du monde, sois-nous propice : abaisse toujours sur la terre un regard favorable, et si quelque bête féroce d'une forme nouvelle jette la terreur parmi les hommes, détruis-la d'un coup de foudre ; tes mains sauront mieux la lancer que celles de ton père.

OCTAVIE.

DRAMATIS PERSONÆ.

OCTAVIA.
NERO.
AGRIPPINA.
POPPÆA.
SENECA.
NUTRIX OCTAVIÆ.
NUTRIX POPPÆÆ.
PRÆFECTUS.
NUNTIUS.
CHORUS ROMANORUM.

PERSONNAGES.

OCTAVIE.
NÉRON.
AGRIPPINE.
POPPÉE.
SÉNÈQUE.
LA NOURRICE D'OCTAVIE.
LA NOURRICE DE POPPÉE.
LE PRÉFET DU PALAIS.
UN MESSAGER.
CHOEUR DE ROMAINS.

ARGUMENTUM.

Claudius Drusus Caesar, postquam Messalinam, quae illi Britannicum et Octaviam pepererat, quod Silio nupsisset, mori jussisset, Agrippinam filiam fratris sui Germanici, viduam Cn. Domitii Aenobarbi Neronis superinduxit; cujus filio Neroni Octaviam suam in matrimonium dedit. Claudio et Britannico veneno sublatis, Nero imperator Octaviam, quam oderat, repudiat; Poppaeam Sabinam ducit. Cujus divortii causa commotum et tumultuantem populum multa caede Nero reprimit, et Octaviam in Pandatariam ablegatam interfici jubet.

ARGUMENT.

Claudius Drusus César, après la mort de Messaline, mère de Britannicus et d'Octavie, qu'il avait condamnée à périr à cause de son mariage avec Silius, épousa en secondes noces Agrippine, fille de son frère Germanicus et veuve de Cn. Domitius Énobarbus Néron, et donna sa fille Octavie en mariage à Néron, fils de sa nouvelle épouse. Claude et Britannicus étant morts par le poison, Néron répudie Octavie qu'il déteste, pour épouser Poppéa Sabina. Le peuple se soulève à l'occasion de ce divorce; mais l'empereur noie la sédition dans des flots de sang, et ordonne la mort d'Octavie, reléguée dans l'île de Pandataria.

L. ANNÆI SENECÆ
OCTAVIA.

ACTUS PRIMUS.

SCENA I.

OCTAVIA.

Jam vaga cælo sidera fulgens
Aurora fugat: surgit Titan
Radiante coma, mundoque diem
    Reddit clarum.
Age, tot tantis onerata malis,
Repete assuetos jam tibi questus,
Atque æquoreas vince Alcyonas;
Vince et volucres Pandionias:
Gravior namque his fortuna tua est.
Semper genitrix deflenda mihi,
Prima meorum causa malorum,
    Tristes questus

OCTAVIE

DE L. A. SÉNÈQUE.

ACTE PREMIER.

SCÈNE I.

OCTAVIE.

Déja la brillante Aurore chasse du ciel les étoiles errantes : le Soleil déploie sa chevelure de flammes, et rend au monde la clarté du jour. Déplorable Octavie, reprends le cours de tes plaintes accoutumées ; que ta douleur éclate en cris plus lugubres que ceux d'Alcyone, en gémissemens plus tristes que ceux des filles de Pandion, car leurs malheurs ne peuvent se comparer aux tiens.

O ma mère ! l'éternel sujet de mes larmes, et la première cause de mes maux, s'il reste quelque sentiment chez les Ombres, écoute les plaintes amères de ta fille.

Natæ exaudi, si quis remanet
Sensus in umbris. Utinam ante manu
Grandæva sua mea rupisset
Stamina Clotho, tua quam mœrens
   Vulnera vidi,
Oraque fœdo sparsa cruore!
O lux semper funesta mihi!
Tempore ab illo lux est tenebris
   Invisa magis.
Tulimus sævæ jussa novercæ,
Hostilem animum, vultusque truces.
Illa, illa meis tristis Erinnys
Thalamis Stygios prætulit ignes:
Teque exstinxit, miserande pater,
Modo cui totus paruit orbis
Ultra Oceanum, cuique Britanni
   Terga dedere,
Ducibus nostris ante ignoti,
   Jurisque sui.
Conjugis, heu me! pater insidiis
Oppresse jaces; servitque domus
Cum prole tua capta tyranno!

SCENA II.

NUTRIX OCTAVIÆ.

Fulgore primo captus, et fragili bono

Plût au ciel que la cruelle main des Parques eût coupé la trame de ma vie avant cet instant où j'ai vu ton sein déchiré par le fer, et ton visage souillé de ton sang !

O jour à jamais funeste ! la lumière, depuis lors, m'est plus odieuse que les ténèbres de la mort. Il m'a fallu souffrir la tyrannie d'une cruelle marâtre, et sa haine inflexible, et son regard menaçant. C'est elle, c'est cette furie qui alluma les torches fatales de mon hymen ; c'est elle qui t'a ravi le jour, ô mon malheureux père, toi qui naguère étais maître du monde entier, jusqu'au delà de l'Océan, et voyais fuir devant toi les Bretons, peuple libre jusqu'alors, et encore inconnu de nos guerriers. O mon père ! tu as succombé sous la perfidie de ton épouse, et ta famille esclave gémit sous les lois d'un tyran cruel !

SCÈNE II.

LA NOURRICE D'OCTAVIE.

Vous qui vous laissez prendre à de brillans dehors,

Fallacis aulæ quisquis attonitus stupet,
Subito labantis ecce Fortunæ impetu
Modo præpotentem cernat eversam domum
Stirpemque Claudii, cujus imperio fuit
Subjectus orbis, paruit liber diu
Oceanus et recepit invitus rates.
En qui Britannis primus imposuit jugum,
Ignota et ante classibus texit freta,
Interque gentes barbaras tutus fuit,
Et sæva maria; conjugis scelere occidit,
Mox illa nati; cujus exstinctus jacet
Frater venenis : mœret infelix soror,
Eademque conjux : nec graves luctus valet
Ira coacta tegere : crudelis viri
Secreta refugit semper, atque odio pari
Ardens mariti, mutua flagrat face.
Animum dolentis nostra solatur fides,
Pietasque frustra : mutat immitis dolor
Consilia nostra : nec regi mentis potest
Generosus ardor, sed malis vires capit.
Heu, quam nefandum prospicit noster timor
Scelus : quod utinam numen avertat Deûm!

SCENA III.

OCTAVIA, NUTRIX.

OCTAVIA.

O mea nullis æquanda malis

et séduire à l'éclat trompeur d'une couronne, voyez comme une révolution soudaine a renversé la toute-puissante maison de Claude, et la famille d'un empereur qui tenait le monde entier sous son empire, qui dompta l'Océan, et le força de porter ses vaisseaux. Voilà donc ce mortel qui mit le premier les Bretons sous le joug, et couvrit de ses voiles des mers qui n'avaient jamais reçu de navires ; respecté des nations barbares et des flots, il a péri par la main de son épouse, qui elle-même expira par celle de son fils ; ce fils criminel a de plus empoisonné son frère : Octavie, sa sœur et sa femme, se consume dans la douleur. Elle ne peut plus cacher son dépit, qui éclate malgré elle ; elle fuit constamment la présence de son époux, dont elle partage le sentiment, et qu'elle déteste autant qu'elle en est haïe.

En vain mon zèle et ma fidélité s'appliquent à calmer les douleurs de son âme blessée : l'irritation qui l'égare lui fait repousser mes conseils : sa généreuse indignation ne peut reconnaître de guide, elle se fortifie par l'excès de ses maux. Hélas ! quel crime affreux je redoute et je pressens ! plaise au ciel de nous en préserver !

SCÈNE III.

OCTAVIE, SA NOURRICE.

OCTAVIE.

Quelle misère peut se comparer à la mienne ? tes

Fortuna! licet repetam luctus,
Electra, tuos: tibi mœrenti
Cæsum licuit flere parentem;
Scelus ulcisci vindice fratre,
Tua quem pietas hosti rapuit,
Texitque fides: me crudeli
Sorte parentes raptos prohibet
Lugere timor, fratrisque necem
Deflere vetat, in quo fuerat
     Spes una mihi,
Totque malorum breve solamen.
Nunc in luctus servata meos,
Magni resto nominis umbra.

NUTRIX.

Vox, heu! nostras perculit aures
     Tristis alumnæ.
Cessas thalamis inferre gradus,
Tarda senectus?

OCTAVIA.

   Excipe nostras
Lacrimas, nutrix, testis nostri
Fida doloris.

NUTRIX.

   Quis te tantis
Solvet curis, miseranda, dies?

OCTAVIA.

Qui me Stygias mittet ad umbras.

NUTRIX.

Omina, quæso, sint ista procul.

malheurs n'en approchent pas, ô Électre! du moins il t'était permis de pleurer la mort de ton père; tu pouvais punir ce crime par la main d'Oreste, sauvé par ton amour du fer de ses ennemis, et défendu par l'amitié; moi, la terreur m'empêche de pleurer la mort cruelle de mes parens, et de gémir sur le trépas d'un frère qui était mon unique espérance, et ma seule consolation parmi tant de misères. Demeurée sur la terre pour y souffrir, je ne suis plus que l'ombre d'un grand nom.

LA NOURRICE.

Hélas! j'entends la voix de la triste Octavie. Pourquoi ma vieillesse m'empêche-t-elle de courir à son appartement?

OCTAVIE.

Chère nourrice, témoin fidèle de mes douleurs, je viens encore pleurer sur ton sein.

LA NOURRICE.

Malheureuse princesse! quel jour vous délivrera de vos chagrins?

OCTAVIE.

Le même qui me fera descendre chez les morts.

LA NOURRICE.

De grâce, écartez ce présage funèbre.

OCTAVIA.

Non vota meos tua nunc casus,
Sed fata regunt.

NUTRIX.

Dabit afflictæ
Meliora Deus tempora mitis.
Tu modo blando vince obsequio
Placata virum.

OCTAVIA.

Vincam sævos
Ante leones, tigresque truces,
Fera quam sævi corda tyranni.
Odit genitos sanguine claro,
Spernit Superos hominesque simul,
Nec fortunam capit ipse suam,
Quam dedit illi per scelus ingens
Infanda parens: licet ingratum
Diræ pudeat munere matris
Hoc imperium cepisse; licet
Tantum munus morte rependat:
Feret hunc titulum post fata tamen
Femina longo semper in ævo.

NUTRIX.

Animi retine verba furentis;
Temere emissam comprime vocem.

OCTAVIA.

Toleranda quamvis patiar, haud unquam queant,
Nisi morte tristi, nostra finiri mala.
Genitrice cæsa, per scelus rapto patre,
Orbata fratre, miseriis, luctu obruta,

OCTAVIE.

Ce ne sont pas tes vœux qui règlent mon sort, mais la destinée.

LA NOURRICE.

Un dieu propice regardera vos douleurs et vous enverra de meilleurs jours. Essayez seulement de ramener par votre douceur et vos caresses le cœur de votre époux.

OCTAVIE.

Je fléchirais la rage des lions et des tigres plutôt que l'âme de ce tyran féroce. Il hait tout ce qui sort d'un sang illustre; il ne craint ni les hommes ni les dieux, enivré de la puissance que son odieuse mère lui donna par le plus grand des crimes. Quoique, dans son ingratitude, il rougisse de devoir à sa mère la reconnaissance d'un pareil bienfait; quoiqu'il lui ait donné la mort en échange de l'empire, elle n'en conservera pas moins, après son trépas et dans la suite des âges, la gloire affreuse de le lui avoir donné.

LA NOURRICE.

Calmez votre colère, et ne laissez pas échapper ces paroles imprudentes.

OCTAVIE.

Quand même je pourrais souffrir mes malheurs avec patience, il est toujours vrai qu'ils ne finiront que par une mort cruelle. Après le meurtre de ma mère, après l'assassinat de mon père, après la perte de mon frère,

Mœrore pressa, conjugi invisa, ac meæ
Subjecta famulæ, luce non grata fruor :
Trepidante semper corde, non mortis metu,
Sed sceleris : absit crimen a fatis meis ;
Mori juvabit : pœna nam gravior nece est,
Videre tumidos et truces miseræ mihi
Vultus tyranni, jungere atque hosti oscula,
Timere nutus ; cujus obsequium meus
Haud ferre posset, fata post fratris, dolor,
Scelere interemti ; cujus imperium tenet
Et morte gaudet auctor infandæ necis.

Quam sæpe tristis umbra germani meis
Offertur oculis, membra quum solvit quies,
Et fessa fletu lumina oppressit sopor !
Modo facibus atris armat infirmas manus ;
Oculosque et ora fratris infestus petit :
Modo trepidus idem refugit in thalamos meos.
Persequitur hostis, atque inhærenti mihi
Violentus ensem per latus nostrum rapit.
Tunc tremor et ingens excutit somnos pavor,
Renovatque luctus et metus miseræ mihi.
Adice his superbam pellicem, nostræ domus
Spoliis nitentem ; cujus in munus suam
Stygiæ parentem natus imposuit rati,
Quam dira post naufragia, superato mari,
Ferro interemit, sævior pelagi fretis.

Quæ spes salutis post nefas tantum mihi ?

abattue sous le poids des chagrins et des maux, consumée d'ennuis, odieuse à mon époux, esclave d'une sujette, il est impossible que la vie me soit agréable. Mon âme est livrée à d'éternelles frayeurs; ce n'est pas la mort que je redoute, mais le crime. Puisse-t-il n'avoir aucune part dans mon trépas! je mourrai alors avec joie; mais ce serait pour moi un supplice plus affreux que la mort même de voir le visage cruel et terrible de mon tyran, de souffrir les baisers d'un ennemi, de craindre tous ses mouvemens. Pourrais-je, avec le souvenir de mon frère assassiné, recevoir les caresses de son affreux bourreau, qui s'est emparé de son trône et jouit ainsi d'un trépas dont il est l'exécrable auteur?

Que de fois l'ombre pâle de mon frère s'offre à mes yeux, dans le silence des nuits, quand le sommeil a clos mes yeux fatigués par les larmes! Tantôt je vois ses faibles mains armées de noirs flambeaux; il s'élance pour frapper au visage son indigne frère: tantôt il vient, plein de terreur, se cacher dans mon lit : son ennemi court sur ses pas, et, me voyant attachée à mon frère, il plonge son épée dans mon flanc. Alors le saisissement et la frayeur me réveillent en sursaut, et me rendent ainsi à mes douleurs et à mes transes perpétuelles.

Qu'on ajoute à ces maux une concubine orgueilleuse et parée de mes dépouilles, et pour qui Néron n'a pas craint de faire monter sa mère sur un vaisseau qui devait être pour elle la barque des morts, et de l'égorger ensuite après un cruel naufrage, mais sauvée de la mer, dont il surpassa lui-même la cruauté.

Quel espoir de salut me laisse un pareil crime? mon

Inimica, victrix, imminet thalamis meis:
Odioque nostri flagrat, et pretium stupri
Justæ maritum conjugis captat caput.
Emergere umbris, et fer auxilium tuæ
Natæ invocanti, genitor; aut Stygios sinus
Tellure rupta pande, quo præceps ferar.

NUTRIX.

Frustra parentis invocas manes tui,
Miseranda, frustra, nulla cui prolis suæ
Manet inter umbras cura, qui nato suo
Præferre potuit sanguine alieno satum,
Genitamque fratris conjugem captus sibi
Toris nefandis flebili junxit face.
Hinc orta series facinorum, cædes, doli,
Regni cupido, sanguinis diri sitis:
Mactata soceri concidit thalamis gener
Victima, tuis ne fieret hymenæis potens.
Proh facinus ingens! feminæ est munus datus
Silanus, et cruore fœdavit suo
Patrios penates, criminis ficti reus.
Intravit hostis, hei mihi! captam domum,
Dolis novercæ, principis factus gener,
Idemque natus, juvenis infandi ingenii
Capaxque scelerum, dira cui genitrix facem
Accendit, et te junxit invitam metu;
Tantoque victrix facta successu ferox,
Ausa imminere est orbis imperio sacri.
Quis tot referre facinorum formas potest,
Et spes nefandas feminæ, et blandos dolos
Regnum petentis per gradum scelerum omnium?

ennemie victorieuse veut envahir ma couche ; elle me poursuit de sa haine acharnée, et pour prix de son adultère elle veut obtenir de mon tyran la tête de sa légitime épouse. Sors de la tombe, ô mon père ! et viens au secours de ta fille qui t'implore, ou du moins entr'ouvre les profondeurs du Styx, afin que je m'y précipite.

LA NOURRICE.

Vous invoquez en vain l'ombre de votre père, malheureuse princesse ; comment lui resterait-il quelque sentiment pour sa famille dans les enfers, lui qui a pu préférer à son propre fils un enfant étranger, et, allumant les flambeaux d'un hymen détestable, prendre pour épouse la fille de son propre frère ? Ce fut là l'origine de tous les crimes, de tous les meurtres, de toutes les perfidies, de l'ambition, de la soif du sang que nous avons vus depuis. Le gendre de Claude fut immolé le jour même de l'hymen de son beau-père ; on craignait qu'il ne devînt trop puissant par cette alliance. O crime épouvantable ! la tête de Silanus fut sacrifiée au caprice d'une femme ; et, condamné sous un vain prétexte, il souilla de son sang le palais des Césars. Dans cette famille devenue la conquête d'une marâtre, on vit, hélas ! entrer un prince cruel, le gendre et le fils de Claude, jeune homme à l'âme féroce, capable de tous les crimes ; son odieuse mère alluma pour lui le flambeau de l'hymen, et vous força par la terreur de l'accepter pour époux : devenue plus hardie par ce grand succès, elle osa rêver l'empire du monde. Qui pourrait dignement raconter les attentats divers, les espérances coupables, et les perfides caresses de cette

Tunc sancta Pietas extulit trepidos gradus,
Vacuamque Erinnys sæva funesto pede
Intravit aulam; polluit Stygia face
Sacros penates; jura Naturæ furens
Fasque omne rupit; miscuit conjux viro
Venena sæva; cecidit atque eadem sui
Mox scelere nati: tu quoque exstinctus jaces
Deflende nobis semper, infelix puer,
Modo sidus orbis, columen Augustæ domus,
Britannice, heu me! nunc levis tantum cinis,
Et tristis umbra; sæva cui lacrimas tulit
Etiam noverca, quum rogis artus tuos
Dedit cremandos, membraque et vultus Deo
Similes volanti, flamma fervens abstulit.

OCTAVIA.

Exstinguat et me, ne manu nostra cadat.

NUTRIX.

Natura vires non dedit tantas tibi.

OCTAVIA.

Dolor, ira, mœror, miseriæ, luctus dabunt.

NUTRIX.

Vince obsequendo potius immitem virum.

femme à qui tous les crimes ont servi de degrés pour monter jusqu'au trône?

La sainte Piété s'exila en tremblant du palais des Césars, et la cruelle Érinnys vint prendre sa place dans cette cour funeste ; elle souilla de sa torche cette demeure sacrée, et brisa tous les liens de la nature : l'épouse de Claude fait périr son mari par un poison cruel, et meurt elle-même bientôt après par le crime de son fils : toi aussi, tu meurs de sa main, jeune Britannicus, malheureux enfant qui seras désormais l'éternel sujet de nos larmes, et qui devais être l'appui de la maison d'Auguste : de cet astre naguère si brillant, rien ne reste plus qu'un peu de cendre, et une ombre plaintive : sa marâtre elle-même n'a pu retenir ses pleurs quand elle vit son corps mis sur le bûcher, et ces membres et ce visage aussi beaux que ceux de l'amour, disparaître au milieu de flammes dévorantes.

OCTAVIE.

Que mon tyran me tue moi-même, s'il ne veut périr de ma main.

LA NOURRICE.

La nature ne vous a pas donné assez de force pour cela.

OCTAVIE.

J'en trouverai dans ma haine, dans ma douleur, dans mes chagrins, dans mes malheurs, dans l'excès de ma misère.

LA NOURRICE.

Tâchez plutôt d'adoucir par vos tendres soins ce cruel époux.

OCTAVIA.
Ut fratrem ademtum scelere restituat mihi?

NUTRIX.
Incolumis ut sis ipsa, labentem ut domum
Genitoris olim sobole restituas tua.

OCTAVIA.
Exspectat aliam principis sobolem domus:
Me dira miseri fata germani trahunt.

NUTRIX.
Confirmet animum civium tantus favor.

OCTAVIA.
Solatur iste nostra, non relevat, mala.

NUTRIX.
Vis magna populi est.

OCTAVIA.
          Principis major tamen.

NUTRIX.
Respiciet ipse conjugem.

OCTAVIA.
          Pellex vetat.

NUTRIX.
Invisa cunctis nempe.

OCTAVIA.
          Sed cara est viro.

NUTRIX.
Nondum uxor est.

OCTAVIE.

Oui, pour qu'il me rende un frère cruellement assassiné?

LA NOURRICE.

Non, mais pour assurer votre propre vie, et relever par vos enfans les ruines de votre famille abattue.

OCTAVIE.

La maison impériale attend d'autres enfans; moi, je sens que la cruelle destinée de mon frère m'entraîne.

LA NOURRICE.

Prenez courage, et que la faveur du peuple vous rassure.

OCTAVIE.

C'est une consolation, mais non pas un remède à mes maux.

LA NOURRICE.

La puissance du peuple est grande.

OCTAVIE.

Celle de l'empereur l'est encore plus.

LA NOURRICE.

Néron se ressouviendra de son épouse.

OCTAVIE.

Sa maîtresse l'en empêchera.

LA NOURRICE.

Elle est odieuse à tous les Romains.

OCTAVIE.

Oui, mais elle plaît à son amant.

LA NOURRICE.

Elle n'est pas encore sa femme.

OCTAVIA.
Jam fiet, et genitrix simul.
NUTRIX.
Juvenilis ardor impetu primo furit;
Languescit idem facile, nec durat diu
In venere turpi, ceu levis flammæ vapos.
Amor perennis conjugis castæ manet.
Violare prima quæ toros ausa est tuos,
Animumque domini famula possedit diu,
Jam metuit eadem, nempe prælatam sibi
Subjecta et humilis: atque monumenta exstruit,
Quibus timorem fassa testatur suum.
Et hanc levis fallaxque destituet Deus
Volucer Cupido : sit licet forma eminens,
Opibus superba, gaudium capiet breve.

  Passa est similes ipsa dolores
  Regina Deûm, quum se formas
  Vertit in omnes dominus cæli,
    Divûmque pater;
  Et modo pennas sumsit oloris;
  Modo Sidonii cornua tauri;
    Aureus idem
  Fluxit in imbri : fulgent cælo
  Sidera Ledæ : patrio residet
  Bacchus Olympo. Deus Alcides
  Possidet Heben, nec Junonis
  Jam timet iras, cujus gener est,
  Qui fuit hostis : vicit sapiens
  Tamen obsequium conjugis altæ,

OCTAVIE.

Elle le sera bientôt, et qui plus est, mère.

LA NOURRICE.

Les jeunes hommes portent dans l'amour toute la fougue de leur âge; mais ils se calment bien vite, et leurs passions criminelles se dissipent comme une légère vapeur. Mais l'amour qu'inspire une épouse légitime dure éternellement. Celle qui la première osa souiller votre couche, cette esclave qui posséda long-temps le cœur de votre époux, tremble déjà pour elle-même; soumise et humiliée, elle redoute son heureuse rivale, et dresse des monumens qui sont un aveu de ses alarmes. Et cette dernière aussi est à la veille d'être abandonnée par le dieu trompeur et léger qui préside aux amours; l'éclat de sa beauté, la grandeur de ses richesses, ne la sauveront pas; elle n'aura que le triomphe d'un moment.

La reine des Immortels a connu vos douleurs; elle a vu le roi du ciel, le père des dieux, prendre toutes sortes de formes pour se livrer à d'amoureux caprices, emprunter le plumage du cygne, les cornes du taureau de Phénicie, tomber du ciel en pluie d'or. Les deux fils de Léda brillent parmi les astres; Bacchus est assis dans le ciel, comme fils de Jupiter. Alcide est devenu l'époux de la jeune Hébé; il ne craint plus la haine de Junon, il a cessé d'être son ennemi pour devenir son gendre. Cette déesse hautaine a ramené le cœur de son mari par sa douceur, et en cachant son dépit; maintenant elle possède seule le maître de la foudre sur sa couche céleste; elle ne craint plus de nouvelles infidélités de son époux, que nulle beauté mortelle ne force plus à quitter sa cour.

Pressusque dolor : sola Tonantem
Tenet æthereo secura toro
Maxima Juno; nec mortali
Captus forma deserit altam
Juppiter aulam : tu quoque terris
Altera Juno, soror Augusti,
Conjuxque, graves vince dolores.

OCTAVIA.

Jungentur ante sæva sideribus freta,
Et ignis undæ, Tartaro tristi polus,
Lux alma tenebris, roscidæ nocti dies,
Quam cum scelesti conjugis mente impia
Mens nostra, semper fratris exstincti memor.
Utinam nefandi principis dirum caput
Obruere flammis Cælitum rector paret,
Qui sæpe terras fulmine infesto quatit,
Mentesque nostras ignibus terret sacris,
Novisque monstris ! vidimus cælo jubar
Ardens, cometam pandere infaustam facem,
Qua plaustra tardus noctis æterna vice
Regit Bootes, frigido Arctoo rigens.
En ipse diro spiritu sævi ducis
Polluitur æther, gentibus clades novas
Minantur astra, quas regit dux impius.
Non tam ferum Typhona neglecto Jove
Irata tellus edidit quondam parens.
Hæc gravior illo pestis : hic, hostis Deûm
Hominumque, templis expulit Superos suis,
Civesque patria ; spiritum fratri abstulit ;

Et vous, la Junon de la terre, vous l'épouse et la sœur du maître du monde, sachez triompher aussi de vos ressentimens.

OCTAVIE.

On verra la mer se confondre avec le ciel, le feu s'unir à l'eau, l'Olympe au Tartare, la lumière aux ténèbres, le jour à la nuit, avant que mon âme, toujours pleine du souvenir de mon frère assassiné, s'unisse à l'âme impie de mon perfide époux. Puisse le roi des Immortels écraser d'un trait de sa foudre cette tête coupable! Plus d'une fois, dans nos jours malheureux, la terre s'est émue au bruit de son tonnerre, ses sacrés carreaux ont porté la terreur dans nos âmes, et des prodiges extraordinaires sont apparus : naguère une flamme sinistre a brillé dans le ciel, une comète a déployé sa chevelure enflammée, dans cette partie du ciel où, durant les nuits, roule le chariot pesant du Bouvier, parmi les glaces de l'Ourse. L'air est infecté par le souffle d'un tyran cruel, et des calamités inouïes, prêtes à descendre du ciel, menacent les peuples soumis à son empire. Typhon, que la terre enfanta jadis pour se venger de Jupiter, était moins farouche; Néron le surpasse en cruauté: ennemi des dieux et des hommes, il a chassé les dieux de leurs temples, et les hommes de leur patrie; il a tué son frère, il a répandu le sang de sa mère, et il vit en-

Hausit cruorem matris; et lucem videt,
Fruiturque vita, noxiamque animam trahit!
Proh, summe genitor, tela cur frustra jacis
Invicta toties temere regali manu?
In tam nocentem dextra cur cessat tua?
Utinam suorum facinorum poenas luat
Nero, ipse Divo Domitio genitus patre,
Orbis tyrannus, quem premit turpi jugo;
Morumque vitiis nomen Augustum inquinat.

NUTRIX.

Indignus ille, fateor, est thalamis suis;
Sed cede fatis atque fortunæ tuæ,
Alumna, quæso; neve violenti move
Iram mariti : forsitan vindex Deus
Exsistet aliquis, lætus et veniet dies.

OCTAVIA.

Gravi Deorum nostra jam pridem domus
Urgetur ira : prima quam pressit Venus,
Furore miseræ dira genitricis meæ.
Quæ nupta demens nupsit incesta face,
Oblita nostri, conjugis, legum immemor.
Illo soluta crine, succincta anguibus,
Ultrix Erinnys venit ad Stygios toros,
Raptasque thalamis sanguine exstinxit faces:
Incendit ira principis pectus truci
Cædem in nefandam; cecidit infelix parens
Heu! nostra ferro, meque perpetuo obruit
Exstincta luctu : conjugem traxit suum,
Natumque ad umbras, prodidit lapsam domum.

core, il jouit de la lumière du ciel, et voit le jour que souille sa présence!

O souverain des dieux! pourquoi de tes mains divines lancer au hasard des foudres perdues? pourquoi n'en frappes-tu pas une tête si coupable? Plût au ciel qu'il eût déjà porté la peine de ses crimes, ce Néron, ce fils de Domitius dont il fait un dieu, ce tyran du monde asservi à son joug honteux, cet héritier d'Auguste dont il déshonore le beau nom par ses vices!

LA NOURRICE.

J'avoue qu'il ne mérite pas l'honneur de votre couche; mais conformez-vous, de grâce, à votre destinée et à votre position, chère princesse. N'irritez pas sa violence: peut-être un dieu propice vous vengera, peut-être un jour heureux luira pour vous.

OCTAVIE.

Non, depuis long-temps la colère des dieux s'est appesantie sur notre maison. La cruelle Vénus lui a porté le premier coup en allumant dans les veines de ma mère une ardeur furieuse. Dans l'égarement d'un fol amour, elle osa former publiquement un hymen incestueux, oubliant ses enfans, son époux et nos lois. Érinnys vint, les cheveux en désordre, et ceinte de serpens, présider à cette union funeste, et noyer dans son sang les torches nuptiales; c'est elle qui porta la colère de l'empereur jusqu'au meurtre cruel qu'il ordonna; ma mère infortunée périt, hélas! par le glaive, et me légua en mourant une impérissable douleur. Elle entraîna dans sa ruine son époux et son fils, et précipita notre malheureuse famille.

NUTRIX.

Renovare luctus parce cum fletu pios ;
Manes parentis neve sollicita tuæ,
Graves furoris quæ sui pœnas dedit.

SCENA IV.

CHORUS.

Quæ fama modo venit ad aures,
Utinam falso credita, perdat
Frustra toties jactata fidem !
Nec nova nostri conjux thalamos
Principis intret ; teneatque suos
Nupta penates Claudia proles :
Edat partu pignora pacis,
Qua tranquillus gaudeat orbis,
Servetque decus Roma æternum.
Fratris thalamos sortita tenet
Maxima Juno : soror Augusti
Sociata toris, cur a patria
Pellitur aula ? sancta quid illi
Prodest pietas, Divusque pater ?
Quid virginitas, castusque pudor ?

**Nos quoque nostri sumus immemores
Post fata ducis, cujus prodimus**

LA NOURRICE.

Cessez de renouveler vos douleurs, et de rouvrir la source de vos larmes; ne troublez point les mânes de votre mère; elle n'a que trop porté la peine de sa faiblesse insensée.

SCÈNE IV.

LE CHOEUR.

Quel bruit a frappé mon oreille? plaise au ciel que cette nouvelle semée partout ne mérite pas de croyance, et demeure sans fondement! puisse une autre épouse ne point entrer dans le lit de notre empereur, et la fille de Claude conserver les droits de son hymen dans le palais de son père! puisse-t-elle avoir des enfans, gages d'une heureuse paix qui se répandra sur le monde, et maintiendra pour jamais la gloire du nom romain!

La puissante Junon garde ses droits d'épouse de son frère: pourquoi la sœur d'Auguste, dont elle est aussi l'épouse, se verrait-elle chassée du palais? quel sera donc le prix de sa piété si rare, de la divinité de son père, de la virginité qu'elle apporta à son époux, et de sa douce pudeur?

Nous aussi, depuis la mort de Claude, nous avons oublié ce que nous fûmes autrefois; une lâche terreur

Stirpem, sævo suadente metu.
Vera priorum virtus quondam
Romana fuit, verumque genus
Martis in illis sanguisque viris.
Illi reges hac expulerunt
Urbe superbos; ultique tuos
Sunt bene manes, virgo, dextra
Cæsa parentis, ne servitium
Paterere grave, aut improba ferret
Præmia victrix dira libido.
Te quoque bellum triste sequutum est,
Mactata tua miseranda manu,
Nata Lucretii, stuprum sævi
Passa tyranni : dedit infandi
Sceleris pœnas cum Tarquinio
Tullia conjux; quæ per cæsi
Membra parentis sævos egit
Impia currus, laceroque seni
Violenta rogos nata negavit.
Hæc quoque nati videre nefas
Secula magnum, quum Tyrrhenum
Rate ferali princeps captam
Fraude parentem misit in æquor.
Properant placidos linquere portus
     Jussi nautæ;
Resonant remis pulsata freta;
Fertur in altum provecta ratis,
Quæ resoluto robore labens
Pressa dehiscit, sorbetque mare.
     Tollitur ingens

nous force à trahir sa famille. Nos pères étaient courageux et braves, de vrais Romains, de vrais enfans de Mars, dont le sang coulait dans leurs veines. Ils ont chassé de leur ville la tyrannie des rois ; ils ont noblement vengé ta mort, jeune vierge qui dus mourir de la main de ton père, pour échapper à l'opprobre de l'esclavage, et ne pas devenir la proie d'une passion criminelle. Une cruelle guerre fut aussi la suite de ton trépas, malheureuse fille de Lucretius, qui te donnas toi-même la mort pour expier l'outrage et la violence d'un tyran. Ils ont puni le crime de Tarquin et de sa complice Tullia, cette fille dénaturée qui ne craignit pas de faire passer son char sur le corps de son père assassiné, et qui eut la cruauté de refuser la sépulture aux restes sanglans de ce vieillard.

Notre siècle a vu commettre le même attentat. Notre prince a mis sur un vaisseau parricide sa mère, victime d'une ruse infâme, et l'a livrée aux vagues de la mer Tyrrhénienne : les matelots, par son ordre, se hâtent de quitter le port ; la mer blanchit sous l'effort des rames, et le navire s'avance en pleine mer, quand tout à coup les planches se déjoignent, le vaisseau s'entr'ouvre et livre passage aux flots. Un cri terrible, un gémissement de femmes éperdues se fait entendre : la mort est présente à tous les yeux, chacun veut la fuir : les uns s'attachent tout nus à des planches du navire mis en

Clamor ad astra cum femineo
Mixtus planctu : mors ante oculos
Dira vagatur : quærit leti
Sibi quisque fugam ;
Alii laceræ puppis tabulis
Hærent nudi, fluctusque secant ;
Repetunt alii litora nantes :
Multos mergunt fata profundo.
 Scindit vestes Augusta suas,
Laceratque comas, rigat et mœstis
                    Fletibus ora.
Postquam spes est nulla salutis,
Ardens ira, jam victa malis,
« Hæc, exclamat, mihi pro tanto
« Munere reddis præmia, nate ?
« Hac sum, fateor, digna carina,
« Quæ te genui, quæ tibi lucem
« Atque imperium nomenque dedi
« Cæsaris amens. Exsere vultus
« Acheronte tuos, pœnisque meis
« Pascere, conjux ; ego causa tuæ ,
« Miserande, necis, natoque tuo
                « Funeris auctor.
« En, ut merui, ferar ad manes
                « Inhumata tuos,
« Obruta sævis æquoris undis..... »
Feriunt fluctus ora loquentis.
Ruit in pelagus, rursumque salo
Pressa resurgit : pellit palmis
Cogente metu fata, et cedit

pièces, et cherchent à gagner le bord; d'autres essaient de se sauver à la nage, plusieurs sont abîmés dans les flots. La mère de l'empereur déchire ses vêtemens, s'arrache les cheveux et verse un torrent de larmes.

Quand elle voit qu'il ne lui reste plus aucun espoir de salut, frémissant de colère, et vaincue par l'excès des maux : « Voilà donc, ô mon fils! s'écrie-t-elle, le prix de tant de bienfaits! Je méritais de monter sur ce vaisseau, je l'avoue, moi qui t'ai mis au monde, moi qui, dans ma tendresse insensée, t'ai donné l'empire et le titre de César. Sors des enfers, ô mon époux! et repais tes yeux de mon supplice : c'est moi, malheureux prince, qui ai causé ta mort et celle de ton fils. Privée de sépulture, et engloutie sous les flots, je vais te rejoindre aux enfers; je ne l'ai que trop mérité...... »

Les vagues lui ferment la bouche, elle s'enfonce dans l'abîme, et le flot la ramène à sa surface; elle repousse la mort d'une main tremblante, et succombe à la peine. Mais l'amour des Romains pour elle n'est pas

Fessa labori. Mansit tacitis
In pectoribus spreta tristi
Jam morte fides : multi dominæ
Ferre auxilium pelago fractis
Viribus audent : brachia quamvis
Lenta trahentem, voce hortantur,
Manibusque levant.
     Quid tibi sævi
Fugisse maris profuit undas ?
Ferro es nati moritura tui :
Cujus facinus vix posteritas,
Tarde semper credula, credet.
Furit, ereptam pelagoque dolet
     Vivere matrem
Impius, ingens geminatque nefas.
Ruit in miseræ fata parentis,
Patiturque moram sceleris nullam.
Missus peragit jussa satelles ;
Reserat dominæ pectora ferro :
Cædis moriens illa ministrum
Rogat infelix, utero dirum
     Condat ut ensem.
« Hic est, hic est fodiendus, ait,
« Ferro, monstrum qui tale tulit. »
Post hanc vocem cum supremo
     Mixtam gemitu,
Animam tandem per fera tristem
     Vulnera reddit.

éteint dans leurs cœurs : ils bravent le trépas ; ils volent au secours de l'impératrice dont les forces sont épuisées, et qui ne se soutient plus ; ils l'encouragent de leur voix, et la soutiennent de leurs bras.

Mais, hélas ! infortunée, que vous sert d'avoir échappé aux flots ? il vous faut mourir de la main de votre fils ; crime affreux que la postérité ne croira jamais. Il est furieux de savoir que sa mère est délivrée des flots ; le monstre est désespéré d'apprendre qu'elle vit encore, et tente une seconde fois l'exécution de son noir dessein. Il précipite sa mort, et ne peut souffrir le moindre retard. Un satellite farouche vole exécuter son ordre, et perce le sein de l'impératrice. Elle, au moment de mourir, prie son meurtrier d'enfoncer le glaive dans ses flancs : « Voilà, dit-elle, où tu dois frapper : c'est le ventre qui a porté un pareil monstre. » A ces mots, elle pousse un dernier soupir, et son âme indignée s'échappe par sa cruelle blessure.

ACTUS SECUNDUS.

SCENA I.

SENECA.

Quid me, potens Fortuna, fallaci mihi
Blandita vultu, sorte contentum mea
Alte extulisti, gravius ut ruerem edita
Receptus arce, totque prospicerem metus?
Melius latebam procul ab invidiæ malis,
Remotus inter Corsici rupes maris:
Ubi liber animus et sui juris, mihi
Semper vacabat, studia recolenti mea.
O quam juvabat (quo nihil majus parens
Natura genuit, operis immensi artifex)
Cælum intueri, molis et cursus sacros,
Mundique motus, Solis alternas vices,
Orbemque Phœbes, astra quem cingunt vaga,
Lateque fulgens ætheris magni decus!
Qui si senescit, tantus in cæcum chaos
Casurus iterum, nunc adest mundo dies
Supremus ille, qui premat genus impium
Cæli ruina; rursus ut stirpem novam
Generet, renascens melior: ut quondam tulit
Juvenis, tenente regna Saturno poli.

ACTE SECOND.

SCÈNE I.

SÉNÈQUE.

J'étais content de mon sort, ô Fortune! quand tes caresses perfides m'en ont tiré : fallait-il m'élever si haut de ta main puissante, pour m'exposer à une plus lourde chute, et m'environner de précipices effrayans? J'étais plus heureux, à l'abri de l'envie, dans ma retraite solitaire où la mer de Corse m'entourait de ses flots : j'étais le maître de tous mes instans, et mon esprit, librement et sans trouble, se livrait à ses études chéries. Avec quel ravissement je contemplais le ciel, chef-d'œuvre de la nature, et la gloire de son éternel auteur, et le cours mystérieux des astres, et l'harmonie du monde, et le lever et le coucher du soleil, et le disque de la lune avec son cortège d'étoiles errantes, et le brillant éclat de la voûte céleste!

Si ce monde vieillit, s'il est vrai qu'il doive rentrer dans la confusion du chaos, nous touchons sans doute à ce jour suprême qui verra cette génération coupable écrasée sous la chute du ciel, pour faire place à une race nouvelle et meilleure, pareille à celle qui peuplait le monde jeune encore, sous le règne de Saturne.

Tunc illa virgo, numinis magni Dea,
Justitia, cælo missa cum sancta Fide,
Terras regebat mitis : humanum genus
Non bella norat ; non tubæ fremitus truces ;
Non arma gentes; cingere assuerant suas
Muris nec urbes : pervium cunctis iter ;
Communis usus omnium rerum fuit.
Et ipsa tellus læta fecundos sinus
Pandebat ultro, tam piis felix parens
Et tuta alumnis. Alia sed soboles minus
Conspecta mitis : tertium solers genus
Novas ad artes exstitit ; sanctum tamen.
Mox inquietum, quod sequi cursu feras
Auderet acres; fluctibus tectos graves
Extrahere pisces rete; vel calamo levi
Decipere volucres ; premere subjectos jugo
Tauros feroces; vomere immunem prius
Sulcare terram, læsa quæ fruges suas
Interius alte condidit sacro sinu.
Sed in parentis viscera intravit suæ
Deterior ætas; eruit ferrum grave,
Aurumque; sævas mox et armavit manus;
Partita fines regna constituit, novas
Exstruxit urbes ; tecta defendit suis
Aliena telis, aut petiit prædæ imminens.
Neglecta terras fugit, et mores feros
Hominum, ac cruenta cæde pollutas manus,
Astræa virgo, siderum magnum decus.
Cupido belli crevit, atque auri fames.
Totum per orbem maximum exortum est malum,

Dans cet âge heureux, la vierge Astrée, déesse puissante descendue du ciel avec la sainte Fidélité, gouvernait doucement la terre : la guerre n'était point connue parmi les humains; le son de la trompette et le bruit des armes ne s'étaient jamais fait entendre. Point de remparts autour des villes; tous les chemins étaient ouverts, tous les biens étaient communs entre les hommes. La terre ouvrait d'elle-même son sein fécond, heureuse de nourrir et de protéger des enfans si doux et si vertueux. La génération suivante perdit de cette douceur. La troisième se signala par l'industrie et l'invention des arts; elle resta pure néanmoins. Mais ensuite vint une race d'hommes violens, qui osèrent poursuivre à la course les animaux sauvages, tirer les poissons du sein des eaux avec leurs filets, frapper les oiseaux de leurs flèches rapides, mettre sous le joug les taureaux indomptés, déchirer avec le soc la terre demeurée jusqu'alors vierge d'un pareil outrage, et la forcer ainsi de renfermer plus profondément ses fruits dans ses entrailles. Mais cette race coupable osa même pénétrer dans le sein de sa mère, pour en tirer le fer et l'or. Bientôt elle se forgea des armes, partagea les terres, établit des royaumes et bâtit des villes. On vit les hommes louer leurs bras pour défendre les cités étrangères, ou s'armer pour en faire la conquête.

Indignée de leurs mœurs féroces, et de voir leurs mains souillées de sang, la vierge Astrée quitta la terre infidèle à ses lois, pour remonter au ciel dont elle fait le plus bel ornement. La fureur des combats et la soif de l'or s'accrurent : le luxe, fléau terrible, infecta le

Luxuria, pestis blanda ; cui vires dedit
Roburque longum tempus, atque error gravis.
Collecta vitia per tot ætates diu
In nos redundant : seculo premimur gravi,
Quo scelera regnant : sævit impietas furens.
Turpi libido Venere dominatur potens.
Luxuria, victrix orbis, immensas opes
Jam pridem avaris manibus, ut perdat, rapit.

Sed ecce gressu fertur attonito Nero,
Trucique vultu : quid ferat, mente horreo.

SCENA II.

NERO, PRÆFECTUS, SENECA.

NERO.

Perage imperata : mitte, qui Plauti mihi
Sullæque cæsi referat abscissum caput.

PRÆFECTUS.

Jussa haud morabor : castra confestim petam.

SENECA.

Nihil in propinquos temere constitui decet.

NERO.

Justo esse facile est, cui vacat pectus metu.

SENECA.

Magnum timoris remedium clementia est.

monde entier de son doux poison; il se fortifia de plus en plus par le progrès du temps et de l'erreur.

Tous les vices, lentement amassés pendant tant de siècles, débordent aujourd'hui sur nous : le malheureux siècle où nous vivons est le règne du crime; l'impiété furieuse marche la tête levée; l'adultère et la débauche souillent la terre et la dominent effrontément. Le luxe, vainqueur du monde, ne ravit de ses mains avares d'immenses richesses que pour les engloutir en pure perte.

Mais voici Néron qui s'avance : il a l'œil hagard et l'air agité : je frémis des idées qui l'occupent.

SCÈNE II.

NÉRON, LE PRÉFET, SÉNÈQUE.

NÉRON.

Exécutez mes ordres, et faites qu'on m'apporte les têtes de Plautus et de Sylla.

LE PRÉFET.

Vous serez obéi sans retard : je vole au camp.

SÉNÈQUE.

Ces hommes vous touchent de près, il ne convient point de les condamner ainsi légèrement.

NÉRON.

Il est facile d'être juste, quand on n'a rien à craindre.

SÉNÈQUE.

La clémence est un remède puissant contre la crainte.

NERO.
Exstinguere hostem, maxima est virtus ducis.

SENECA.
Servare cives, major est patriæ patri.

NERO.
Præcipere mitem convenit pueris senem.

SENECA.
Regenda magis est fervida adolescentia.

NERO.
Ætate in hac satis esse consilii reor.

SENECA.
Ut facta Superi comprobent semper tua!

NERO.
Stulte verebor, ipse quum faciam, Deos.

SENECA.
Hoc plus verere, quod licet tantum tibi.

NERO.
Fortuna nostra cuncta permittit mihi.

SENECA.
Crede obsequenti parcius: levis est Dea.

NERO.
Inertis est, nescire quid liceat sibi.

NÉRON.

Exterminer ses ennemis, c'est la première vertu d'un prince.

SÉNÈQUE.

Épargner les citoyens, c'est plus encore la vertu du père de la patrie.

NÉRON.

C'est à des enfans qu'il faut donner ces conseils de vieillard.

SÉNÈQUE.

C'est plutôt l'ardente fougue de la jeunesse qui a besoin d'être modérée.

NÉRON.

Je crois être d'un âge à pouvoir me gouverner moi-même.

SÉNÈQUE.

Puissent toutes vos actions être agréables aux dieux!

NÉRON.

Ce serait folie à moi de les craindre, puisque c'est moi qui les fais.

SÉNÈQUE.

Cette grande puissance que vous avez n'est pour vous qu'une raison plus forte de les craindre.

NÉRON.

Ma fortune me rend tout permis.

SÉNÈQUE.

Il faut vous confier moins dans ses faveurs; c'est une déesse volage.

NÉRON.

C'est une lâcheté de n'user pas de toute sa puissance.

SENECA.

Id facere, laus est, quod decet, non quod licet.

NERO.

Calcat jacentem vulgus.

SENECA.

Invisum opprimet.

NERO.

Ferrum tuetur principem.

SENECA.

Melius fides.

NERO.

Decet timeri Cæsarem.

SENECA.

At plus diligi.

NERO.

Metuant necesse est.

SENECA.

Quidquid exprimitur, grave est.

NERO.

Jussisque nostris pareant.

SENECA.

Justa impera.

NERO.

Statuam ipse.

SENECA.

Quæ consensus efficiat rata.

NERO.

Despectus ensis faciet.

SÉNÈQUE.

La gloire consiste à faire ce qu'on doit, et non ce qu'on peut.

NÉRON.

Le peuple méprise un maître faible.

SÉNÈQUE.

Et il renverse un tyran.

NÉRON.

Le fer peut le défendre.

SÉNÈQUE.

L'amour le défendrait mieux.

NÉRON.

Un empereur doit se faire craindre.

SÉNÈQUE.

Mieux vaudrait qu'il se fît aimer.

NÉRON.

Il faut qu'on tremble devant lui.

SÉNÈQUE.

Trop de rigueur lasse l'obéissance.

NÉRON.

Je veux être obéi.

SÉNÈQUE.

N'ordonnez que des choses justes.

NÉRON.

Je veux faire la loi.

SÉNÈQUE.

Il faut qu'elle obtienne l'assentiment du peuple.

NÉRON.

L'épée le lui donnera.

SENECA.
Hoc absit nefas.
NERO.
An patiar ultra sanguinem nostrum peti
Invictus, et contemtus ut subito opprimar?
Exsilia non fregere summotos procul
Plautum atque Sullam, pertinax quorum furor
Armat ministros sceleris in cædem meam.
Absentium quum maneat etiam ingens favor
In urbe nostra, qui fovet spes exsulum;
Tollantur hostes ense suspecti mihi.
Invisa conjux pereat, et carum sibi
Fratrem sequatur; quidquid excelsum est, cadat.

SENECA.
Pulchrum eminere est inter illustres viros,
Consulere patriæ, parcere afflictis, fera
Cæde abstinere, tempus atque iræ dare,
Orbi quietem, seculo pacem suo.
Hæc summa virtus: petitur hac cælum via.
Sic ille patriæ primus Augustus parens
Complexus astra est, colitur et templis Deus.
Illum tamen Fortuna jactavit diu
Terra marique per graves belli vices;
Hostes parentis donec oppressit sui.
Tibi numen incruenta summittit suum;
Et dedit habenas imperii facili manu;
Nutuque, terras, maria, subjecit tuo.
Invidia tristis victa consensu pio

SÉNÈQUE.

Les dieux nous préservent d'un pareil crime!

NÉRON.

Moi, le maître de Rome, souffrirai-je plus long-temps qu'on attente à ma vie, qu'on me brave, et que l'on conspire ma ruine? L'exil n'a point abattu l'audace de Plautus et de Sylla; loin de Rome, ils nourrissent encore dans leur sein l'implacable fureur qui arme des assassins contre mes jours. Puisque l'absence même n'a point diminué le crédit sur lequel se fondent leurs coupables espérances, je dois me délivrer de la crainte qu'ils me donnent, et tuer mes ennemis. Que mon odieuse femme périsse également, et qu'elle aille rejoindre son frère tant aimé. Tout ce qui me porte ombrage doit tomber.

SÉNÈQUE.

Il est beau de se montrer supérieur aux plus grands hommes, de travailler au bonheur de son pays, d'épargner les malheureux, de s'abstenir du meurtre, de donner du temps à sa colère, le repos au monde, et la paix à son siècle. Voilà la vertu suprême, voilà le chemin qui mène au ciel; c'est ainsi que le premier Auguste se montra le père de la patrie, mérita d'être mis dans le ciel au rang des dieux, et d'avoir des temples sur la terre, où il reçoit les hommages des mortels. Cependant il eut beaucoup à souffrir des coups de la fortune, dans les longues et terribles guerres qu'il soutint sur la terre et sur les eaux, pour arriver à punir les ennemis de son père. Mais vous, au contraire, vous n'avez reçu d'elle que des faveurs; sans verser une seule goutte de sang,

Cessit : senatus, equitis accensus favor ;
Plebisque votis, atque judicio Patrum
Tu pacis auctor, generis humani arbiter
Electus, orbem tu sacra specie regis,
Patriæ parens : quod nomen ut serves, petit,
Suosque cives Roma commendat tibi.

NERO.

Munus Deorum est, ipsa quod servit mihi
Roma, et Senatus ; quodque ab invitis preces
Humilesque voces exprimit nostri metus.
Servare cives, principi et patriæ graves,
Claro tumentes genere, quæ dementia est,
Quum liceat una voce suspectos sibi
Mori jubere ! Brutus in cædem ducis,
A quo salutem tulerat, armavit manus.
Invictus acie, gentium domitor, Jovi
Æquatus altos sæpe per honorum gradus,
Cæsar nefando civium scelere occidit.
Quantum cruoris Roma tunc vidit sui,
Lacerata toties ! Ille, qui meruit pia
Virtute cælum, Divus Augustus, viros
Quot interemit nobiles, juvenes, senes,
Sparsos per orbem, quum suos mortis metu
Fugerent penates, et trium ferrum ducum,
Tabula notante deditos tristi neci !
Exposita rostris capita cæsorum patres

elle a mis doucement en vos mains le sceptre du monde, et soumis la terre et les mers à votre empire. La sombre envie s'est brisée contre l'amour unanime des Romains, et n'a plus rien osé contre vous. Les sénateurs et les chevaliers sont pour vous. Par les vœux du peuple et le choix du sénat, vous assurez la paix du monde, vous êtes le maître suprême des humains, vous portez le nom sacré de Père de la patrie; Rome demande que vous gardiez toujours ce beau nom, et met ses enfans sous votre sauve-garde.

NÉRON.

C'est à la faveur des dieux seulement que je dois l'obéissance de Rome et celle du sénat, et ce respect timide, ces vœux contraints que la terreur inspire. Laisser la vie à des citoyens fiers de leur noble origine, et aussi dangereux pour leur prince que pour leur patrie! quelle folie à moi, quand je puis d'un mot les anéantir et me tirer d'inquiétude! Brutus arma ses mains coupables contre le vainqueur à qui il devait la vie : le grand César, ce guerrier invincible, ce conquérant que la gloire égalait à Jupiter lui-même, a péri sous le glaive impie des Romains.

Quels flots de sang coulèrent alors dans Rome si souvent déchirée! Que de citoyens nobles, jeunes et vieux, dispersés par le monde, et que la terreur chassait de leurs maisons pour éviter le fer des triumvirs et leurs tables funestes, périrent par les ordres du divin Auguste, qui a pourtant mérité le ciel par ses douces vertus! que d'exécutions terribles! Les sénateurs voyaient avec douleur les plus nobles têtes attachées à la tribune aux ha-

Videre mœsti : flere nec licuit suos,
Non gemere, dira tabe polluto foro,
Stillante sanie per putres vultus gravi.

Nec finis hic cruoris aut cædis stetit.
Pavere volucres et feras sævas diu
Tristes Philippi : hausit et Siculum mare
Classes, virosque sæpe cedentes suis.
Concussus orbis viribus magnis ducum :
Superatus acie puppibus Nilum petit
Fugæ paratis, ipse periturus brevi.
Hausit cruorem incesta Romani ducis
Ægyptus iterum, nunc leves umbras tegit.

Illic sepultum est impie gestum diu
Civile bellum : condidit tandem suos
Jam fessus enses victor, hebetatos feris
Vulneribus, et continuit imperium metu.
Armis, fideque militis tutus fuit.
Pietate nati factus eximia Deus,
Post fata consecratus, et templis datus.

Nos quoque manebunt astra, si sævo prior
Ense occuparo quidquid infestum est mihi,
Dignaque nostram sobole fundaro domum.

SENECA.

Implebit aulam stirpe cælesti tuam
Generata Divo, Claudiæ gentis decus,
Sortita fratris, more Junonis, toros.

rangues; mais ils n'osaient pleurer la mort de leurs plus chers parens : il était défendu de gémir, quand la place publique était couverte de cadavres mutilés et tout souillés d'un sang noir et corrompu.

Mais le carnage et le meurtre ne s'arrêtèrent pas là. Long-temps les oiseaux et les bêtes féroces trouvèrent leur pâture dans les fatales plaines de Philippes. La mer de Sicile a englouti des flottes entières dans des combats où vainqueurs et vaincus étaient Romains. Ces grandes collisions ébranlaient le monde. Le rival d'Auguste prend la fuite, et ses vaisseaux fugitifs l'emportent vers le Nil, où il va bientôt périr. L'incestueuse Égypte s'abreuve une seconde fois du sang d'un capitaine romain, et possède les cendres de deux grands hommes.

Cette contrée fut le tombeau de la guerre civile, guerre si longue et si cruelle ; enfin le vainqueur fatigué put remettre dans le fourreau son glaive émoussé par tant de coups, et maintenir par la terreur l'empire qu'il avait conquis. Par ses armes et la fidélité de ses soldats, il assura sa propre vie. La noble piété de son fils le consacra dieu, après sa mort, et lui éleva des temples.

Et moi aussi le ciel sera mon partage, lorsque j'aurai détruit tous mes ennemis par l'épée, et qu'un héritier digne de moi assurera l'avenir de ma maison.

SÉNÈQUE.

Cet enfant d'une race divine, la fille d'un dieu vous le donnera; nous l'attendons de la fille de Claude, qui est la gloire de sa famille et, comme Junon, l'épouse de son frère.

NERO.

Incesta genitrix detrahit generi fidem,
Animusque nunquam conjugis junctus mihi.

SENECA.

Teneris in annis haud satis clara est fides,
Pudore victus quum tegit flammas amor.

NERO.

Hoc equidem et ipse credidi frustra diu,
Manifesta quamvis pectore insociabili
Vultuque signa proderent odium mei.
Tandem quod ardens statuit ulcisci dolor;
Dignamque thalamis conjugem inveni meis
Genere atque forma, victa cui cedat Venus,
Jovisque conjux, et ferox armis Dea.

SENECA.

Probitas, fidesque conjugis, mores, pudor,
Placeant marito : sola perpetuo manent
Subjecta nulli mentis atque animi bona.
Florem decoris singuli carpunt dies.

NERO.

Omnes in unam contulit laudes Deus,
Talemque nasci fata voluerunt mihi.

SENECA.

Recedat a te, temere ne credas, Amor.

NERO.

Quem submovere fulminis dominus nequit,

NÉRON.

Les débauches de la mère me donnent peu de confiance dans sa fille, et jamais Octavie ne m'aima sincèrement.

SÉNÈQUE.

Dans une si grande jeunesse la tendresse ne peut guère se montrer; la pudeur timide couvre le feu de l'amour.

NÉRON.

C'est ce que j'ai cru moi-même long-temps, abusé que j'étais, malgré les marques d'antipathie qu'elle me donnait, et la haine qui se témoignait sur son visage. Enfin j'ai résolu de me venger de ses dédains; j'ai trouvé une femme digne par sa naissance et par sa beauté de ma couche impériale; Vénus, Junon et la fière Pallas ont moins d'attraits.

SÉNÈQUE.

Ce qu'un époux doit aimer dans une femme, c'est la vertu, la fidélité conjugale, la pudeur et la chasteté : il n'y a que les qualités de l'âme qui demeurent toujours et que rien ne peut corrompre; la beauté passe comme une fleur dont chaque jour flétrit l'éclat.

NÉRON.

Celle que j'aime réunit tous les dons les plus rares; les dieux semblent l'avoir formée telle pour mon bonheur.

SÉNÈQUE.

Ne vous livrez point en aveugle à la puissance de l'Amour.

NÉRON.

L'Amour règne au ciel, et le dieu de la foudre lui-

Cæli tyrannum, sæva qui penetrat freta,
Ditisque regna, detrahit Superos polo.

SENECA.

Volucrem esse Amorem fingit immitem Deum
Mortalis error, armat et telis manus,
Arcusque sacros miscuit sæva face;
Genitumque credit Venere, Vulcano satum.
Vis magna mentis, blandus atque animi calor
Amor est; juventa gignitur; luxu, otio
Nutritur inter læta Fortunæ bona.
Quem si fovere atque alere desistas, cadit,
Brevique vires perdit exstinctus suas.

NERO.

Hanc esse vitæ maximam causam reor,
Per quam voluptas oritur : interitu caret,
Quum procreetur semper humanum genus
Amore grato, qui truces mulcet feras.
Hic mihi jugales præferat tædas Deus,
Jungatque nostris igne Poppæam toris.

SENECA.

Vix sustinere posset hos thalamos dolor
Videre populi : sancta nec pietas sinat!

NERO.

Prohibebor unus facere, quod cunctis licet?

SENECA.

Majora populus semper a summo exigit.

même ne peut briser son joug; il pénètre au sein des flots, triomphe aux enfers, et force les dieux à descendre de l'Olympe.

SÉNÈQUE.

C'est l'ignorance humaine qui a fait de l'Amour un dieu terrible, qui a mis des flèches dans ses mains, avec un arc redoutable, et une torche cruelle; qui l'a fait naître de Vénus et de Vulcain. L'amour n'est qu'un vif penchant de l'âme, une douce flamme du cœur; la jeunesse le fait éclore; le luxe, l'oisiveté l'entretiennent au sein de l'opulence. Cessez de le nourrir et de le fortifier, il tombe de lui-même, comme un feu sans aliment perd ses forces et ne tarde pas à s'éteindre.

NÉRON.

L'Amour, source de volupté, me paraît, à moi, le principe même de la vie : sa douce puissance donne à l'homme une existence immortelle par l'enfantement successif des générations humaines, et adoucit les animaux les plus sauvages. C'est ce dieu qui doit allumer pour moi les flambeaux de l'hymen, et, par son feu céleste, faire monter Poppée dans ma couche.

SÉNÈQUE

Les Romains ne verraient pas sans douleur cette union, et la vertu la condamne.

NÉRON.

Il est permis à tous de prendre une épouse, et moi seul je ne le pourrais pas?

SÉNÈQUE.

Une position plus haute impose aussi des devoirs plus étroits.

NERO.
Libet experiri, viribus fractus meis
An cedat animis temere conceptus favor.

SENECA.
Obsequere potius civibus placidus tuis.

NERO.
Male imperatur, quum regit vulgus duces.

SENECA.
Nil impetrare quum valet, juste dolet.

NERO.
Exprimere jus est, ferre quod nequeunt preces?

SENECA.
Negare durum est.

NERO.
Principem cogi nefas.

SENECA.
Remittat ipse.

NERO.
Fama sed victum feret.

SENECA.
Levis atque vana.

NERO.
Si licet, multos notat.

SENECA.
Excelsa metuit.

NÉRON.

Je veux voir si le fol amour des Romains pour Octavie tiendra contre ma puissance.

SÉNÈQUE.

Cédez plutôt aux vœux du peuple.

NÉRON.

Il n'y a plus d'autorité quand c'est le peuple qui conduit les chefs.

SÉNÈQUE.

Ne lui rien accorder, c'est lui donner un juste sujet de haine.

NÉRON.

A-t-il donc le droit de prendre à force ouverte ce qu'on refuse à ses prières?

SÉNÈQUE.

C'est une cruauté de ne les écouter pas.

NÉRON.

C'est un crime de vouloir forcer un empereur.

SÉNÈQUE.

Qu'il cède alors lui-même.

NÉRON.

La renommée dira qu'il a été vaincu.

SÉNÈQUE.

Elle est capricieuse et mensongère.

NÉRON.

Plus d'un roi, s'il n'y prend garde, est déshonoré par elle.

SÉNÈQUE.

Elle redoute la grandeur.

NERO.

Non minus carpit tamen.

SENECA.

Facile opprimetur : merita te Divi patris,
Ætasque frangat conjugis, probitas, pudor.

NERO.

Desiste tandem, jam gravis nimium mihi,
Instare; liceat facere, quod Seneca improbat.
Et ipse populi vota jam pridem moror,
Quum portet utero pignus, et partem mei.
Quin destinamus proximam thalamis diem?

NÉRON.

Elle ne laisse pas de l'attaquer pourtant.

SÉNÈQUE.

Il est facile de la réduire au silence : rappelez-vous les bienfaits de votre divin père; que l'âge de votre épouse, sa fidélité, sa vertu vous ramènent à de plus sages pensées.

NÉRON.

Cessez vos remontrances; depuis long-temps elles m'importunent. Je veux avoir le droit de faire ce qu'il plaît à Sénèque de blâmer. C'est ajourner trop long-temps la joie du peuple; celle que j'aime porte dans son sein un gage de mon amour, une partie de moi-même. Je fixe à demain le jour de cet heureux hyménée.

ACTUS TERTIUS.

SCENA I.

AGRIPPINA.

Tellure rupta Tartaro gressum extuli,
Stygiam cruenta præferens dextra facem
Thalamis scelestis: nubat his flammis meo
Poppæa nato juncta, quas vindex manus
Dolorque matris vertet ad tristes rogos.

Manet inter umbras impiæ cædis mihi
Semper memoria, manibus nostris gravis
Adhuc inultis, reddita et meritis meis
Funesta merces puppis, et pretium imperii
Nox illa, qua naufragia deflevi mea.
Comitum necem, natique crudelis nefas
Deflere votum fuerat: haud tempus datum est
Lacrimis; sed ingens scelere geminavit nefas.
Peremta ferro, fœda vulneribus, sacros
Intra penates spiritum effudi gravem,
Erepta pelago.

ACTE TROISIÈME.

SCÈNE I.

AGRIPPINE.

J'ai percé le sein de la terre, et j'arrive du séjour des Ombres. Ma main sanglante porte la torche infernale qui doit éclairer ce coupable hymen. Je veux que ce flambeau préside à l'union de Poppée et de mon fils, et mon bras vengeur, mon ressentiment maternel en allumeront le bûcher qui les doit consumer tous deux.

Dans les enfers même, le crime affreux qui m'ôta la vie est toujours présent à ma mémoire. Le vaisseau perfide dont il paya mes bienfaits; cette nuit fatale qu'il me donna en échange de l'empire, et pendant laquelle je pleurai mon naufrage, pèse cruellement à mes mânes demeurés encore sans vengeance. Je voulais déplorer le malheur de mes compagnons, et le crime horrible de mon fils : mais il ne m'en laissa pas le temps; il couronna son forfait par un autre plus grand. A peine retirée des flots, un glaive perça mon sein, et mon âme irritée s'échappa de mon corps par une large blessure, au milieu de mon palais.

Sanguine exstinxi meo
Nec odia nati; sævit in nomen ferus
Matris tyrannus: obrui meritum cupit.
Simulacra, titulos destruit, mortis metu,
Totum per orbem, quem dedit pœnam in meam
Puero regendum noster infelix amor.

Exstinctus umbras agitat infestus meas
Flammisque vultus noxios conjux petit,
Instat, minatur, imputat fatum mihi
Tumulumque: nati poscit auctorem necis.
Jam, parce, dabitur: tempus haud longum peto.
Ultrix Erinnys impio dignum parat
Letum tyranno; verbera, et turpem fugam,
Pœnasque, queis et Tantali vincat sitim,
Dirum laborem Sisyphi, Tityi alitem,
Ixionisque membra rapientem rotam.
Licet exstruat marmoribus, atque auro tegat
Superbus aulam, limen armatæ ducis
Servent cohortes, mittat immensas opes
Exhaustus orbis, supplices dextram petant
Parthi cruentam, regna, divitias, ferant:
Veniet dies tempusque, quo reddat suis
Animum nocentem sceleribus, jugulum hostibus,
Desertus, et destructus, et cunctis egens.

Heu, quo labor, quo vota ceciderunt mea!
Quo te furor provexit attonitum tuus,
Et fata, nate? cedat ut tantis malis
Genitricis ira, quæ tuo scelere occidit!

OCTAVIE. ACTE III. 349

Mon sang même n'a pas éteint la haine de mon fils; ce cruel tyran s'acharne encore sur le nom de sa mère: il veut effacer la mémoire de mes bienfaits. Ses ordres sanglans font tomber mes statues et les monumens de ma gloire dans toute l'étendue de l'univers, que mon aveugle tendresse a soumis pour mon malheur à ce fils dénaturé.

Mon époux assassiné me poursuit de sa colère, il lance des feux contre ma tête coupable, il me presse, il me menace, me reproche sa mort, et demande vengeance du trépas de son fils. Attends un moment, Claudius, et tu l'auras. La terrible Érinnys prépare à ce monstre une fin digne de lui; des blessures, une fuite honteuse et des châtimens plus cruels que la soif de Tantale, que le rocher de Sisyphe, que le vautour de Tityus, et que la roue qui, dans son branle rapide, meurtrit les membres d'Ixion. Qu'il bâtisse des palais de marbre, que l'or brille à ses riches lambris, que des cohortes en armes veillent à la porte de sa riche demeure, que l'univers s'épuise à le combler de richesses, que les Parthes baisent à genoux sa main sanglante, et lui livrent leurs trésors et leurs provinces; le temps vient où on le verra payer ses crimes de sa coupable tête, présenter la gorge au glaive de ses bourreaux, abandonné de tous, anéanti, privé de secours.

Voilà donc le fruit de mes peines, et le terme de tous mes vœux! O mon fils! où t'a conduit ta fureur aveugle et ta cruelle destinée? fallait-il en venir à ce point que ta mère elle-même, assassinée par toi, se voie enfin désar-

Utinam, antequam te parvulum in lucem edidi,
Aluique, sævæ nostra lacerassent feræ
Viscera! sine ullo scelere, sine sensu innocens
Meus occidisses: junctus atque hærens mihi,
Semper quietam cerneres sedem Inferûm,
Proavos, patremque, nominis magni viros;
Quos nunc pudor, luctusque perpetuus manet,
Ex te, nefande, meque, quæ talem tuli.

Quid tegere cesso Tartaro vultus meos,
Noverca, conjux, mater infelix meis?

SCENA II.

OCTAVIA, CHORUS.

OCTAVIA.

Parcite lacrimis urbis festo
Lætoque die; ne tantus amor,
Nostrique favor principis acres
Suscitet iras, vobisque ego sim
Causa malorum: non hoc primum
Pectora vulnus mea senserunt;
Graviora tuli: dabit hic nostris
Finem curis vel morte dies.

mée par l'excès de tes malheurs? Plût au ciel qu'avant de te mettre au monde et de te nourrir, des bêtes cruelles eussent déchiré mes entrailles! tu serais mort avec moi sans avoir connu la vie, sans t'être souillé par le crime : attachés l'un à l'autre dans un même corps, nous habiterions ensemble les paisibles bocages de l'Élysée, auprès de ton illustre père, et de tes nobles aïeux; tandis que maintenant la honte et la douleur les assiègent, à cause de toi, perfide, et de moi qui ai pu enfanter un pareil monstre!

Marâtre, épouse et mère également fatale à tous les miens, il est temps de me cacher au fond des enfers.

SCÈNE II.

OCTAVIE, LE CHOEUR.

OCTAVIE.

Séchez vos larmes dans ce jour de fête et de joie; l'amour et l'intérêt que vous me témoignez pourraient allumer la colère du prince, et je serais pour vous une source de malheurs. Ce n'est pas le premier trait qui a percé mon cœur, j'ai souffert déjà de plus grands maux. Quand ce serait par la mort, ce jour me verra délivrée de mes peines. Je n'aurai plus sous mes yeux le terrible visage de mon tyran ; je ne partagerai plus la couche

Non ego sævi cernere cogar
    Conjugis ora;
Non invisos intrare mihi
Thalamos famulæ : soror Augusti,
    Non uxor, ero.
Absint tantum tristes pœnæ,
Letique metus. Scelerum diri,
Miseranda, viri potes hæc, demens,
Sperare memor? hos ad thalamos
Servata diu, victima tandem
Funesta cades. Sed quid patrios
Sæpe penates respicis udis
Confusa genis? propera tectis
Efferre gradus : linque cruentam
    Principis aulam.

CHORUS.

En illuxit suspecta diu
Fama toties jactata dies!
Cessit thalamis Claudia diri
    Pulsa Neronis,
Quos jam victrix Poppæa tenet,
Cessat pietas dum nostra, gravi
Compressa metu, segnisque dolor.
Ubi Romani vis est populi?
Fregit claros quæ sæpe duces,
Dedit invictæ leges patriæ,
Fasces dignis civibus olim,
Jussit bellum pacemque, feras
Gentes domuit, captos reges
Carcere clusit? Gravis en oculis

d'une rivale odieuse ; je serai la sœur et non plus la femme de César.

Que du moins je sois affranchie de mes peines et de la crainte du trépas! Mais, hélas! malheureuse, peux-tu l'espérer, connaissant comme tu le connais ce barbare époux? Gardée comme une victime pour la cérémonie de cet hymen, ce jour est marqué pour ta mort. Mais pourquoi tourner si souvent tes yeux humides et pleins de larmes vers le palais de ton père? hâte-toi plutôt d'en sortir ; sauve-toi de cette cour ensanglantée.

LE CHOEUR.

Le voici donc arrivé ce jour fatal, et qu'un bruit menaçant nous a tant de fois annoncé! La fille de Claude se voit chassée du lit de Néron ; et Poppée triomphante y monte à sa place, pendant que la terreur glace notre amour et enchaîne nos bras.

Qu'est devenue la puissance du peuple romain? cette puissance qui brisa les forces de tant de rois, fit les lois dans Rome, donna les faisceaux à des mains dignes de les porter, ordonna à son gré la paix et la guerre, dompta les nations et mit aux fers des souverains prisonniers. De toutes parts, les images de Poppée jointes à celles de Néron blessent nos regards. Abattons les

Undique nostris jam Poppææ
Fulget imago juncta Neroni:
Affligat humo violenta manus
Similes nimium vultus dominæ,
Ipsamque toris detrahat altis:
Petat infelix mox et flammis
Telisque feri principis aulam.

statues trop ressemblantes de cette courtisane, arrachons-la elle-même de sa couche impériale, armons-nous de traits et de feux, et courons au palais de ce tyran barbare.

ACTUS QUARTUS.

SCENA I.

NUTRIX, POPPÆA.

NUTRIX.
Quo trepida gressum conjugis thalamis tui
Effers, alumna? quodve secretum petis
Turbata vultu? cur genæ fletu madent?
Certe petitus precibus et votis dies
Nostris refulsit. Cæsari juncta es tuo
Tæda jugali: quem tuus cepit decor,
Et culpa Senecæ, tradidit vinctum tibi
Genitrix amoris maximum numen Venus.
O qualis, altos quanta pressisti toros
Residens in aula! vidit attonitus tuam
Formam Senatus, tura quum Superis dares,
Sacrasque grato spargeres aras mero,
Velata summum flammeo tenui caput,
Et ipse lateri junctus atque hærens tuo
Sublimis inter civium læta omina
Incessit, habitu atque ore lætitiam gerens
Princeps superbo: talis emersam freto

ACTE QUATRIÈME.

SCÈNE I.

LA NOURRICE, POPPÉE.

LA NOURRICE.

Où fuyez-vous ainsi de l'appartement de votre époux, ma fille ? quelle retraite voulez-vous chercher dans le trouble qui vous agite, et pourquoi ces larmes qui coulent sur vos joues ? Ce beau jour appelé par nos prières et par nos vœux a brillé pour vous. Les flambeaux de l'hymen vous ont unie à votre auguste amant ; vos attraits et le zèle indiscret de Sénèque vous ont donné ce noble époux, et la puissante mère de l'Amour l'a fait tomber dans vos chaînes. Que vous étiez belle sur ce beau lit nuptial ! avec quel ravissement le sénat contemplait vos charmes, tandis que vous faisiez brûler l'encens en l'honneur des dieux, et que vos mains faisaient sur les autels des libations de vin ! Un léger voile de pourpre couvrait le sommet de votre tête ; Néron marchait à vos côtés avec un noble orgueil, au milieu des acclamations des citoyens ; la pourpre de ses habits et la joie de son visage attiraient tous les regards : telle fut

Spumante Peleus conjugem accepit Thetin :
Quorum toros celebrasse Cælestes ferunt,
Pelagique numen omne consensu pari.
Quæ subita vultus causa mutavit tuos?
Quid pallor iste, quid ferant lacrimæ, doce.

POPPÆA.

Confusa tristi proximæ noctis metu
Visuque, nutrix, mente turbata feror,
Defecta sensu. Læta nam postquam dies
Sideribus atris cessit, et nocti polus,
Inter Neronis juncta complexus mei
Somno resolvor; nec diu placida frui
Quiete licuit : visa nam thalamos meos
Celebrare turba est mœsta; resolutis comis
Matres Latinæ flebiles planctus dabant;
Inter tubarum sæpe terribilem sonum
Sparsam cruore conjugis genitrix mei
Vultu minaci sæva quatiebat facem :
Quam dum sequor, coacta præsenti metu,
Diducta subito patuit ingenti mihi
Tellus hiatu : lata quo præceps, toros
Cerno jugales pariter et miror meos,
In queis resedi fessa. Venientem intuor
Comitante turba conjugem quondam meum,
Natumque : properat petere complexus meos
Crispinus, intermissa libare oscula ;
Irrumpit intra tecta quum trepidus mea,
Ensemque jugulo condidit sævum Nero.
Tandem quietem magnus excussit timor :
Quatit ora et artus horridus nostros tremor,

autrefois l'union de Pélée avec la fille des mers orageuses, hymen fameux que les divinités du ciel célébrèrent à l'envi avec celles des eaux.

Quel soudain malheur a changé votre visage? d'où vient cette pâleur, et que veulent dire ces larmes?

POPPÉE.

Un songe affreux, chère nourrice, m'a glacée d'horreur cette nuit ; il trouble encore ma raison, et m'ôte l'usage de mes sens. Quand la lumière du soleil eut fait place aux étoiles, et que les ténèbres eurent couvert la face du ciel, je me suis endormie dans les bras de mon cher Néron ; mon sommeil ne fut pas long-temps paisible : il me sembla voir une foule nombreuse en habits de deuil entourer mon lit : les dames romaines, les cheveux épars, faisaient entendre des cris lugubres; à plusieurs reprises, le son terrible de la trompette se fit entendre, et je vis la mère de mon époux agiter avec menace une torche ensanglantée. Je la suis, entraînée par l'effroi ; mais tout à coup la terre ébranlée ouvre sous mes pas un abîme immense, où je vois tomber le lit nuptial sur lequel je me repose tremblante et sans forces. Alors s'approche de moi mon ancien époux, Crispinus, et son fils, entourés d'une foule nombreuse. Crispinus se jette aussitôt dans mes bras, et me couvre de ses baisers long-temps interrompus, quand tout à coup Néron furieux entre dans mon appartement, et lui plonge un affreux poignard dans le sein.

La terreur dont j'étais saisie m'arrache enfin au sommeil ; un tremblement universel agite tous mes membres

Pulsatque pectus : continet vocem timor,
Quam nunc fides pietasque produxit tua.
Heu, quid minantur Inferûm manes mihi,
Aut quem cruorem conjugis vidi mei?

NUTRIX.

Quæcumque mentis agitat infestus vigor,
Ea per quietem sacer et arcanus refert
Veloxque sensus : conjugem, thalamos, rogos,
Vidisse te miraris, amplexu novi
Hærens mariti? sed movent læto die
Pulsata palmis pectora, et fusæ comæ.
Octaviæ discidia planxerunt sacros
Intra penates fratris, et patrium larem.
Fax illa, quam sequuta es, Augustæ manu
Prælata, clarum nomen invidia tibi
Partum ominatur. Inferûm sedes toros
Stabiles futuros spondet æternæ domus.
Jugulo quod ensem condidit princeps tuus,
Bella haud movebit, pace sed ferrum teget.
Recollige animum : recipe lætitiam, precor,
Timore pulso : redde te thalamis tuis.

POPPÆA.

Delubra et aras petere constitui sacras,
Cæsis litare victimis numen Deûm,
Ut expientur noctis et somni minæ,
Terrorque in hostes redeat attonitus meos.
Tu vota pro me suscipe, et precibus piis

et fait battre mon cœnr. La crainte me force de cacher ce secret que je confie à ta discrétion et à ta fidélité. Hélas! quel est ce malheur que m'annoncent les ombres des morts, et que signifie ce sang de mon époux que j'ai vu couler?

LA NOURRICE.

Toutes les images qui ont exercé dans le jour la vigoureuse activité de l'esprit, une force mystérieuse et cachée les ranime à l'heure du repos. Endormie dans les bras de votre nouvel époux, comment vous étonnez-vous d'avoir vu en songe un mari, une chambre nuptiale, un bûcher? Vous vous effrayez aussi de ces dames romaines qui, les cheveux en désordre, se frappaient le sein : ce sont les amies d'Octavie qui pleurent son divorce dans le palais de son frère, et au pied de ses pénates sacrés. Ce flambeau dont la main d'Agrippine vous poursuivait, vous présage un nom que l'envie même rendra plus célèbre. Les enfers promettent à votre hymen et à votre maison une éternelle durée. Ce glaive, plongé par Néron dans le sein de votre époux, signifie qu'il ne fera point de guerres, mais que, sous son règne, la paix tiendra l'épée dans le fourreau. Reprenez donc vos esprits et votre joie; bannissez vos terreurs, et rentrez dans votre chambre nuptiale.

POPPÉE.

Non, je veux aller au temple, me prosterner au pied des saints autels, et apaiser les dieux par des sacrifices, pour conjurer les songes menaçans de cette nuit cruelle, et en tourner les présages terribles contre mes ennemis. Toi, viens faire des vœux pour moi, et leur adres-

Superos adora, manet ut præsens metus.

SCENA II.

CHORUS.

Si vera loquax fama Tonantis
Furta et gratos narrat amores;
Quem modo Ledæ pressisse sinum
Tectum plumis pennisque ferunt;
Modo per fluctus raptam Europen
Taurum tergo portasse trucem;
Quæ regit, et nunc deseret astra,
Petet amplexus, Poppæa tuos;
Quos et Ledæ præferre potest;
Et tibi, quondam cui miranti
Fulvo, Danae, fluxit in auro.
Formam Sparte jactet alumnæ
Licet, et Phrygius præmia pastor;
Vincet vultus hæc Tyndaridos,
Qui moverunt horrida bella,
Phrygiæque solo regna dedere.
Sed quis gressu ruit attonito?
Aut quid pectore portat anhelo?

ser de pieuses prières pour que la terreur qui m'agite s'éloigne de moi.

SCÈNE II.

LE CHOEUR.

Si l'indiscrète renommée dit vrai quand elle raconte les amours et les tendres larcins de Jupiter ; si, couvert de plumes brillantes, il s'est reposé sur le sein de Léda ; si, changé en taureau sauvage, il a ravi et emporté à travers les flots la belle Europe ; qu'il abandonne encore une fois son empire, et descende du ciel pour venir dans tes bras, ô Poppée ! Il doit te préférer à Léda, et à Danaé qui, jadis, le vit descendre vers elle en pluie d'or. C'est en vain que Sparte nous vante son Hélène, et que le berger troyen s'applaudit de sa conquête. Poppée l'emporte encore sur la fille de Tyndare, dont la beauté suscita une guerre cruelle, et amena la ruine d'Ilion.

Mais quel est ce messager qui accourt à nous à grands pas, plein de trouble et hors d'haleine ? quelle nouvelle apporte-t-il ?

SCENA III.

NUNTIUS, CHORUS.

NUNTIUS.

Quicumque tectis miles exsultat ducis,
Defendat aulam, cui furor populi imminet.
Trepidi cohortes ecce praefecti trahunt
Praesidia ad urbis ; victa nec cedit metu
Concepta rabies temere, sed vires capit.

CHORUS.

Quis iste mentes agitat attonitus furor ?

NUNTIUS.

Octaviae furore perculsa agmina,
Et efferata per nefas ingens ruunt.

CHORUS.

Quid ausa facere, quove consilio, doce ?

NUNTIUS.

Reddere penates Claudiae Divi parant,
Torosque fratris, debitam partem imperii.

CHORUS.

Quos jam tenet Poppaea concordi fide ?

NUNTIUS.

Hic urit animos pertinax nimium furor,
Et in furorem temere praecipites agit.
Quaecumque claro marmore effigies stetit,

SCÈNE III.

LE MESSAGER, LE CHOEUR.

LE MESSAGER.

Gardes qui vous tenez si fièrement aux portes du palais, venez le défendre contre les attaques du peuple. Les préfets tremblans amènent les cohortes au secours de la ville. Cette révolte insensée ne se laisse point abattre par la crainte; mais au contraire elle prend à chaque moment de nouvelles forces.

LE CHOEUR.

Et quel est le motif de cette fureur aveugle?

LE MESSAGER.

La fureur d'Octavie s'est communiquée au peuple, et dans le transport qui l'agite, il est prêt à se porter aux plus grands excès.

LE CHOEUR.

Que veut-il faire? quel est son but?

LE MESSAGER.

De rendre à la fille de Claude le palais de son divin père, et le lit de son frère, et la moitié de l'empire.

LE CHOEUR.

Mais Poppée est aujourd'hui l'épouse légitime et chérie de notre empereur.

LE MESSAGER.

C'est là précisément ce qui allume dans leurs cœurs cette aveugle rage, et les porte à des actions désespérées. Toutes les images de Poppée, statues de marbre ou

Aut aere fulgens ora Poppaeae gerens,
Afflicta vulgi manibus, et saevo jacet
Eversa ferro: membra per partes trahunt
Deducta laqueis: obruunt turpi diu
Calcata coeno: verba conveniunt feris
Immixta factis, quae timor recipit meus.
Sepire flammis principis sedem parant,
Populi nisi irae conjugem reddat novam,
Reddat penates Claudiae victus suos.
Ut noscat ipse civium motus, mea
Voce haud morabor jussa praefecti exsequi.

CHORUS.

Quid fera frustra bella movetis?
Invicta gerit tela Cupido,
Flammis vestros obruet ignes:
Queis exstinxit fulmina saepe,
Captumque Jovem caelo traxit.
Laesi tristes dabitis poenas
Sanguine vestro: non est patiens
Fervidus irae facilisque regi.
Ille ferocem jussit Achillem
Pulsare lyram; fregit Danaos;
Fregit Atridem; regna evertit
Priami; claras diruit urbes.
Et nunc animus, quid ferat, horret,
Vis immitis violenta Dei.

d'airain, ont éprouvé la violence du peuple et sont tombées sous ses coups : on en traîne par les rues les membres mutilés et attachés à des cordes ; on les foule aux pieds, on les traîne dans la boue : leurs paroles ne démentent point la férocité de leurs actes ; la crainte m'empêche de les répéter. Ils veulent réduire en cendres le palais de l'empereur, s'il ne livre à la fureur du peuple sa nouvelle épouse, s'il ne consent à rendre à la fille de Claude ses pénates paternels. Le préfet m'envoie pour lui faire connaître cette sédition populaire ; il faut que je me hâte d'exécuter ses ordres.

LE CHOEUR.

Pourquoi cette fureur impuissante ? les traits de l'Amour sont plus forts que les vôtres, et ses feux éteindront vos feux ; car ils ont plus d'une fois triomphé de la foudre, et contraint Jupiter de descendre du ciel. Vous expierez cruellement votre démence, vous la paierez de votre sang. L'Amour est fougueux dans sa colère, intraitable et violent : c'est lui qui força le superbe Achille à quitter ses armes pour la lyre ; il a triomphé des Grecs, et de l'orgueilleux Atride ; il a renversé le royaume de Priam, et détruit les plus puissantes villes : et maintenant mon âme est saisie d'horreur, en pensant à quels excès va se porter la vengeance de ce dieu impitoyable.

ACTUS QUINTUS.

SCENA I.

NERO, PRÆFECTUS.

NERO.

O lenta nimium militis nostri manus,
Et ira patiens post nefas tantum mea,
Quod non cruor civilis accensas faces
Exstinguit in nos, cæde nec populi madet
Funerea Roma, quæ viros tales tulit!
Admissa sed jam morte puniri parum est,
Graviora meruit impium plebis scelus.
Et illa, cui me civium subicit furor,
Suspecta conjux et soror semper mihi,
Tandem dolori spiritum reddat meo,
Iramque nostram sanguine exstinguat suo.
Mox tecta flammis concidant urbis meis.
Ignes, ruinæ, noxium populum premant,
Turpisque egestas, sæva cum luctu fames.
Exsultat ingens seculi nostri bonis
Corrupta turba: nec capit clementiam
Ingrata nostram, ferre nec pacem potest,
Sed inquieta rapitur: hinc audacia,

ACTE CINQUIÈME.

SCÈNE I.

NÉRON, LE PRÉFET.

NÉRON.

Mes soldats sont trop lents, et ma patience est trop grande ; après un pareil attentat, le sang des coupables devrait avoir éteint déjà les feux qu'ils ont allumés contre moi ; Rome devrait être inondée de carnage pour avoir enfanté des hommes aussi criminels. La mort n'est plus une peine suffisante pour de semblables forfaits, le crime du peuple mérite un châtiment plus sévère.

Cette femme à laquelle des furieux veulent me soumettre ; cette sœur, cette épouse dont je me défie depuis long-temps, doit enfin payer de sa vie les ennuis qu'elle me cause : il faut que ma colère s'éteigne dans son sang. Je vais abîmer la ville sous les flammes : ses coupables habitans périront dans les feux et sous les débris de leurs maisons ; je répandrai sur eux le deuil, et la hideuse misère, et la faim dévorante. Le bonheur de mon règne fait fermenter les passions de cette multitude corrompue ; elle abuse de ma clémence, elle ne peut se tenir en paix : son caractère inquiet se tourmente et se travaille ; l'au-

Hinc temeritate fertur in præceps sua.
Malis domanda est, et gravi semper jugo
Premenda, ne quid simile tentare audeat,
Contraque sanctos conjugis vultus meæ
Attollere oculos : fracta per pœnas metu
Parere discet principis nutu sui.

Sed adesse cerno, rara quem pietas virum
Fidesque castris nota præposuit meis.

PRÆFECTUS.

Populi furorem cæde paucorum, diu
Qui restiterunt temere, compressum affero.

NERO.

Et hoc sat est ? sic miles audisti ducem ?
Compescis! hæc vindicta debetur mihi ?

PRÆFECTUS.

Cecidere motus impii ferro duces.

NERO.

Quid? illa turba, petere quæ flammis meos
Ausa est penates, principi legem dare,
Abstrahere nostris conjugem caram toris,
Violare, quantum licuit, incesta manu
Et voce dira, debita pœna vacat ?

PRÆFECTUS.

Pœnam dolor constituet in cives tuos?

dace et la témérité la poussent vers l'abîme. Je vais la dompter par l'excès des maux, et l'accabler d'un joug de fer qui l'empêche à l'avenir de rien oser de semblable, et de lever même les yeux sur le sacré visage de mon épouse. Abattue sous le poids de la terreur que lui inspirera ma vengeance, elle apprendra à plier au moindre signe de son maître.

Mais voici l'homme que sa rare vertu et sa fidélité ont mis à la tête des gardes de mon palais.

LE PRÉFET.

Cette sédition populaire est apaisée; il n'en a coûté que la vie d'un petit nombre de factieux qui se sont obstinés dans une folle résistance.

NÉRON.

Et tu crois que c'en est assez? est-ce ainsi que tu as compris les ordres de ton empereur? Apaisée! est-ce là donc la vengeance qui m'est due?

LE PRÉFET.

Les chefs de cette révolte impie sont tombés sous le fer.

NÉRON.

Et quoi! cette vile populace qui venait pour réduire mon palais en cendres et faire la loi à son empereur; qui a prétendu arracher de mon lit une épouse chérie, et qui l'a outragée autant qu'elle a pu de ses mains impies et de ses paroles sacrilèges, ne recevra point le châtiment qu'elle mérite?

LE PRÉFET.

Ferez-vous tomber le feu de votre colère sur vos concitoyens?

NERO.

Constituet, ætas nulla quam famæ eximat.

PRÆFECTUS.

Quam temperet non ira, non noster timor?

NERO.

Iram expiabit prima quæ meruit meam.

PRÆFECTUS.

Quam poscat, ede, nostra ne parcat manus.

NERO.

Cædem sororis poscit, et dirum caput.

PRÆFECTUS.

Horrore victum trepidus adstrinxit rigor.

NERO.

Parere dubitas?

PRÆFECTUS.

          Cur meam damnas fidem?

NERO.

Quod parcis hosti.

PRÆFECTUS.

          Femina hoc nomen capit?

NERO.

Si scelera cepit.

PRÆFECTUS.

          Estne, qui sontem arguat?

NÉRON.

Oui, et d'une manière terrible dont le souvenir se conservera dans tous les âges.

LE PRÉFET.

Notre juste crainte ne doit-elle pas arrêter votre vengeance qui ne veut point connaître de bornes?

NÉRON.

Non, il faut immoler d'abord celle qui la première a provoqué mes coups.

LE PRÉFET.

Désignez-moi cette victime, elle ne sera point épargnée.

NÉRON.

Je parle de ma sœur; il faut faire tomber sa coupable tête.

LE PRÉFET.

Ah! l'horreur me rend immobile et glace tous mes sens.

NÉRON.

Tu hésites?

LE PRÉFET.

Soupçonneriez-vous ma fidélité?

NÉRON.

Oui, si tu épargnes mon ennemie.

LE PRÉFET.

Une femme peut-elle mériter ce nom?

NÉRON.

Pourquoi pas, si une femme commet des crimes?

LE PRÉFET.

Qui peut l'accuser?

NERO.

Populi furor.

PRÆFECTUS.

Quis regere dementes valet?

NERO.

Qui concitare potuit.

PRÆFECTUS.

Haud quemquam reor.

NERO.

Mulier, dedit natura cui pronum malo
Animum, ad nocendum pectus instruxit dolis;
Sed vim negavit, ut ne inexpugnabilis
Esset, sed ægras frangeret vires timor,
Vel pœna; quæ tam sera damnatam premit,
Diu nocentem: tolle consilium, ac preces,
Et imperata perage: devectam rate
Procul in remotum litus interimi jube,
Tandem ut residat pectoris nostri tumor.

SCENA II.

CHORUS, OCTAVIA.

CHORUS.

O funestus multis populi
Dirusque favor! qui, quum flatu

NÉRON.

La révolte du peuple.

LE PRÉFET.

Quelle main pourrait gouverner une multitude furieuse?

NÉRON.

La même qui a pu la soulever.

LE PRÉFET.

Aucune alors, suivant moi.

NÉRON.

C'est celle d'une femme qui a reçu de la nature un esprit malfaisant, et plein de la plus noire perfidie; mais elle n'en a pas reçu également la force : elle est faible, son cœur se trouble, la terreur l'abat, le châtiment dompte son audace; le supplice vient tard, sans doute, après tant de crimes : n'importe, plus de conseils, plus de prières, songe seulement à exécuter mes ordres : fais-la monter sur un vaisseau, et dépose-la sur quelque lointain rivage où tu lui donneras la mort. Ce n'est qu'à ce prix que ma colère peut être satisfaite.

SCÈNE II.

LE CHOEUR, OCTAVIE.

LE CHOEUR.

O faveur populaire! à combien de malheureux n'as-tu pas été fatale! d'abord, comme un vent favorable, tu

Vela secundo ratis implevit,
Vexitque procul, languidus idem
Deserit alto sævoque mari.
Flevit Gracchos miseranda parens,
Perdidit ingens quos plebis amor,
Nimiusque favor, genere illustres,
Pietate, fide, lingua claros,
Pectore fortes, legibus acres.
Te quoque, Livi, simili leto
Fortuna dedit; quem neque fasces
Texere sui, nec tecta domus.
Plura referre prohibet præsens
Exempla dolor: modo cui patriam
Reddere cives, aulam, et fratris
Voluere toros, nunc ad pœnam
Letumque trahi, flentem, miseram
Cernere possunt.
    Bene paupertas
Humili tecto contenta latet.
Quatiunt alta sæpe procellæ,
Aut evertit Fortuna domos.

OCTAVIA.

Quo me trahitis? quodve tyrannus
Aut exsilium regina jubet?
Si mihi vitam fracta remittit
Tot jam nostris evicta malis;
Si cæde mea cumulare parat
Luctus nostros; invidet etiam
Cur in patria mihi sæva mori?
Sed jam spes est nulla salutis;

gonfles les voiles de leur vaisseau, et les portes en pleine mer ; puis soudain, venant à tomber, tu les abandonnes au milieu des vagues orageuses et profondes.

La triste mère des Gracques a pleuré la mort de ses fils : c'est la faveur du peuple et son amour excessif qui les a perdus, ces hommes d'une naissance illustre, pleins de vertu, pleins d'honneur, grands par l'éloquence, par le courage et par les lois qu'ils ont portées. Tu as péri comme eux, noble Drusus ; ni les faisceaux ni ta maison ne t'ont garanti de ce funeste sort.

L'exemple douloureux que j'ai devant moi ne me permet pas d'en citer d'autres : cette Octavie à qui tout-à-l'heure les Romains voulaient rendre sa patrie, son palais et le lit de son frère, maintenant ils la regardent froidement traîner au supplice et à la mort : sa misère, ses cris ne les touchent pas.

Heureux le pauvre qui vit en paix caché sous une humble chaumière ! les tempêtes n'éclatent que sur les hautes montagnes, la fortune ne frappe que les palais.

OCTAVIE.

Où me traînez-vous ? quel est l'exil auquel votre tyran ou sa nouvelle épouse me condamne ? Si cette rivale, déjà rassasiée de mes douleurs, consent à me laisser la vie, pourquoi m'exiler ? si elle veut ajouter le comble à mes maux par la mort, pourquoi me refuser encore la consolation de mourir sur le sol de ma patrie ?

Mais non, tout espoir m'est ravi ; je vois déjà le fatal

Fratris cerno miseranda ratem.
Hæc est, cujus vecta carina
Quondam genitrix, nunc et thalamis
Expulsa soror miseranda vehar.
Nullum Pietas nunc numen habet,
Nec sunt Superi : regnat mundo
    Tristis Erinnys.
Quis mea digne deflere potest
Mala ? quæ lacrimis nostris questus
Reddet aedon ? cujus pennas
Utinam miseræ mihi fata darent !
Fugerem luctus ablata meos
Penna volucri, procul et cœtus
Hominum tristes, cædemque feram.
Sola in vacuo nemore, et tenui
Ramo pendens, querulo possem
Gutture mœstum fundere murmur.

CHORUS.

Regitur fatis mortale genus;
Nec sibi quidquam spondere potest
    Firmum et stabile :
Per quæ casus volvit varios
Semper nobis metuenda dies.
Animum firment exempla tuum
    Jam multa, domus
Quæ vestra tulit : quid ? sævior est
Fortuna tibi ? tu mihi primum
Tot natorum memoranda parens,
Nata Agrippæ, nurus Augusti,
Cæsaris uxor, cujus nomen

vaisseau de mon frère. Ma mère l'a monté avant moi, et maintenant c'est sa sœur, bannie de sa couche, qui doit le monter à son tour. Il n'y a point de providence que la vertu puisse invoquer, il n'y a point de dieux; la cruelle Érinnys règne seule dans le monde.

Oh! qui pourrait dignement déplorer mes malheurs? les cris plaintifs de Philomèle suffiraient-ils à ma douleur? Ah! si j'avais seulement ses ailes, je les étendrais, et, dans mon vol rapide, je fuirais le théâtre de mes misères, et la société des hommes, et la mort cruelle qui m'attend. Seule dans un bois désert, perchée sur un rameau flexible, je ferais entendre des chants tristes et lugubres.

LE CHŒUR.

Nous sommes tous le jouet de la destinée; il n'est point d'homme qui se puisse promettre un bonheur ferme et durable, au milieu de tant de révolutions que le temps amène dans son redoutable cours. Fille des Césars, puisez du courage dans les tristes exemples que vous offre votre maison. Êtes-vous la plus malheureuse de votre famille? considérez d'abord la fille d'Agrippa, la belle-fille d'Auguste, l'épouse d'un César, dont le nom fut si grand dans le monde : voyez-la cette malheureuse princesse dont la fécondité nous donna tant de gages de paix; exil, tortures, chaînes cruelles, funérailles, deuil, et trépas funeste après de longs tourmens, voilà sa vie.

Clarum toto fulsit in orbe;
Utero toties enixa gravi
Pignora pacis; mox exsilium,
Verbera, saevas passa catenas,
Funera, luctus, tandem letum,
Cruciata diu. Felix thalamis
Livia Drusi, natisque, ferum
Ruit in facinus, poenamque suam.
Julia matris fata sequuta est:
Post longa tamen tempora ferro
Caesa est, quamvis crimine nullo.
Quid non potuit quondam genitrix
Tua, quae rexit principis aulam,
Cara marito, partuque potens?
Eadem famulo subjecta suo,
Cecidit diri militis ense.
Quid, cui licuit regnum in caelum
Sperare, parens tanta Neronis?
Non funesta violata manu
    Remigis ante,
Mox et ferro lacerata diu,
Saevi jacuit victima nati?

OCTAVIA.

Me quoque tristes mittet ad umbras
Ferus et manes, ecce, tyrannus.
Quid jam frustra miseranda moror?
Rapite ad letum, queis jus in nos
Fortuna dedit: testor Superos.......
Quid agis, demens? parce precari,
Queis invisa es, numina Divûm.

L'heureuse femme de Drusus, Livie, se précipite dans le crime, et en subit la peine; Julie, sa fille, fut entraînée dans le malheur de sa mère : elle ne fut pourtant égorgée que long-temps après, et périt innocente.

Quelle puissance n'eut pas aussi votre mère ? chère à son époux, et fière de ses enfans, elle avait dans le palais un souverain empire; puis enfin, soumise au caprice d'un esclave, elle expira sous le fer. Parlerai-je de la mère de Néron, qui pouvait élever ses espérances jusqu'au ciel ? n'a-t-elle pas subi les outrages des rameurs tyrrhéniens, pour mourir bientôt par l'épée, victime de la cruauté de son barbare fils ?

OCTAVIE.

Et moi aussi, ce cruel tyran va me faire descendre au triste séjour des Mânes. Infortunée, pourquoi retarder ce moment cruel? traînez-moi à la mort, vous à qui la fortune a donné ce droit sur Octavie. Je prends les dieux à témoins..... Que dis-je, insensée ? les dieux me haïssent, pourquoi les invoquer ? J'en atteste l'enfer et les divinités de l'Érèbe, qui punissent les crimes, et toi

Tartara testor, Erebique Deas
Scelerum ultrices, et te, genitor,
Dignum tali morte et poena:
Non invisa est mors ista mihi.
Armate ratem, date vela fretis,
Ventisque petat puppis rector
Pandatariae litora terrae.

CHORUS.

Lenes aurae, Zephyrique leves,
Tectam quondam nube aetherea
Qui vexistis raptam saevae
Virginis aris Iphigeniam,
Hanc quoque tristi procul a poena
Portate, precor, templa ad Triviae.
Urbe est nostra mitior Aulis,
Et Taurorum barbara tellus.
Hospitis illic caede litatur
Numen Superûm : civis gaudet
    Roma cruore.

aussi mon père, qui as mérité un châtiment et un trépas aussi cruels; j'accepte avec joie la mort qu'on me destine.

Préparez votre navire, livrez la voile aux vents, et que le pilote tourne la proue vers le rivage de Pandatarie.

LE CHOEUR.

Vents légers, doux zéphyrs, qui, voilée d'un nuage céleste, jadis avez emporté Iphigénie loin de l'autel funeste où cette vierge allait être immolée, portez aussi notre jeune princesse loin de ces bords cruels, et déposez-la dans un autre temple de Diane. L'Aulide est moins inhumaine que Rome; la Tauride elle-même est moins barbare: elle n'offre à ses dieux que le sang des étrangers, et Rome se baigne dans celui de ses propres enfans.

NOTES
SUR AGAMEMNON.

Il est peu de sujets de tragédie aussi heureux que le meurtre d'Agamemnon : il forme la première partie de l'admirable trilogie d'Eschyle (*Agamemnon*, les *Choéphores*, et les *Euménides*), et depuis il a été mis sur la scène par une foule d'imitateurs dont les principaux sont Sénèque le Tragique, Thompson chez les Anglais, Alfieri chez les Italiens, Népomucène Lemercier chez nous, sans parler de Roland Brisset, au XVIe siècle, et de l'abbé Boyer, contemporain de Racine, qui lui a fait, par ses épigrammes, la seule gloire qu'il mérite et qu'il ait conservée. De toutes ces imitations, celle qui se rapproche le plus de la pièce grecque pour l'imposante simplicité des formes, c'est à notre avis l'*Agamemnon* de M. Lemercier, qui doit beaucoup à Eschyle, et beaucoup à notre auteur.

Quant au mérite de la tragédie latine, il nous semble petit. Heinsius dit que cette pièce est écrite dans un assez bon esprit, *frugis bonæ*, ce que prouvent, dit-il, les imitations que l'auteur s'est permises ; car il a fait à Virgile d'assez heureux emprunts, etc. Nous adoptons ce jugement, mais en faisant toutes réserves pour le récit de la tempête qui se trouve au troisième acte, et qui est du plus mauvais goût, faux, ridicule et absurde au premier chef.

Acte Ier. Page 7. L'OMBRE DE THYESTE. *Voyez*, au premier volume, dans *Thyeste*, l'apparition de l'ombre de Tantale, qui sert, comme ici, de prologue et d'introduction. Cette ressemblance ne prouve pas que les deux tragédies soient de la même main, car la différence du style est trop marquée ; elle prouve plutôt l'attention d'un servile imitateur à suivre pas à pas un assez mauvais modèle.

Page 7. *Je vois le palais de Tantale, et surtout le palais d'Atrée.* Il ne voit pas deux palais, mais un seul : *paternos, immo fraternos lares*, le palais qui fut celui de mon père, et aussi celui de mon frère. Le père d'Atrée et de Thyeste était Pélops, mais il y a dans ce mot *paternos* une certaine latitude qui nous a permis de le traduire par Tantale, qui fut le premier maître de ce palais, et qui le premier le souilla par le crime.

C'est là que les rois des Pélasges viennent recevoir leur couronne. Le nom de Pélasges nous paraît ici plus local que celui de Grecs, traduction ordinaire du mot *Pelasgi.* Rien de plus naturel que l'emploi de ce nom dans un sujet tiré de la fable et qui suppose une haute antiquité. « La race des Pélasges, dit M. Michelet, était la sœur aînée de la race hellénique. Quelque opinion que l'on adopte sur ce peuple, il paraît certain que bien des siècles avant notre ère, ils dominaient tous les pays situés sur la Méditerranée, depuis l'Étrurie jusqu'au Bosphore. Dans l'Arcadie, l'Argolide et l'Attique, dans l'Étrurie et le Latium, peut-être dans l'Espagne, ils ont laissé des monumens indestructibles, etc. » Voyez *Histoire romaine*, tome 1, ch. 3.

Page 9. *M'ordonne d'aller souiller le lit de ma fille. Au lieu de me révolter contre cet ordre fatal, etc.* Cette fille se nommait Pélopée. Suivant la fable, Thyeste avait pris ses précautions pour éviter l'accident qui devait lui donner un fils né de sa propre fille; il l'avait fait élever dans un temple de Minerve, et ce fut sans la connaître que, la rencontrant dans un bois, il lui fit violence.

Ma chair est donc entrée dans celle de tous mes enfans! Cette phrase ne présente pas sans doute une idée bien nette, mais elle est la traduction littérale de : *Ergo ut per omnes liberos irem parens.* Il eût été plus clair de dire : « Ma chair s'est donc mêlée à celle de tous mes enfans. »

Il faut que cet oracle obscur trouve son accomplissement. Il s'agit de l'oracle qui avait prédit à Thyeste que le fils qui naîtrait de son commerce incestueux avec sa fille le vengerait d'Atrée. Suivant la fable, Égisthe, ainsi nommé parce qu'il avait été nourri dans les bois par une chèvre, reçut de Pélopée, sa mère, l'épée de Thyeste, et fut reçu à la cour d'Atrée qui lui ordonna d'aller tuer Thyeste dans sa prison. Celui-ci le reconnut, s'en fit reconnaître et l'envoya à son tour assassiner Atrée, après la mort duquel il remonta sur le trône de Mycènes d'où il fut ensuite chassé par Agamemnon.

Page 11. CHŒUR DE FEMMES D'ARGOS. Ce chœur est comme tous ceux de notre auteur, assez beau de style, mais vague et plein de généralités qui n'ont qu'un rapport indirect avec le sujet. L'auteur qui, comme nous l'avons déjà dit, nous paraît être un imitateur de Sénèque, a fait ici un tour de force en n'imitant pas comme il aurait dû le chœur d'Eschyle. Voyez *Agamemnon*, acte I, pour connaître la différence qu'il y a entre un chœur véritablement dramatique et une déclamation.

Page 13. *Cette haute fortune vient à ne pouvoir plus se porter elle-même.* On pourrait dire aussi : « La fortune succombe sous le fardeau qu'elle porte, » *Ceditque oneri fortuna suo*. Pétrone a dit, en parlant à la fortune :

>   Ecquid Romano sentis te pondere victam,
>   Nec posse ulterius perituram extollere molem ? etc.

La tour qui va cacher sa tête au sein des nues. — *Voyez* le dernier chœur d'*Hippolyte*, acte IV, sc. 2 : ce sont les mêmes idées et les mêmes images. *Voyez* aussi HORACE, livre II, *Ode* 10, v. 9 :

>   Sæpius ventis agitatur ingens
>   Pinus : et celsæ graviore casu
>   Decidunt turres, feriuntque summos
>   Fulmina montes.

Page 15. *Les grands corps offrent plus de prise aux maladies.* — *Voyez* FLORUS, liv. III, X, 12 : « Sic illa immania corpora, quo erant majora, eo magis gladiis ferroque patuerunt. »

ACTE II. Page 17. *La pudeur qui ne revient plus quand on l'a une fois bannie.* C'est la même idée qu'Horace et Boileau ont si poétiquement exprimée :

>   .... Neque amissos colores
>   Lana refert medicata fuco ;

NOTES SUR AGAMEMNON.

Nec vera virtus, quum semel excidit,
Curat reponi deterioribus.

(HORAT., lib. III, Ode 5.)

L'honneur est comme une île escarpée et sans bords,
On n'y peut plus rentrer dès qu'on en est dehors.

(BOILEAU.)

Page 19. *C'est l'histoire de ta sœur.* Hélène, fille de Tyndare et de Léda, qui s'enfuit de Sparte avec Pâris :

Pastor quum traheret per freta navibus
Idæis Helenam perfidus hospitam, etc.

(HORAT., lib. I, Ode 15.)

D'un côté mon cœur est en proie à la jalousie. Il nous a été impossible de ne pas rendre ici *invidia* par *jalousie*, quoique ce ne soit pas la signification propre de ce mot. L'équivalent de jalousie en latin est *zelotypia*, mot grec, et qui prouve que la jalousie ne fut connue à Rome que bien tard. *Uxorem tam pudicam maritus jam non* zelotypus *ejecit* : « Un mari chasse de sa maison une épouse devenue chaste et qui le dispense de la jalousie. » (TERTULLIEN, *Apologétique*, ch. III.)

Comme une mer que le vent et le flux se disputent. C'est une imitation d'Ovide :

.......................Utque carina
Quam ventus, ventoque rapit contrarius æstus,
Vim geminam sentit, paretque incerta duobus.

(*Metam.*, lib. VIII, v. 470.)

Page 21. *Non, le palais des rois est transparent, et le vice ne peut s'y cacher.* Juvénal, satire VIII, v. 150 et ss., et Pline, *Panégyrique de Trajan*, ch. LXXXIII, ont exprimé la même idée. La voici plus développée par Claudien et par Voltaire :

... Ut te totius medio telluris in orbe
Vivere cognoscas; cunctis tua gentibus esse
Facta palam, nec posse dari regalibus unquam
Secretum vitiis; nam lux altissima fati
Occultum sinit esse nihil, latebrasque per omnes
Intrat et abstrusos explorat fama recessus.

(CLAUDIAN., VIII, v. 270.)

> .... Crois-tu qu'une princesse
> Puisse jamais cacher sa haine et sa tendresse ?
> Des courtisans sur nous les inquiets regards
> Avec avidité tombent de toutes parts.
> A travers les respects, leurs trompeuses souplesses
> Pénètrent dans nos cœurs et cherchent nos faiblesses.
> A leur malignité rien n'échappe et ne fuit,
> Un seul mot, un soupir, un coup d'œil nous trahit ;
> Tout parle contre nous, jusqu'à notre silence ;
> Et quand leur artifice et leur persévérance
> Ont enfin malgré nous arraché nos secrets,
> Alors avec éclat leurs discours indiscrets,
> Portant sur notre vie une triste lumière,
> Vont de nos passions remplir la terre entière.
>
> (VOLTAIRE, *OEdipe*, acte III, sc. 2.)

Page 25. *Il se prend d'amour pour Briséis,... et ne rougit pas de l'arracher ainsi des bras de son époux.* Briséis n'était point l'épouse d'Achille, et nous aurions pu rendre *viri* par *ce guerrier ;* mais nous avons cru que l'intention de Clytemnestre était de jeter de l'odieux sur son époux en supposant Achille plus étroitement uni à Briséis qu'il ne l'était réellement : ce qui nous confirme dans cette idée, c'est l'exclamation qui suit : « Voilà donc l'ennemi de Pâris ! »

Page 31. *Se repentir de ses fautes, c'est être presque innocent.* —*Aliud est cito surgere, aliud est non cadere*, « Ce n'est pas la même chose, de se relever promptement et de ne pas tomber, » dit saint Augustin, *Confess.*, liv. X, § 57 ; mais l'autre maxime est plus proportionnée à la faiblesse humaine, et Sidoine Apollinaire lui-même l'a proclamée : *Vicinatur innocentiæ festina correctio.* (SIDONIUS, *Epist.* VI, 9.) Et Voltaire en a fait un vers sublime.

> Si Dieu n'ouvrait ses bras qu'à la seule innocence,
> Qui pourrait de son temple embrasser les autels ?
> Dieu fit du repentir la vertu des mortels.
>
> (*Olympie*, acte II, sc. 2.)

L'hymen est comme le trône, il ne souffre point de partage. Ovide avait dit :

> Non bene cum sociis regna Venusque manent.
>
> (*Art. amat.*, lib. III, v. 564.)

Page 35. *Et de plus même son petit-fils.* C'est-à-dire né de son inceste avec sa fille. Voir le Prologue et les notes qui s'y rapportent.

Page 39. *Vous qui buvez les eaux glacées d'Érasine.* L'Érasine avait sa source dans l'Arcadie et la fin de son cours dans l'Argolide. Suivant les commentateurs, il s'agit ici des vierges de l'Arcadie.

Page 43. *Abaisse tes regards sur tes arrière-petits-fils.* Agamemnon et Ménélas étaient fils d'Atrée fils de Pélops, et petits-fils de Tantale fils de Jupiter et de la nymphe Plota.

ACTE III. Page 45. *Après tant de fatigues et une si longue absence.* — Voyez ESCHYLE, *Agamemnon*, vers 512 et ss.

Dis-moi, le frère de mon époux vit-il encore? — Voyez encore ESCHYLE, *ibid.*, vers 626 et ss.

Page 51. *Cette tache sinistre, à pareille heure, nous fait craindre une tempête.* Cela devait être suivant l'explication que Virgile a donnée de ces taches qui se voient sur le disque du soleil couchant :

>Hoc etiam, emenso quum jam decedet Olympo,
>Profuerit meminisse magis; nam sæpe videmus
>Ipsius in vultu varios errare colores.
>Cæruleus pluviam denuntiat, igneus Euros.
>Sin maculæ incipient rutilo immiscerier igni,
>Omnia tunc pariter vento nimbisque videbis
>Fervere. Non illa quisquam me nocte per altum
>Ire, neque a terra moneat convellere funem.
>   (*Georg.*, lib. 1, v. 450.)

Alors un bruit sourd, présage de malheur, se fait entendre au sommet des collines lointaines. Ce passage rappelle naturellement les beaux vers où l'auteur des saisons décrit le commencement d'un orage :

>D'un tonnerre éloigné le bruit s'est fait entendre :
>Les flots en ont frémi, l'air en est ébranlé,
>Et le long du vallon le feuillage a tremblé ;
>Les monts ont prolongé le lugubre murmure
>Dont le son lent et sourd attriste la nature, etc.
>   (SAINT-LAMBERT, *Saisons*, chant II.)

Page 51. *Ce n'est pas une seule nuit qui nous enveloppe.* Quoique toute cette description soit du plus mauvais goût, nous ne condamnons point cette phrase, *nec una nox est*, comme l'a fait un commentateur. Il arrive souvent qu'un brouillard rend la nuit plus épaisse, et c'est un effet naturel. Lucain a dit :

> Non cœli nox illa fuit..............
> (*Pharsal.*, lib. v, v. 627.)

Et Ovide :

> Cæcaque nox premitur tenebris hiemisque suisque.
> (*Metam.*, lib. xi, v. 521.)

Page 55. *Troie elle-même donnerait des larmes à nos souffrances.* Virgile avait dit :

> .... Pœnas expendimus omnes,
> Vel Priamo miseranda manus.
> (*Æneid.*, lib. xi, v. 259.)

Claudien s'est emparé de la même idée, et lui a donné plus de développement :

> .... Satiavimus iram,
> Si qua fuit ; lugenda Getis, et flenda Suevis
> Hausimus ; ipsa meos ex horret Parthia casus.
> (*De bello Gildon.*, v. 36.)

Page 57. *Ajax lutte encore.* Pallas voulait punir Ajax de la violence qu'il avait exercée contre Cassandre :

> Ipsa Jovis rapidum jaculata e nubibus ignem,
> Disjecitque rates.........
> Unius ob noxam et furias Ajacis Oilei.
> (Virgil., *Æneid.*, lib. i, v. 42.)

Page 59. *C'est Lemnos immortalisée par le crime.* « Les femmes de Lemnos, dit la fable, ayant insulté Vénus et négligé ses autels, cette déesse, pour les en punir, les rendit d'une odeur si insupportable, que leurs maris les abandonnèrent pour leurs esclaves; piquées de cet affront, elles firent un complot entre elles contre tous les hommes de leur île, et les tuèrent tous dans une nuit, à l'exception de Thoas qui fut conservé par sa fille Hypsipyle. »

Page 59. *Cette forteresse est occupée par le père de Palamède.* Nauplius roi d'Eubée ; son fils Palamède avait péri, au siège de Troie, par le crime d'Ulysse. *Voyez* VIRGILE, *Énéide*, liv. III.

Page 61. *Quel doux supplice pour l'homme, que ce fatal amour qui l'attache à la vie.* Cette idée nous semble admirablement développée dans ce fragment d'un poète moderne :

> A quelque noir destin qu'elle soit asservie,
> D'une invincible étreinte il embrasse sa vie,
> Et va chercher bien loin, plutôt que de mourir,
> Quelque prétexte ami pour vivre et pour souffrir.
> Il a souffert, il souffre. Aveugle d'espérance,
> Il se traîne au tombeau de souffrance en souffrance ;
> Et la mort, de nos maux ce refuge si doux,
> N'est pour lui qu'un tourment, le plus cruel de tous.
>
> (André CHÉNIER, *Fragmens*.)

Un autre poète, je ne sais lequel, a dit aussi :

> O vie, instinct fatal, amour que rien n'efface,
> Plante amère et stérile, amante des débris,
> Faut-il que ta racine obstinément s'enlace
> Au cœur que tu flétris !

Page 63. *Il ne tenait qu'à nous d'éclaircir cette perfidie.* Tout ce morceau est imité presque servilement du IIᵉ livre de l'*Énéide*; nous y renvoyons le lecteur.

Les frémissemens de Pyrrhus qui ne se prêtait qu'avec peine aux fourberies d'Ulysse. C'est l'idée que tous les poètes nous donnent du caractère de Pyrrhus :

> Ἔφυν γὰρ οὐδὲν ἐκ τέχνης πράττειν κακῆς, κ. τ. λ.
> ....
> Ἀλλ' εἴμ' ἕτοιμος πρὸς βίαν τὸν ἄνδρ' ἄγειν,
> Καὶ μὴ δόλοισιν.
>
> (SOPHOCL., *Philoct.*, v. 88 et suiv.)

Page 65. *Nos vierges sont conduites par la princesse fiancée au tombeau d'Achille.* C'est Polyxène, fille de Priam et d'Hécube. *Voyez* au IIᵉ volume du *Théâtre* de Sénèque, *les Troyennes*.

Page 65. *J'ai vu le glaive de Pyrrhus se plonger dans le sein de ce vieillard.* — *Voyez* au IIe livre de l'*Énéide* le magnifique récit de la mort de Priam dont ceci est une imitation.

Page 67. *Il est doux de mêler ses pleurs à ceux des autres.* — *Voyez* les mêmes idées, *Troyennes*, acte IV, vers 1007 et ss., au IIe vol.

Ce serait peu des prêtres mutilés de la déesse de la terre. Les prêtres de Cybèle étaient les cabires, les corybantes, les curètes, les dactyles idéens, les galles, les semivirs et les telchines, qui tous en général étaient eunuques. Son culte devint célèbre dans la Phrygie, d'où il fut porté en Crète, et plus tard à Rome, au temps d'Annibal.

La mort d'Attis. Jeune et beau Phrygien, éperdument aimé de Cybèle qui lui confia le soin de son culte, suivant Ovide, à condition qu'il ne violerait pas son vœu de chasteté. Il l'oublia en épousant la nymphe Sangaride que Cybèle fit périr. Attis, au désespoir de sa mort, allait se pendre, quand Cybèle, touchée de compassion, le changea en pin.

Suivant d'autres auteurs, notamment Servius, Attis était prêtre de Cybèle, et mourut de la mutilation que le roi de Phrygie lui fit subir, en mémoire de quoi la déesse institua un deuil annuel, et soumit ses prêtres à la mutilation. *Voyez* ARNOBE, EUSÈBE, FULGENCE, etc.

> Venit in exemplum furor hinc, mollesque ministri
> Cædunt jactatis vilia membra comis.
> (OVID., *Fast.*, lib. IV, v. 243.)

Page 69. *Mais pourquoi arracher de votre front ces bandelettes sacrées ?* — *Voyez* ESCHYLE, *Agamemnon*, v. 1273 et ss. « Pourquoi gardé-je encore ce sceptre, ces couronnes qui n'ont fait de moi qu'un objet de risée ? Vains ornemens, soyez brisés avant ma mort ; c'est tout ce que je vous dois ; allez parer quelque autre infortunée. Viens, Apollon, viens reprendre cette robe prophétique, etc. »

> Que me sert de porter ces voiles, ces symboles,
> Attributs d'un pouvoir qu'il ôte à mes paroles ?

NOTES SUR AGAMEMNON.

> Dieu terrible! il est temps enfin de dépouiller
> Ces ornemens sacrés que ma mort va souiller, etc.
>
> (LEMERCIER, *Agamemnon*, acte II, sc. 7.)

Page 71. *A quoi bon cet enthousiasme qui m'égare?* Voici la traduction littérale de ce morceau lyrique par Roland Brisset de Tours, avocat et poète dramatique vers la fin du XVIe siècle :

> A qui erray-je folle ? à qui vay-je courante ?
> Ore Troye est à bas. Que fay-je decevante
> Et menteuse prophète ? Où suy-je ? où fuit le jour ?
> Quelle obscure espaisseur embrunit ce séjour ?
> Mais d'un soleil jumeau la clarté se redouble,
> Et, rehaussant ses murs, Argos se montre double.
> Je voy les bois Idez et le pasteur fatal
> Entre les trois beantez arbitre à nostre mal :
> Je vous adverty, rois, ceste race secrette,
> Ce nourrisson des bois d'une amour indiscrette
> Ru'ra bas cest estat : comme ceste putain
> Arme d'un poignard nud sa délicate main !
> A qui est-ce qu'en veut ceste femme Lacène,
> Armée à la façon d'une amazonienne ?
> Mais quel fantosme vain se présente à mes yeux ?
> Le marmariq' lyon, jadis victorieux
> Des autres animaux, estendu sur la place,
> De la fière lyonne a ressenti l'audace, etc.

Cet enfant nourri dans les bois détruira vos palais. Il s'agit ici d'Égisthe ou de Pâris, élevés tous deux dans les bois, avec cette différence que Pâris n'était point le fruit de l'inceste comme nous avons traduit *furtivum genus*, expression vague et qui laisse l'esprit en suspens. Il nous paraît que Cassandre entremêle à dessein le malheur de Priam et celui d'Agamemnon; dans ce cas, *fruit de l'inceste* serait trop clair pour ce demi-jour qui convient aux oracles.

Je ne retrouve point l'éclat de ta gloire passée. —*Voyez* VIRGILE, *Énéide*, liv. II, v. 274 :

> Hei mihi ! qualis erat, quantum mutatus ab illo
> Hectore, qui redit exuvias indutus Achillis,
> Aut Danaum Phrygios jaculatus puppibus ignes !
> Squalentem barbam et concretos sanguine crines,
> Vulneraque illa gerens, quæ circum plurima muros
> Accepit patrios.

Page 75. *Relevons ce corps que l'enthousiasme a brisé.* Rien de plus naturel que cet état de faiblesse et d'abattement qui succède à un accès de l'esprit prophétique. Il faut que la dépense de force et de contention nécessaire à l'âme pour sortir du temps et de l'espace, et s'élever jusqu'à la vision de l'inconnu, soit compensée par une langueur égale à cette sur-excitation; de là cet effort des prêtresses païennes pour se dérober au démon qui les obsède. Tous les poètes en ont parlé; mais nul ne l'a fait avec connaissance de cause, comme Daniel, celui de tous les prophètes qui a fait les prédictions les plus claires et les plus précises : il a exprimé en plusieurs endroits cette faiblesse où le jetait l'état de vision : « Après cela, moi Daniel, je tombai dans la langueur, et je fus malade pendant quelques jours; après quoi, m'étant levé, je travaillai aux affaires du roi. » (DANIEL, ch. VIII, v. 27.) « Étant donc demeuré tout seul, j'eus cette grande vision; la vigueur de mon corps m'abandonna, mon visage fut tout changé, je tombai en faiblesse, et il ne me demeura aucune force. » (*Id.*, ch. X, v. 8, et plus bas, v. 16.)

ACTE IV. Page 77. *Troie aussi était en fête.* Pour compléter le sens et la phrase, il faudrait ajouter « quand elle périt; » mais nous avons dû nous en tenir à la concision du texte. Lemercier a dit très-bien :

Ilion a péri dans la nuit d'une fête.
(*Agamemnon*, acte IV, sc. 5.)

Page 79. *A Jupiter Hercéen?* C'est-à-dire Jupiter invoqué pour la garde des murailles. M. Michelet pense que ce sont les Pélasges qui l'ont importé dans l'Italie et dans l'Attique, où il était comme la pierre des limites et le fondement de la propriété. Il s'agit ici du Jupiter de Troie :

Herceas, monstrator ait, non respicis aras ?
(LUCAN., *Pharsal.*)

Où se trouve Hélène, je vois toujours Troie. Hélène, c'est-à-dire une femme adultère.

Que peut craindre un vainqueur? L'abbé Boyer, dont nous

avons parlé au commencement de ces notes, a délayé cette partie de dialogue en assez bons vers :

AGAMEMNON.
Que peut craindre un monarque au sein de ses états ?
Que peut craindre un vainqueur ?

CASSANDRE.
Tout ce qu'il ne craint pas.
Oui, c'est dans ces momens de pleine confiance
Que tu vas voir, trop fier d'une vaine puissance,
Ta grandeur renversée et tes projets trahis.
Je prévois ton trépas, je le vois, j'en jouis :
Je goûte dans ton sein la vengeance de Troie ;
Et ce jour fortuné, qui me comble de joie,
Est un jour plus cruel pour toi, pour tous les tiens,
Que dix ans de malheur ne furent aux Troyens, etc.

Page 81. *Qui reçois des vainqueurs l'hommage de leurs trophées.* C'est le Jupiter Feretrius des Romains, et le Ζεὺς Νικηφόρος des Grecs, à qui l'on consacrait une partie des dépouilles.

Pour lui Jupiter a suspendu les lois du monde. Voyez *Hercule furieux*, acte I, vers 24, au premier volume de *Sénèque le Tragique*.

Jupiter Alcmenæ geminas requieverat Arctos,
  Et cælum noctu bis sine rege fuit.
             (PROPERT., lib. II, eleg. 22, v. 26.)

Lycophron met trois nuits au lieu de deux, et Clément d'Alexandrie en met neuf, ce qui donne lieu à Arnobe de faire une plaisanterie assez peu grave : « Hercules natus est, qui in rebus hujus modi patris sui transiret exsuperaretque virtutes : ille noctibus vix novem unam potuit prolem extundere, concinnare, compingere : at Hercules, sanctus Deus, natas de Thespio quinquaginta nocte una perdocuit, et nomen virginitatis ponere, et genetricum pondera sustinere. » (ARNOB., *Adversus gentes*, lib. IV.)

Page 83. *Le lion terrible de Némée a senti la puissante étreinte de ton bras.* Voyez *Hercule furieux*, vers 222, et le liv. VIII de l'*Énéide*.

Page 85. *Tu lui as fait sentir la puissance de ces flèches qu'elle devait éprouver une seconde fois.* Troie ne devait périr que sous les flèches d'Hercule, dont Philoctète avait hérité. *Voyez* le *Philoctète* de Sophocle.

> .... Volucresque sequendo
> Debita Trojanis exercet spicula fatis.
> (Ovid., *Metam.*)

Page 85. *Tu l'as renversée en autant de jours qu'il nous a fallu d'années pour la vaincre.* C'est-à-dire en dix jours. Boileau s'est emparé de cette idée et l'a tournée à la louange de Louis XIV :

> Quel plaisir de te suivre aux rives du Scamandre !
> D'y trouver d'Ilion la poétique cendre !
> De juger si les Grecs qui brisèrent ses tours
> Firent plus en dix ans que Louis en dix jours !
> (*Épître* IV, v. 261.)

ACTE V. Page 89. *Un vêtement perfide le livre sans défense à la mort.* Il nous est difficile de nous faire une idée de cette robe dans laquelle Agamemnon se trouve pris comme dans un filet :

> Οὕτω δ' ἔπραξα (καὶ τάδ' οὐκ ἀρνήσομαι),
> Ὡς μήτε φεύγειν μήτ' ἀμύνεσθαι μόρον.
> Ἄπειρον ἀμφίβληστρον, ὥσπερ ἰχθύων,
> Περιστιχίζω, Πλοῦτον εἵματος κακόν.
> Παίω δέ νιν δίς, κ. τ. λ.
> (Eschyl., *Agamemnon*, v. 1387.)

« J'ai fait en sorte, je ne veux point le nier, qu'il ne pût ni échapper ni se défendre; je l'ai enveloppé dans un superbe voile, comme un poisson dans un filet sans issue : alors je le frappe deux fois, etc. »

Page 91. *Je suis Strophius, j'arrive de la Phocide.* Ce personnage fait très-bien de dire son nom et le motif de son arrivée; car on ne l'attend pas, et le spectateur ne sait rien de lui. Suivant la fable, il n'était pas seulement ami d'Agamemnon, mais encore son beau-frère, puisqu'il avait épousé sa sœur Anaxibie. Lemercier a emprunté ce personnage à Sénèque; mais il lui a donné un rôle continu dans tout le cours de sa pièce.

Poscunt fidem secunda, at adversa exigunt (v. 934). Ce vers présente quelque obscurité : si *exigere* pouvait se traduire par *exiger,* nous aurions dit : « Les amis, nécessaires dans la prospérité, sont indispensables dans le malheur ; » mais nous avons mieux aimé donner à ce verbe le sens de *examinare, probare, experiri.* « Nolite ad vestras leges atque instituta *exigere* ea quæ Lacedæmone fiunt. » (Tit.-Liv., lib. xxxiv, cap. 31.)

Page 101. *C'est ne rien entendre à la tyrannie que de tuer ceux qu'on veut punir.* Cette maxime absurde, mais qui avait à Rome un sens politique, revient souvent dans notre auteur. Voyez *Hercule furieux,* acte ii, sc. 3, page 53, et surtout la note sur ce passage.

Page 103. *Un furieux me vengera.* Le texte dit : *Veniet et vobis furor;* ce qui n'est pas très-clair. Il s'agit d'Oreste qui doit venger son père et devenir furieux. *Voyez* Eschyle, les *Choéphores* et les *Euménides.*

NOTES

D'HERCULE SUR L'OETA.

CETTE tragédie est la plus longue et la plus ennuyeuse de toutes celles de notre auteur. « On y chercherait en vain, dit un critique, un plan raisonnable, des sentimens justes, naturels, et même de l'intérêt. Si jusqu'ici les lecteurs du *Théâtre* de Sénèque n'ont supporté qu'avec peine ses continuelles déclamations, ses froides sentences, l'étalage intempestif qu'il fait de ses connaissances mythologiques et géographiques, je crains bien qu'ils ne perdent toute patience à la lecture de l'*Hercule sur le mont Œta*. Dans aucune autre pièce, les défauts ordinaires des tragédies latines ne se montrent si frappans, si monstrueux; elle est la preuve la plus sensible de la corruption du goût au siècle où elle a été écrite, etc. » C'est une imitation malheureuse des *Trachiniennes* de Sophocle. Rotrou, qui s'était adonné au *Théâtre* de Sénèque, a moins imité que traduit l'*Hercule sur l'Œta*, dans son *Hercule mourant*, le premier ouvrage qui fit prévoir la gloire future de l'auteur de *Wenceslas*.

Page 106. PERSONNAGES. *Iole et le chœur des Trachiniennes sont des personnages protatiques.* On nomme *personnages protatiques*, προτατικὰ πρόσωπα, ceux qui servent à l'exposition de la tragédie, et qui ne paraissent que dans la première partie du poëme dramatique, appelée *protase*, πρότασις. Ainsi, dans cette pièce, Iole et les Trachiniennes disparaissent après le premier acte.

ACTE Ier. Page 111. *Père des dieux, toi dont les foudres se font sentir d'une extrémité du monde à l'autre.* Voici la traduction presque littérale de ce début:

> Puissant moteur des cieux, ferme appui de la terre,
> Seul être souverain, seul maître du tonnerre,

Goûte enfin, roi des dieux, le doux fruit de mes faits,
Qui par tout l'univers t'ont établi la paix ;
J'ai d'entre tes sujets la trahison bannie ;
J'ai des rois arrogans puni la tyrannie,
Et rendu ton renom si puissant et si beau
Que le foudre en tes mains n'est plus qu'un vain fardeau.
Des objets de ton bras le mien est l'homicide,
Et tu n'as rien à faire après les faits d'Alcide ;
Tu n'as plus à tonner, et le ciel, toutefois,
M'est encore interdit après tous ces exploits.
Parais-je encore un fils indigne de son père ?
Junon n'a-t-elle pas assouvi sa colère ?
N'a-t-elle pas assez, par son aversion,
Fait paraître ma force et mon extraction ! etc.

(ROTROU, *Hercule mourant*, acte I, sc. I.)

Page 113. *Puisque la terre n'a plus d'ennemis à m'offrir.*

L'air, la terre, la mer, les infernales rives,
Laissent enfin ma vie et mes forces oisives ;
Et voyant sans effet leurs monstres abattus,
Ces faibles ennemis n'en reproduisent plus.

(*Ibid.*)

Page 115. *Déjà il n'y a plus sur la terre d'autre monstre que moi.* C'est-à-dire que tous les monstres étant détruits, il n'y avait plus rien de monstrueux au monde, que la force extraordinaire de celui qui les avait toujours vaincus.

Page 117. *La paix n'est point dans le séjour des dieux.* Par la raison que le ciel s'est peuplé des monstres dont Hercule a purgé la terre, comme il le dit plus bas :

Mais qu'en vain j'ai purgé le séjour où nous sommes !
Je donne aux Immortels la peur que j'ôte aux hommes.
Ces monstres dont ma main a délivré ces lieux
Profitent de leur mort et s'emparent des cieux.
. . . .
Junon, dont le courroux ne peut encor s'éteindre,
En a peuplé le ciel pour me le faire craindre, etc.

(*Ibid.*)

Vainqueur, je contemple mes victoires au dessus de ma tête. C'est-à-dire, ceux que j'ai vaincus, je les vois au dessus de moi, au lieu de les voir à mes pieds;

> Ces vaincus qui m'ont fait si célèbre aux neveux,
> Ont au ciel devant moi la place que j'y veux.
>
> (ROTROU, *Hercule mourant*, acte I, sc. 1.)

Cœlumque terris pejus, ac levius Styge Irata faciat (v. 77). Le mot *levius* semble faire ici contre-sens. Nous l'avons néanmoins conservé, parce qu'il se trouve dans les meilleures éditions, et nous l'avons entendu dans le sens de *vilius, minoris pretii*. Certains éditeurs ont substitué *pejus*, qui s'explique beaucoup mieux.

Page 117. *Je réunirai le Pélore de Sicile à la côte d'Hespérie.* C'est-à-dire, je réunirai l'Italie à la Sicile; le Pélore était des trois promontoires de Sicile celui qui regardait l'Italie : ces deux terres autrefois n'en formaient qu'une seule :

> ....Vi pontus, et undis
> Hesperium Siculo latus abscidit.
>
> (VIRGIL., *Æneid.*, lib. III, v. 416.)

Page 119. *Au pied de l'autel de Jupiter Cénéen.* On dit ici Jupiter Cénéen, comme on dit Jupiter Latial, et Hercule Œtéen, à cause du cap de Cénée, sur lequel un temple de Jupiter était bâti. Suivant Sophocle, il n'y avait point là de temple; mais Hercule voulait y sacrifier dans un temple de feuillages qu'il avait dressé lui-même en l'honneur de Jupiter.

Nec pompæ veniet nobile ferculum (v. 110). — *Ferculum* veut dire proprement *machine à porter*, et, par extension, mets, service, plat qu'on met sur une table. Il signifie ici dépouille, pièce d'un triomphe : « In alienum imponas *ferculum*, exornaturus victoris superbi ac feri pompam. » (SENECA, *de Vita beata*, cap. XXV.) « Inde exercitu victore reducto, ipse, quum factis vir magnificus, tum factorum ostentator haud minor, spolia ducis hostium cæsi suspensa fabricato ad id apte *ferculo* gerens, in Capitolium adscendit. » (TIT.-LIV., lib. I, cap. 10.)

NOTES D'HERCULE SUR L'OETA.

Page 121. *Sur les bords du rapide Inachus.* C'est-à-dire dans Argos.

Dans la ville de Dircé que le faible Ismène arrose de ses eaux languissantes. Thèbes en Béotie, près de l'Ismène et de la fontaine de Dircé. Voyez *Œdipe*, acte II, vers 234, et les notes.

Page 125. *Dieux, faites de moi une statue qui pleure sur le mont Sipyle.* C'est-à-dire, changez-moi en statue de pierre, comme Niobé. — Voyez *Hercule furieux*, v. 389, et *Agamemnon*, v. 370.

Ou posez-moi sur les bords de l'Éridan. Suivant la fable, Phaétuse, Lampétie et Phœbé, sœurs de Phaéthon, furent changées en peupliers sur les bords du Pô.

Myrrha la Cyprienne verse toujours des larmes. Myrrha, fille de Cinyre, roi de Chypre, dont elle eut Adonis. Elle s'enfuit en Arabie pour éviter la colère de son père, et fut changée en l'arbre qui porte la myrrhe.

ACTE II. Page 131. *Quelle douleur amère, quel tourment cruel pour une épouse.* — *Voyez* les mêmes idées presque dans les mêmes termes, *Médée*, acte III, vers 579 :

> Nulla vis flammæ, tumidique venti
> Tanta, nec teli metuenda torti,
> Quanta quum conjux viduata tædis
>   Ardet et odit, etc.

Voici l'imitation de ce passage tirée de l'*Hercule mourant* de Rotrou; les vers sont beaux, et nous croyons devoir les citer :

> Dieux! que la jalousie en un jeune courage,
> Alors qu'on aime bien, est une affreuse rage!
> L'Afrique en ses déserts ne présente à nos yeux
> Rien de si redoutable et de si furieux.
> Sitôt que ce jeune astre aux regards de la reine
> Exposa sa clarté si belle et si sereine,
> Aussitôt qu'à ses yeux Iole se fit voir,
> Bien loin de se contraindre et de la recevoir,
> . . . .
> Elle court sans dessein, et sa course rapide
> Cent fois a fait trembler tout le palais d'Alcide;
> Elle renverse tout, rompt tout, et sous ses pas

La maison est étroite et ne lui suffit pas.
Sa pâleur fait juger du mal qui la possède,
La rougeur tôt après à la pâleur succède ;
Elle verse des pleurs, et dans le même instant
Du feu sort de ses yeux qui les sèche en sortant, etc.
(*Hercule mourant*, acte II, sc. 1.)

Page 133. *Change-moi, je te prie, moi-même en quelque monstre.*

Ou, s'il n'est point de monstre assez fort pour ta haine,
Fais-moi capable d'être et son monstre et sa peine.
Change, si tu peux tout, ma figure, et rends-moi
Telle qu'on peint l'horreur et la rage et l'effroi.
Pourquoi perds-tu le temps à tirer de la terre
Un monstre nécessaire à lui faire la guerre ?
Pourquoi, dans les enfers, cherches-tu sans effet
Tout ce qu'ils ont de pire, et ce qu'il a défait,
Si je porte en mon sein de quoi te satisfaire ? etc.
(*Ibid.*)

Je le suis comme toi. C'est-à-dire marâtre ; ce qui, au reste, n'est pas encore vrai ; mais la jalousie ne regarde pas à la parfaite justesse des expressions. Dans les *Trachiniennes* de Sophocle, Déjanire est beaucoup moins jalouse ; elle s'indigne seulement de voir Iole amenée dans son palais. « Tu parles à une femme raisonnable, dit-elle à Lichas, qui sait ce que c'est que l'homme, et combien il est peu fait pour avoir toujours les mêmes goûts. » Et plus loin : « Hercule n'a-t-il pas eu déjà plusieurs femmes ? en est-il aucune qui ait essuyé de mauvais traitemens de ma part ? » Dans la pièce grecque, elle est véritablement marâtre, et depuis long-temps. Dans notre auteur, au contraire, elle parle et agit comme si elle craignait pour la première fois de le devenir.

Page 135. *Iole, cette captive, donnerait des frères à mes enfans !*

Qu'Hercule me trahisse, et qu'Iole me brave !
Qu'une jeune effrontée, une insolente esclave,
Dont le père a suivi ces peuples déconfits,
Vienne en ces lieux donner des frères à mes fils,
Et, pour avoir charmé les yeux de ce perfide,
Soit fille de Jupin et compagne d'Alcide, etc.
(ROTROU, *Hercule mourant*, acte II, sc. 2.)

Page 137. *C'est pour moi que les eaux errantes d'Achéloüs se teignirent de son sang.* « De ces deux rivaux, l'un était le fleuve Achéloüs sous la forme d'un taureau redoutable par ses cornes; l'autre était le fils de Jupiter, venu de Thèbes, armé d'un arc, de piques et d'une massue. L'amour les animait aux combats, et la belle Vénus, le rameau à la main, en était l'arbitre. Que de rudes coups portés de part et d'autre! quel mélange affreux de bras, de dards et de cornes! quels chocs horribles de corps et de tête! l'air en frémissait au loin. Cependant la belle Déjanire, assise sur le gazon, attendait le vainqueur pour époux. » (SOPHOCLE, *Trachiniennes*, acte II.)

Page 139. *Vous mourrez. — Oui, mais je mourrai l'épouse du grand Hercule.*

LUSCINDE.
Le plus désespéré devant la mort recule;
Et vous mourriez, madame!

DÉJANIRE.
                Oui, mais femme d'Hercule;
Et mon œil, de mes pleurs à chaque heure mouillé,
Ne verra point mon lit honteusement souillé.
J'éteindrai de son sang, avec ses sales flammes,
Les torches de l'hymen qui joignit nos deux âmes.
S'il redoute l'effet du dessein que je fais,
Qu'il ajoute une mort au nombre de ses faits.
Qu'il croisse de ma perte encor sa renommée,
Qu'au rang de ses vaincus sa femme soit nommée;
Ces membres, dénués de sang et de vigueur,
Mourant, embrasseront la couche du vainqueur,
Pourvu que cette esclave expire à la même heure:
Je mourrai sans regret pourvu qu'Iole meure.
On se perd doucement quand on perd ce qu'on hait;
Et qui tue en mourant, doit mourir satisfait..
          (ROTROU, *Hercule mourant*, acte II, sc. 2.)

Page 141. *Comme il fit de la sœur de Priam.* Hésione, fille de Laomédon, roi de Troie, et sœur de Priam. Exposée à la fureur d'un monstre marin pour apaiser le courroux de Neptune, elle fut délivrée par Hercule, qui la donna ensuite à son ami Télamon.

Page 143. *Ainsi la jeune Arcadienne Augée.* Augé, Augée ou

Augès, fille d'Aléus, roi d'Arcadie, et mère de Télèphe, qu'elle eut d'Hercule.

Page 143. *Les filles de Thespius.* Voyez *Hercule furieux*, acte II, sc. 3, tome I, page 51, et surtout la note.

Il aima, près du Tmole, la princesse de Lydie. — Voyez encore *Hercule furieux*, acte II, sc. 3, tome I, page 49, et la note.

Les attraits qui me firent aimer d'Hercule se sont effacés. « Ah ! je ne le vois que trop, les charmes d'Iole naissent, les miens s'effacent. Là c'est une tendre fleur qu'on s'empresse de cueillir, ici c'est un objet dont on détourne les yeux. » (SOPHOCLE, *Trachiniennes*, acte III, sc. 1re.)

> Le temps qui forme tout, change aussi toutes choses,
> Il flétrit les œillets, il efface les roses ;
> Et ces fleurs, dont jadis mon visage fut peint,
> Ne sont plus à tes yeux qu'un triste et pâle teint.
> Iole a sur le sein l'ornement nécessaire
> A faire de son cœur un lâche tributaire ;
> L'âge lui laisse encor les appas que tu veux,
> Et sa jeunesse enfin me dérobe tes vœux.
>   (ROTROU, *Hercule mourant*, acte I, sc. 2.)

Page 145. *Peut-être aussi elle fera qu'une rivale partagera ma couche.* Déjanire a dit plus haut, que ses nombreux enfans ont altéré les grâces de son visage : elle rétorque ici l'argument de la nourrice, en faisant valoir contre elle-même sa fécondité. Telle est, à notre avis, l'explication de ce passage, et non celle que propose un commentateur, qui dit que lorsque sa rivale aura elle-même des enfans, elle aura un titre de plus contre elle.

Page 147. *Tout père qui lui refuse sa fille doit trembler.* Témoin Eurytus, qui perdit son royaume et sa vie pour avoir refusé à Hercule sa fille Iole.

J'attendrai donc que, feignant un accès de fureur, il tende son arc homicide et me tue avec mon fils ? C'est ainsi qu'Hercule avait tué Mégare. — Voyez *Hercule furieux*, acte IV, sc. 1re.

Allons, pendant que cette main est brûlante........ C'est-à-dire, pendant que je suis prête à faire ce que j'ai résolu, et que le feu de la colère m'en rend capable.

Page 149. *Et d'Alcmène.* Déjanire fait ici allusion à la naissance illégitime de son époux, qui, produit par l'adultère, doit en avoir le goût.

Page 149. *On ne craint plus rien, quand on ne craint pas la mort.* Cette pensée paraît empruntée à Sénèque le Philosophe: « Quisquis vitam suam contempsit, tuæ dominus est. » (*Epist.* IV, § 6.)

Page 151. *Mais le plus cruel des tourmens, c'est l'amour outragé.* — *Voyez* dans *Médée*, acte III, vers 582, la peinture d'une femme jalouse: *Ardet et odit.*

Moi-même j'ai rendu aux arbres leur verdure pendant la saison des frimas. — *Voyez* dans *Médée*, acte V, vers 738 et suivans, l'invocation de Médée.

> Je connais un vieillard dont les secrets divers
> Ont fait naître des fleurs au milieu des hivers :
> Il trouble l'océan, il fait trembler la terre,
> Il peut d'un mot, dans l'air, arrêter le tonnerre ;
> Il fait de cent rochers mouvoir les vastes corps,
> Il brise les cercueils et fait parler les morts, etc.
>
> (Rotrou, *Hercule mourant*, acte II, sc. 2.)

Page 153. *Oui, mais peut-être qu'Hercule doit le vaincre.* Ceci est un plaisant raisonnement. Si Hercule n'est pas ramené vers son épouse, il vaincra l'Amour. Mais le sentiment qui le pousse vers Iole n'est-il pas de même nature que celui qu'il n'éprouve pas pour Déjanire? Assurément; l'Amour donc perd d'un côté ce qu'il gagne de l'autre; il est à la fois vainqueur et vaincu : mais Hercule n'est pour rien dans cette victoire ou dans cette défaite.

Cache dans ton cœur et ne révèle à personne le secret de ce que je médite. Dans les *Trachiniennes* de Sophocle, c'est au chœur lui-même que Déjanire confie le secret de ce qu'elle médite; les jeunes filles qui le composent n'y contredisent pas, et s'en rapportent à elle du bon et du mauvais effet du moyen qu'elle veut employer. *Voyez* les *Trachiniennes*, acte III.

Page 155. *Nessus, habitué à passer les gués du fleuve.* « Sur les bords du fleuve Évenus, ce centaure s'occupait à transporter, moyennant un salaire, les passans d'une rive à l'autre : il n'employait ni nacelle, ni voiles, ni rames ; ses bras lui suffisaient. J'avais alors quitté la maison paternelle, et j'étais à la suite d'Hercule, devenu récemment mon époux. Nessus me reçoit donc sur son dos; et, à peine arrivé au milieu du fleuve, il ose prendre des libertés qui me font pousser de grands cris. Alcide le voit, bande son arc : la flèche fend les airs et vient percer les flancs du monstre, etc.» (SOPHOCLE, *Trachiniennes*, acte III.) *Voyez* le même récit paraphrasé par Rotrou, dans *Hercule mourant*, acte II, sc. 2.

Page 157. *Enfermé dans une corne de ses pieds qu'il détache lui-même.* Il nous est impossible de dire au juste ce que l'auteur a entendu par le mot *forte*, par hasard, qui se trouve dans le latin. Nous avons fait un sens vraisemblable.

Page 159. *En emportant sur son dos la vierge d'Assyrie.* Europe, fille d'Agénor, roi de Phénicie.

Page 163. *N'étant plus soulevé par l'irruption des ondes fangeuses du Lycormas.* Le fleuve Lycormas est le même que l'Evénus dont il a été parlé plus haut. Ὁ Εὔηνος, ὁ Λυκορμᾶς πρότερον καλούμενος. (STRABON, liv. X, p. 692.) *Voyez* aussi ARCHELAUS, *des Fleuves*, liv. I.

Page 165. *Le monde n'est pas assez grand pour l'avarice.* Cette idée est aussi brillante que juste. Voici quelques beaux vers de Claudien qui s'y rapportent :

> Quo vesane ruis? teneas utrumque licebit
> Oceanum, Jaxet rutilos tibi Lydia fontes,
> Jungantur solium Crœsi, Cyrique tiara :
> Nunquam dives eris, nunquam satiabere quæstu.
> Semper inops, quicumque cupit. Contentus honesto
> Fabricius parvo spernebat munera regum,
> Sudabatque gravi consul Serranus aratro,
> Et casa pugnaces Curios angusta tegebat.
> Hæc mihi paupertas opulentior, hæc mihi tecta
> Culminibus majora tuis.
>
> (*In Rufin.*, lib. I, v. 196.)

La vieillesse et le bonheur se rencontrent rarement sur la même tête. Cette traduction littérale ne donne peut-être pas un sens assez clair. Par ce mot *bonheur*, il faut entendre les biens du monde, les jouissances de la grandeur, tout ce qui entre dans les désirs de ceux qui sont atteints de l'orgueil de la vie, *superbia vitæ*.

Page 167. *Il y a moins d'orages dans la mer du Brutium.* C'est-à-dire la mer de Sicile. Le Brutium, aujourd'hui les Abruzzes, occupait la pointe de l'Italie qui touche à la Sicile, et formait le détroit, *Siculum fretum*.

ACTE III. Page 175. *Le morceau de laine où j'avais répandu ce sang.* Ce récit nous semble assez mal fait. Voici la même chose plus clairement racontée par Sophocle : « Pour exécuter mon projet, j'ai pris de la laine de brebis ; et, m'étant retirée à l'écart, je m'en suis servie pour oindre la robe que j'ai pliée et renfermée, comme vous le savez, dans une boîte, afin de la garantir des impressions de la lumière. Mais quand je suis rentrée, quel prodige effrayant a frappé mes regards ! l'esprit humain ne saurait le comprendre. Le flocon de laine, qu'au hasard j'avais jeté au soleil, n'existait plus ; il s'est fondu, je ne sais comment, et il n'en reste qu'une poussière déliée semblable à celle que le bois laisse tomber sous la scie. Ce n'est pas tout : à la place où il était, je vois s'élever des bouillons d'écume sanglante, tels qu'en produit en automne le vin nouveau, etc. » (SOPHOCLE, *Trachiniennes*, acte IV, sc. 1re.)

(*Elle se gonfle, suit en silence, et secoue la tête*). Ce vers n'a aucun sens dans la place qu'il occupe : aussi l'a-t-on mis entre parenthèses ; il nous est même impossible de dire par quel hasard il se trouve là.

Page 177. *O ma mère ! cherchez un asile au delà de la terre.* Sophocle est ici beaucoup plus naïf que notre auteur :

HYLLUS
O ma mère ! puissiez-vous ou n'être plus, ou n'être point ma mère, ou du moins n'avoir pas tant de noirceur dans l'âme !

DÉJANIRE.
Mon fils, qu'ai-je donc fait de si détestable ?

HYLLUS.
Apprenez qu'en ce jour vous avez donné la mort à votre époux, à mon père, etc.
(*Trachiniennes*, acte II, sc. 2.)

Page 179. *La terre d'Eubée s'élevant comme une montagne immense.* Un fils qui répondrait ainsi à sa mère de notre temps, serait fort mal élevé. Il ne faut voir ici qu'un défaut ordinaire à notre auteur, plus fort sur la géographie que sur les convenances.

Page 183. *A ces mots Lichas est lancé dans l'air.*

> Lichas, dont il a pris la chemise fatale,
> Déjà privé du jour dans l'Érèbe dévale.
> (Rotrou, *Hercule mourant*, acte III, sc. 4.)

Page 185. *Un léger vent du midi fait rouler sur les eaux ce corps gigantesque, tant Hercule est devenu léger.* Cette exagération est devenue raisonnable auprès de celle que l'on verra plus bas, quand on demande à Hercule si le ciel pourra le porter. Sophocle ne dit rien de ce poids, qui suppose une taille démesurée : Rotrou fait asseoir Hercule sur les genoux d'Iole.

Ce n'est pas d'un trait vulgaire qu'il faut armer tes mains.

> Frappe ce lâche sein du trait de ton tonnerre
> Le plus fort que jamais tu dardes sur la terre,
> Et dont le pire monstre aurait été vaincu,
> Si, pour le soulager, Alcide n'eût vécu.
> (Rotrou, *Hercule mourant*, acte III, sc. 4.)

Mais pourquoi demander aux dieux le coup qui doit te punir ?

> Mais que veux-je du ciel ? Quoi ! la femme d'Hercule
> Au chemin de la mort est timide et recule !
> Elle implore des dieux le moyen de mourir,
> Et de sa propre main ne se peut secourir !
> (*Ibid.*)

Les roches aiguës déchireront mes membres. Rotrou a copié ce passage avec une exactitude désespérante :

> Que mon sang sur ce mont fasse mille ruisseaux ;
> Qu'à ces pierres mon corps laisse autant de morceaux ;
> Qu'en un endroit du roc ma main reste pendue,
> Et ma peau déchirée en d'autres étendue :
> Une mort est trop douce, il la faut prolonger,
> Et mourir d'un seul coup, c'est trop peu le venger.
> (*Ibid.*)

Page 195. *Il manque aux enfers une des Danaïdes.* Sur les cinquante filles de Danaüs, roi d'Argos, qui devaient mettre à mort leurs époux, une seule, Hypermnestre, épargna son mari Lyncée, et par conséquent ne fut pas condamnée, dans les enfers, au supplice de ses quarante-neuf sœurs.

Page 195. *Laisse-moi partager tes supplices, femme de Jason.* C'est-à-dire Médée.

Épouse du roi de Thrace. Procné ou Progné, fille de Pandion, roi d'Athènes, sœur de Philomèle, et femme de Térée, roi de Thrace.

Reçois ta fille auprès de toi, ô Althée. Déjanire était fille d'Œnée, roi de Calydon, et d'Althée, fille de Thestius. La fable du tison de Méléagre est assez connue : Althée se poignarda pour l'avoir jeté au feu, et causé ainsi la mort de son fils.

Page 199. *Mais un bruit de fouets s'est fait entendre.* Il serait singulier que Racine eût pris à notre auteur quelques traits pour la fureur d'Oreste. Cela est vrai cependant, il n'y a pas moyen d'en douter ; seulement, il a mieux écrit. Cette interrogation : « Les juges de l'enfer sont-ils assis déjà sur leur tribunal ? » s'est transformée en celle-ci :

Eh bien ! filles d'enfer, vos mains sont-elles prêtes ?

Quel est ce vieillard qui roule cette énorme pierre ? Sisyphe.
Quel est ce coupable attaché à une roue ? Ixion.

Il n'est rien d'éternel. Ce chœur est le développement poétique d'un principe adopté par les stoïciens et attribué à Orphée. Notre auteur soumet les dieux même à cette nécessité de mourir. Nous ne l'en blâmons pas, car tous les dieux païens sont morts depuis lui.

Page 203. *La Dryade abandonnant le chêne qui lui sert d'asile.* Il faut croire alors que le chêne et la Dryade ne voulaient pas se rendre ensemble auprès d'Orphée ; car le poète a dit plus haut que les forêts se détachaient pour suivre le chantre de la Thrace. Plus bas, les bêtes féroces, plus heureuses en cela que les Dryades, n'ont pas besoin de se déranger ni de sortir de chez elles, puisqu'elles se rendent auprès d'Orphée avec leurs retraites, ce qui est incontestablement plus commode. Il ne faut point quereller un poète, mais surtout un mauvais poète, sur ses fantaisies.

Page 205. *Il fait entendre aux Gètes ces lamentables paroles.*

Les Gètes, peuple de la Thrace, chez lesquels Orphée s'était retiré.

Page 207. *La mort enfin se détruira elle-même après avoir tout détruit.* Il serait trop long de montrer dans une note ce que ces idées ont de faux et ce qu'elles ont de vrai. Tous les peuples, dans tous les temps, ont cru à une fin du monde, et cette croyance ne peut être une erreur, puisqu'elle est universelle, suivant la fameuse règle : *Quod semper, quod ubique, quod ab omnibus;* ou suivant ce principe d'un savant théologien moderne : « Que ce qui reste d'une croyance commune à toutes les nations, quand on en a séparé ce qui est particulier à chacune d'elles, est nécessairement vrai. »

Du reste, notre auteur se rencontre ici avec saint Paul, quand il parle de la destruction de celle qui a tout détruit, de la mort de la mort, si je puis le dire: « Or, la mort sera le dernier ennemi qui sera détruit. » (*Épître* Ire *aux Corinthiens*, v. 26.) Il est vrai qu'il n'ajoute pas comme l'apôtre : « La mort est absorbée par la victoire. — O mort! où est ta victoire? ô mort! où est ton aiguillon ? » (*ibid.*, v. 54 et 55), et qu'il ne voit pas, dans la destruction de la mort, le commencement et l'avènement de la vie.

ACTE IV. Page 211. *L'orgueilleux Pluton,... délivrant Saturne de ses chaînes, lui rendra le royaume du ciel.* Suivant la fable, Saturne, fils d'Uranus et de Vesta, ou du ciel et de la terre, avait mutilé son père et dévorait ses propres enfans, parce qu'il savait que l'un d'eux le détrônerait, ce que fit Jupiter, sauvé par la ruse de Rhea sa mère. Saturne, mutilé par son fils, fut précipité au fond du Tartare avec les Titans, qui l'avaient assisté dans sa guerre contre Jupiter. On lit dans *Plutarque* la relation d'un voyageur qui prétend avoir vu, dans une des îles qui avoisinent l'Angleterre, la prison de Saturne, où il était gardé par Briarée, et enseveli dans un sommeil perpétuel.

Page 213. *Ma mort compromettra la sûreté de ton empire.* Suivant la fable, Jupiter devait être détrôné. *Voyez* le *Prométhée* d'Eschyle.

Page 213. *Cerbère, dont l'aspect affreux manqua de renverser le soleil de son char.* Voyez *Hercule furieux*, acte III, sc. 1re.

Page 217. *Les deux serpens n'ont pu me nuire.* Ceux que Junon envoya contre lui quand il était encore enfant, et qu'il étouffa dans son berceau. — Voyez *Hercule furieux*, acte II, sc. 1re.

Hélas! quel scorpion brûlant...... s'attache à mes entrailles et les brûle?

> Mais quelle prompte flamme en mes veines s'allume?
> Quelle soudaine ardeur jusqu'aux os me consume?
> Quel poison communique à ce linge fatal
> La vertu qui me brûle? O tourment sans égal! etc.
> (Rotrou, *Hercule mourant*, acte III, sc. I.)

Page 219. *Est-ce dans ces bras que j'ai étouffé le lion de Némée?*

> Est-ce donc là ce bras dont les faits sont si rares?
> Ce vainqueur des tyrans, cet effroi des barbares,
> Ce fléau de révolte et des rébellions,
> Ce meurtrier de serpens, ce dompteur de lions?
> Suis-je ce même Alcide? ai-je de ces épaules,
> Pour le secours d'Atlas, soutenu les deux pôles?
> Résisterais-je encore à ce faix glorieux?
> Et parais-je en ce point être du sang des dieux?
> Non, non; par cette mort qui borne ma puissance,
> Un mortel sera cru l'auteur de ma naissance;
> Et ceux qui m'adoraient m'estimeront enfin
> Le fils d'Amphitryon, et non pas de Jupin.
> (Rotrou, *Hercule mourant*, acte IV, sc. I.)

Page 223. *Souvent la force de l'âme retient les larmes prêtes à couler.* Pour donner à cette phrase plus de liaison avec ce qui précède, il eût fallu ajouter au texte, et nous ne l'avons pas voulu.

Abaisse tes regards sur mon malheur, ô mon père!

> D'un regard de pitié daigne percer la nue,
> Et sur ton fils mourant arrête un peu la vue;
> ....
> J'ai toujours dû ma vie à ma seule défense,
> Et je n'ai point encore imploré ta puissance.
> Quand les têtes de l'hydre ont fait entre mes bras
> Cent replis tortueux, je ne te priais pas.
> Quand j'ai, dans les enfers, affronté la mort même,

> Je n'ai point réclamé ta puissance suprême.
> J'ai de monstres divers purgé chaque élément,
> Sans jeter vers le ciel un regard seulement.
> Mon bras fut mon recours, et jamais le tonnerre
> N'a, quand j'ai combattu, grondé contre la terre.
> Je n'ai rien imploré de ton affection,
> Et je commence, hélas! cette lâche action.
>
> (ROTROU, *Hercule mourant*, acte IV, sc. 1.)

Page 229. *Où le dieu du jour demeure éternellement arrêté.* C'est une opinion des astronomes de l'antiquité :

> Semper ubi æterna vertigine clara nitet lux.

Page 235. *Que vois-je? n'est-ce pas Trachine, etc.* Rotrou a imité ce mouvement du héros qui presse son apothéose. Voici quelques vers assez beaux extraits de ce passage:

> O divin changement! ô miracle divers!
> Mon père à ma venue accourt les bras ouverts!
> Tout me rit; et Junon, par ma mort assouvie,
> M'offre le vin qui donne une éternelle vie.
> Je vois sur le soleil, et plus haut que le jour,
> Le palais de mon père, et son trône et sa cour, etc.
>
> (*Hercule mourant*, acte IV, sc. 2.)

Page 239. *O douleur inexprimable!* Nous ne nous flattons pas d'avoir compris le véritable sens de ces mots : *Cœci dolores;* nous avons pensé que c'était une exclamation jetée par la souffrance à travers les paroles d'Hercule; nous ne voyons pas de sens plus plausible.

C'en est fait maintenant, je vois clair dans ma destinée. — *Voyez* SOPHOCLE, *Trachiniennes*, au dernier acte : « Jupiter me prédit autrefois que nul homme vivant ne trancherait la trame de mes jours; mais que cette gloire était réservée à un habitant des enfers. Mes destins sont accomplis : le Centaure n'est plus, et c'est lui qui me donne la mort. » J'ajoute à cet ancien oracle un autre plus récent, mais parfaitement semblable. « J'entrais dans la forêt sacrée des Selles sauvages, lorsqu'un chêne prophétique de Dodone, consacré à mon père, proféra un oracle que j'écrivis soigneusement, etc. »

> Mon père en soit loué, mes travaux ont leur fin ;
> Ce que vous m'apprenez explique mon destin.

Un chêne prophétique en la forêt de Cyrrhe,
Par ces mots, à peu près, m'a prédit ce martyre :
« Appui des dieux et des humains,
« Victorieux Alcide
« Un qui sera mort par tes mains
« Sera ton homicide, etc. »
(ROTROU, *Hercule mourant*, acte IV, sc. 4.)

Page 241. *Tu allumeras les flambeaux d'un hymen qui vous unira tous deux*. On est justement révolté de cette recommandation d'un père qui donne sa maîtresse pour épouse à son fils. On la retrouve dans Sophocle : « Seul, tu dois être son époux, dit Hercule à Hyllus ; de mes bras, Iole ne doit passer que dans les tiens. Je l'exige, obéis. Tu perds le mérite des services plus importans que tu m'as promis, si tu me refuse cette légère faveur. » Rotrou s'est écarté sur ce point de son modèle. Dans sa pièce, un certain Arcas, amant d'Iole, finit par l'épouser, avec l'assentiment d'Hercule, devenu dieu.

Page 245. *La barque du Styx ne t portera point seul, comme elle a fait jadis*. Voyez dans *Hercule furieux*, acte III, sc. 2, le récit de la descente d'Hercule au enfers.

Page 247. *Assis à côté d'Éaque et les deux rois de la Crète*. C'est-à-dire de Minos et de Rhadamante, son frère, qui du reste ne moururent qu'après Hercule, et furent juges aux enfers.

Page 249. *Non, voici le fils de Péan*. C'est-à-dire Philoctète, qui hérita de l'arc et des flèches d'Hercule, ainsi qu'on le verra plus bas.

ACTE V. Page 251. *Racontez-moi, jeune guerrier, les derniers momens d'Hercule*. L'imitation de ce dialogue, par Rotrou, nous paraît assez plaisante. En voici un échantillon :

LUSCINDE.

Toi qui sais de quel œil il vit borner ses jours,
Fais-moi de ce trépas le tragique discours.
Quelle fut sa vertu ?

PHILOCTÈTE.

La mort lui parut telle,
Que la vie, à nos yeux, ne fit jamais si belle.

LUCINDE.
Dieux! et quel lui parut ce brâsier dévorant?
PHILOCTÈTE.
Ce que te paraîtrait un parterre odorant.
Il fit sa mort célèbre, à en bénit les causes,
Et fut dans les charbons comme parmi des roses.
LUCINDE.
D'un front toujours égal?
PHILOCTÈTE.
Et d'un œil plus riant
Que celui du soleil n'est dessus l'orient, etc.
(*Hercule mourant*, acte v, sc. 1.)

Page 255. *Cet arc aussi ne rompera jamais ta main.* Cela était inutile à dire; puisque les flèches ne manquent jamais le but, il ne faut pas s'inquiéter de l'arc.

Page 263. *Voyez à quoi se réduit la cendre d'Hercule.*

En ce vase chétif tout Hercule est enclos,
Je puis en une main enfermer ce héros;
Ceci fut la terreur de la terre et de l'onde,
Et je porte celui qui fit trembler le monde, etc.
(Rotrou, *Hercule mourant*, acte v, sc. 2.)

Page 267. *Il faut me réfugier à Cléones.* Bourg voisin de la forêt de Némée, où Hercule tua un lion. *Voyez* plus bas, vers 1890.

Una Cleonæum pasceba silva leonem.
(Claudian., *in Rufin.*, lib. 1, v. 285.)

Page 277. *Les Centaures de Thessalie s'agitent avec violence.* Suivant la fable, Hercule, Thésée et Pyrithoüs les avaient vaincus. Notre auteur suppose que la vie d'Hercule va les effrayer dans les enfers.

Page 279. *Tout ce que vous aviez mis en moi de parties mortelles.* Cette apothéose d'Hercule appartient tout entière à notre auteur; Sophocle ne lui en a point fourni l'idée. Hercule était fils d'Alcmène et de Jupiter; d'une mortelle et d'un dieu : deux natures en lui par conséquent, l'une terrestre et périssable, qui ne résiste pas à l'épreuve du feu; l'autre immortelle et divine, qui, délivrée par la flamme de l'alliance de la matière, et purifiée, entre par sa propre force dans le séjour de la vie et de l'éternité. Belle et consolante allégorie! Hercule est la personnification de l'homme.

>Alcide, souriant au feu qui l'environne,
>En suit d'un œil serein le cours impétueux ;
>   Et le bûcher paraît un trône
>Où brille du héros le front majestueux.
>Bientôt Vulcain détruit l'enveloppe grossière
>   Qui l'attache à l'humanité ;
>Le ciel ouvert attend une divinité.
>   Le fils d'Alcmène est réduit en poussière,
>Le fils de Jupiter dans le ciel est monté.
>
>   (Théveneau, *Hercule au mont OEta*, dithyrambe.)

Page 281. *Vous verrez le cruel Eurysthée puni.* Eurysthée, après la mort d'Hercule, voulut exterminer ses enfans, qui se réfugièrent dans l'Attique, et implorèrent la protection de Thésée. Eurysthée les ayant redemandés, Thésée refusa de les livrer. Alors cet ennemi d'Hercule entra en armes dans l'Attique pour les saisir ; mais il fut vaincu par les Héraclides, et périt avec toute sa famille.

NOTES
SUR OCTAVIE.

Si cette tragédie était bonne, il faudrait lui appliquer la louange renfermée dans ces vers de l'*Art poétique* d'Horace :

> Nec minimum meruere decus vestigia Græca
> Ausi deserere, et celebrare domestica facta.

C'est la seule de ces pièces, tirées de l'histoire nationale, qui nous soit parvenue, et la seule aussi dont on puisse dire avec certitude qu'elle n'est point de Sénèque le Philosophe.

Le sujet d'*Octavie* est tragique en lui-même, et plus heureux que celui de *Britannicus* préféré par notre Racine. Mais l'auteur n'a pas su le développer ; il manque à la fois d'intelligence et de style ; et n'était le mauvais goût, et l'interminable pathos de l'*Hercule sur le mont Œta*, nous dirions que l'*Octavie* est la plus mauvaise pièce du *Théâtre* de Sénèque. Juste-Lipse dit que c'est l'œuvre d'un écolier, ou plutôt d'un enfant : « Puer ego sum, *dit-il*, nisi a puero scripta, certe pueri modo. » Elle n'a pas cependant manqué d'imitateurs ; le plus ancien est Roland Brisset, de Tours, avocat au parlement de Paris, dont nous avons déjà parlé au commencement des notes d'Agamemnon. Après lui vient Racine, et en dernier lieu, chez nous, un poète à peu près inconnu, Souriguières. Le célèbre Alfieri a composé une tragédie avec le même titre et les mêmes personnages, mais fort différente de la pièce latine par la force des idées et du style.

Acte Ier. Page 391. *En cris plus lugubres que ceux d'Alcyone.* Alcyone, femme de Céyx, roi de Trachine, mourut de douleur en trouvant le corps de son époux sur le rivage, et fut changée en alcyon.

NOTES SUR OCTAVIE.

Page 291. *Plus tristes que ceux des filles de Pandion.* Procné et Philomèle, filles de Pandion, roi d'Athènes, changées, la première en hirondelle, et la seconde en rossignol.

O ma mère! l'éternel sujet de mes larmes, et la première cause de mes maux. C'est Messaline, femme de Claude, mère de Britannicus et d'Octavie. Ses débauches sont célèbres, et l'on connaît le tableau qu'en a fait Juvénal, dans la satire contre les femmes, où

> .... Poussant à bout la luxure latine,
> Aux portefaix de Rome il vendit Messaline.

Cette fougue de libertinage, portée jusqu'à la folie, causa sa mort. On trouvera dans TACITE, *Annales*, liv. XI, chap. 26-38, le récit fabuleux (haud sum ignarus fabulosum visum iri) de son mariage public avec Caïus Silius, consul désigné, du vivant de Claude, qui était allé faire un sacrifice à Ostie. Ce fut la première fois, dit l'historien, que l'empereur cessa d'ignorer les débauches de sa femme. Silius, et tous ceux qui avaient pris part à ce mariage, furent mis à mort. Messaline, retirée dans les jardins de Lucullus, espérait bien obtenir sa grâce, quoiqu'elle eût conspiré contre la vie de son époux autant que contre son honneur. Mais l'affranchi Narcisse déploya dans cette affaire une audace et une opiniâtreté qui suppléèrent à la faiblesse et à l'insouciance de Claude. Au moment où l'empereur donnait l'ordre de lui amener Messaline pour qu'elle pût plaider sa cause et se justifier, Narcisse envoya l'affranchi Évode pour la mettre à mort. Lepida, sa mère, la pressait de se tuer elle-même : mais cette âme, flétrie par la débauche, n'avait conservé aucun sentiment honnête : « Animo per libidines corrupto nihil honestum inerat. » Elle prit cependant une épée; mais elle n'eut ni le courage ni la force de s'en frapper : un tribun des soldats le fit pour elle. Sa mort fut à l'instant même annoncée à Claude qui était à table, et qui, sans s'informer si cette mort avait été volontaire ou forcée, demanda à boire, et finit son dîner aussi gaîment qu'à l'ordinaire: « Poposcit poculum et solita convivio celebravit. » Le crime et la mort de Messaline entraînèrent la ruine de ses enfans.

Page 293. *Cette furie qui alluma les torches fatales de mon hymen.*

Par cette alliance, Néron, déjà fils adoptif de Claude, s'enracinait de plus en plus dans les droits de la famille impériale. « D. Junio, Q. Haterio Coss. sedecim annos natus Nero Octaviam Cæsaris filiam in matrimonium accepit. » (TACIT., *Annal.*, lib. XII, cap. 58.)

Page 293. *C'est elle qui t'a ravi le jour, ô mon malheureux père!*

> .... N'est-ce pas cette même Agrippine
> Que mon père épousa jadis pour ma ruine,
> Et qui, si je t'en crois, a de ses derniers jours,
> Trop lents pour ses desseins, précipité le cours?
> (RACINE, *Britannicus*, acte I, sc. 3.)

> Il mourut; mille bruits en courent à ma honte.
> (*Ibid.*, acte IV, sc. 2.)

L'empoisonnement de Claude n'est pas douteux; et les historiens s'accordent à dire que ce fut avec du poison de champignons que sa femme lui ôta la vie.

> .... Minus ergo nocens erit Agrippinæ
> Boletus?

dit Juvénal. Suivant Tacite (voyez *Annales*, liv. XII, chap. 67), on lui donna bien, sur l'indication de la célèbre Locuste (diu inter imperii instrumenta habita), du poison de champignons mêlé dans un mets agréable, « infusum delectabili cibo boletorum venenum. » Mais, par un effet, soit de la sottise de Claude, soit de son ivresse, le poison ne parut pas produire d'effet; un flux de ventre d'ailleurs vint au secours du prince. Alors Agrippine eut recours à un médecin nommé Xénophon, qui, sous prétexte de faciliter le vomissement, introduisit, dans le gosier de Claude, une plume enduite d'un poison plus actif.

Voyais fuir devant toi les Bretons. — *Voyez* TACITE, *Annales*, liv. XII, chap. 31 et suivans, sur la guerre contre Caractacus et la reine Cartismandua.

Page 295. *Qui elle-même expira par celle de son fils.* Les détails de la mort d'Agrippine sont assez connus; on les trouvera d'ailleurs ci-après. *Voyez* acte I, sc. 4; acte III, sc. 1. *Voyez* aussi TACITE, *Annales*, liv. XIV, chap. 2 et suiv., et la *Vie de Néron*, par Suétone.

Ce fils criminel a de plus empoisonné son frère. — *Voyez* RACINE,

Britannicus, acte v, sc. 5 et 6 ; et TACITE, *Annales*, liv. XIII, chap. 14 et suiv.

Page 297. *Tu pouvais punir ce crime par la main d'Oreste.* — Voyez les *Choéphores* d'Eschyle, l'*Électre* de Sophocle, celle de Crébillon, et l'*Oreste* de Voltaire.

Je ne suis plus que l'ombre d'un grand nom. « Stat magni nominis umbra, » dit Lucain. Racine semble avoir imité cette image dans *Britannicus* :

> Depuis ce coup fatal le pouvoir d'Agrippine
> Vers sa chute à grands pas chaque jour s'achemine.
> *L'ombre seule m'en reste*, et l'on n'implore plus
> Que le nom de Sénèque et l'appui de Burrhus, etc.
>
> (Acte I, sc. I.)

Page 299. *Quoiqu'il rougisse de devoir à sa mère la reconnaissance d'un pareil bienfait* :

> Dans le fond de ton cœur je sais que tu me hais ;
> Tu voudrais t'affranchir du joug de mes bienfaits, etc.
>
> (RACINE, *Britannicus*, acte v, sc. 6.)

Après le meurtre de ma mère, après l'assassinat de mon père, etc. Octavie, dit Tacite, semble en effet n'avoir vécu que

> Pour être du malheur un modèle accompli.

Elle n'eut pas un seul beau jour : « Non alia exsul visentium oculos majore misericordia adfecit. Meminerant adhuc quidam Agrippinæ a Tiberio, recentior Juliæ memoria obversabatur a Claudio pulsæ ; sed illis robur ætatis adfuerat ; læta aliqua viderant, et præsentem sævitiam melioris olim fortunæ recordatione allevabant : huic primus nuptiarum dies loco funeris fuit, deductæ in domum in qua nihil nisi luctuosum haberet, erepto per venenum patre, et statim fratre ; tunc ancilla domina validior, et Poppæa non nisi in perniciem uxoris nupta, postremo crimen omni exitio gravius. » (TACIT., *Annal.*, lib. XIV, cap. 63.)

Page 301. *Puisse-t-il (le crime) n'avoir aucune part dans mon trépas!* Ici nous ne démêlons pas bien la pensée de l'auteur ; fait-il dire simplement à Octavie qu'elle consent à mourir, mais non par un crime ? Nous croyons plutôt qu'il fait allusion au crime qui fut imputé à Octavie, et que Tacite nomme (voir la fin de la note précédente) *crimen omni exitio gravius;* et comme il ne sait pas écrire, sa pensée demeure obscure.

Ce crime, imputé à Octavie, est expliqué dans TACITE, *Annales*, liv. XIV, chap. 60-62 : « Poppæa diu pellex, et adulteri Neronis mox mariti potens, quemdam ex ministris Octaviæ impulit servilem ei amorem objicere; destinaturque reus cognomento Eucerus, natione Alexandrinus, etc. — Sed parum valebat suspicio in servo et quæstionibus ancillarum elusa erat : ergo confessionem alicujus quæri placet, cui rerum quoque novarum crimen adfingeretur, et visus idoneu smaternæ necis patrator Anicetus classi apud Misenum ut memoravi præfectus. — Igitur accitum eum Cæsar operæ prioris admonet; — locum haud minoris gratiæ instare, si conjugem infensam depelleret; nec manu aut telo opus; fateretur Octaviæ adulterium. — Ille insita vecordia et facilitate priorum flagitiorum, plura etiam quam jussum erat fingit, fateturque apud amicos quos velut consilio adhibuerat princeps, etc. » (Cap. LXII.)

Page 301. *Pour qui Néron n'a pas craint de faire monter sa mère sur un vaisseau.* — *Voyez* TACITE, *Annales*, liv. XIV, chap. 1. « Diu meditatum scelus non ultra Nero distulit, vetustate imperii coalita audacia, et flagrantior in dies amore Poppææ, quæ sibi matrimonium et discidium Octaviæ, incolumi Agrippina, haud sperans, etc. »

Page 303. *Comment lui resterait-il quelque sentiment pour sa famille dans les enfers.* Claude était bon, mais crédule, insouciant et faible. *Voyez* sa *Vie* dans Suétone. « Claudius matrimonii sui ignarus, » dit Tacite, *Annales*, liv. XI, chap. 13.

> Cependant Claudius penchait vers son déclin ;
> Ses yeux, long-temps fermés, s'ouvrirent à la fin :
> Il connut son erreur. Occupé de sa crainte,
> Il laisse pour son fils échapper quelque plainte, etc.
>
> (RACINE, *Britannicus*, acte IV, sc. 2.)

Mais il n'était plus temps. Agrippine fit choix d'un poison lent, dit Tacite, « ne admotus supremis Claudius, et dolo intellecto ad amorem filii rediret. » (*Annal.*, lib. XIII, cap. 66.)

Page 3o3. *Prendre pour épouse la fille de son propre frère.* Agrippine était fille de Germanicus, frère de Claude. Ce mariage, suivant les lois romaines, était incestueux : « Pactum inter Claudium et Agrippinam matrimonium jam fama, jam amore inlicito firmabatur; necdum celebrare solemnia nuptiarum audebant, nullo exemplo deductæ in domum patrui fratris filiæ : quin et incestum ac, si sperneretur, ne in malum publicum erumperet metuebatur, etc. » Vitellius se chargea d'aplanir les difficultés. (TACITE, *Annales*, liv. XII, chap. 5.)

> Mais ce lien du sang qui nous joignait tous deux,
> Écartait Claudius d'un lit incestueux :
> Il n'osait épouser la fille de son frère.
> Le sénat fut séduit ; une loi moins sévère
> Mit Claude dans mon lit et Rome à mes genoux, etc.
> (RACINE, *Britannicus*, acte IV, sc. 2.)

La tête de Silanus fut sacrifiée au caprice d'une femme. Quatre Silanus périrent sous les premiers Césars. Celui dont on parle ici est Lucius Silanus, à qui Claude avait promis sa fille Octavie. Il était frère de Junia Calvina, *festivissima omnium puellarum*, dit Sénèque : *decora et procax soror*, dit Tacite, *Annales*, liv. XII, chap. 4. Elle aimait tendrement son frère, et leurs ennemis les accusèrent d'inceste, quoiqu'ils ne fussent coupables que d'un peu d'indiscrétion. (RACINE, préface de *Britannicus*.) Silanus, d'abord chassé du sénat, déchu de l'hymen d'Octavie et dépouillé de la préture, se tua lui-même le jour du mariage de Claude, « sive eo usque spem vitæ produxerat, seu delecto die augendam ad invidiam. » (TACIT., *Annal.*, lib. XII, cap. 8.)

> Par moi seule, éloigné de l'hymen d'Octavie,
> Le frère de Junie abandonna la vie,
> Silanus, sur qui Claude avait jeté les yeux,
> Et qui comptait Auguste au rang de ses aïeux.
> (RACINE, *Britannicus*, acte I, sc. 1.)

> Je vous fis sur mes pas entrer dans sa famille,
> Je vous nommai son gendre et vous donnai sa fille.
> Silanus qui l'aimait, s'en vit abandonné,
> Et marqua de son sang ce jour infortuné.
> (*Ibid.*, acte IV, sc. 2.)

Page 307. *La maison impériale attend d'autres enfans.* Ceux que Poppée devait donner à Néron. *Voyez* acte II, sc. 2.

Page 309. *Celle qui, la première, osa souiller votre couche, cette esclave, etc.* Le dernier traducteur, Levée, dit : « Poppée, cette vile esclave qui, la première, osa souiller votre couche, etc. » Nous croyons qu'il ne s'agit point ici de Poppée, mais d'Acté, première maîtresse de Néron, qui lui fut donnée par Sénèque, « Senecam contra muliebres illecebras subsidium a femina petivisse, » (TACIT., *Annal.*, lib. XIV, cap. 2) pour empêcher qu'il ne prît d'Agrippine, sa mère, le plaisir qu'elle lui offrait. Cette Acté était une affranchie; « ceterum infracta paullatim potentia matris, delapso Nerone in amorem libertæ cui vocabulum Acte fuit. » (TACIT., *Annal.*, lib. XIII, cap. 12.) Au reste, ce passage est mal et peu clairement écrit. Cependant il y a lieu de croire qu'il ne s'agit point de Poppée, qui est présentement maîtresse du cœur de Néron, et de laquelle on ne peut pas dire: « Possedit diu ; » *et hanc*, et celle-ci, au commencement de la phrase suivante, confirme encore notre sens.

Dresse des monumens qui sont un aveu de ses alarmes. Il s'agit probablement de quelque temple, ou de quelque chapelle élevée à l'Amour par cette jeune affranchie dont il est question dans la note précédente.

Page 311. *Et vous, la Junon de la terre, vous l'épouse et la sœur du maître du monde.* Octavie était sœur de Néron, mais sœur adoptive.

Des prodiges extraordinaires sont apparus. Il s'agit probablement des signes redoutables qui précédèrent la mort de Claude: « M. Asinio, Manio Acilio consulibus, mutationem rerum in deterius portendi cognitum est crebris prodigiis, etc. » (TACIT., *Annal.*, lib. XII, cap. 64.)

Page 313. *Cet héritier d'Auguste, dont il déshonore le beau nom par ses vices.* Ce nom d'Auguste que prit Octave, après les guerres civiles, passa ensuite aux empereurs.

Elle osa former publiquement un hymen incestueux. — *Voyez* plus haut la troisième note sur Messaline.

Page 315. *De la divinité de son père.* On sait quelle était cette divinité des empereurs romains. Jules César le premier reçut ce grand honneur, mais après sa mort ; il fut appelé *Divus Julius.* Auguste avait des temples de son vivant dans les provinces de l'Asie Mineure. Mais il ne voulait pas que ce culte se vulgarisât, dit Tacite. Tibère, qui se réglait sur son prédécesseur, s'opposait aussi à l'idolâtrie des peuples. « Je sais, et je veux qu'on sache, dit-il, que je suis homme, et que je remplis les devoirs de cette condition. Je prie les dieux qu'ils me donnent la paix de l'âme, et l'intelligence des lois divines et humaines. » Du reste, cette divinité de Claude fait penser à l'*Apokolokyntosis* de Sénèque, et celle de Tibère à ce vers fameux :

Il est temps de placer Tibère au rang des dieux.
(Chénier, *Tibère*, acte v, sc. dernière.)

Page 317. *Ils ont noblement vengé ta mort, jeune vierge.* C'est Virginie, fille de Virginius, dont la mort tragique est assez connue, et causa la chute des décemvirs.

Malheureuse fille de Lucretius. Lucrèce, qui fut violée par Sextus, fils de Tarquin-le-Superbe, et dont la mort volontaire amena l'expulsion des rois.

Le crime de Tarquin et de sa complice Tullia. C'est Tarquin-le-Superbe, gendre de Servius Tullius, sixième roi de Rome.

Notre prince a mis sur un vaisseau parricide sa mère. — Voyez l'admirable récit de la mort d'Agrippine, Tacite, *Annales*, liv. xiv, chap. 5 et suivans.

Page 321. «*Voilà, dit-elle, où tu dois frapper.* » — « In mortem centurioni ferrum distringenti protendens uterum, *ventrem feri*, exclamavit. » (Tacit., *Annal.*, lib. xiv, cap. 9.)

Acte II. Page 323. *J'étais content de mon sort, ô Fortune!* C'est Sénèque le Philosophe qui parle. Agrippine, dit Tacite, voulut compenser le mauvais usage qu'elle avait fait jusque-là de son pouvoir sur l'esprit de Claude par une bonne action. Elle obtint pour lui son rappel et la préture ; il devint aussi précepteur, et ensuite ministre de Néron. Ce qu'il fut obligé de faire contre la philosophie et la morale, dans cette position terrible, dut sans doute lui faire plus d'une fois regretter son exil. Ce fut lui qui composa l'oraison funèbre de Claude prononcée par Néron : « Adnotabant seniores quibus otiosum est vetera et præsentia contendere, primum ex iis qui rerum potiti essent, Neronem alienæ facundiæ eguisse. » (TACIT., *Annal.*, lib. XIII, cap. 3.) On croit qu'il écrivit aussi l'*Apokolokyntosis*, ou métamorphose de Claude en citrouille, excellente parodie de l'oraison funèbre. Du reste il ne fit de mal que celui dont il ne put se dispenser, et il empêcha tout celui qu'il put. S'il proposa à Burrhus de faire tuer Agrippine par les soldats, « Post Seneca hactenus promptior, respicere Burrhum ac sciscitari an militi cædes imperanda esset, » (*Annal.*, lib. XIV, cap. 7) il arrêta plus d'une fois le sang prêt à couler, « ibatur in cædes, nisi Afranius Burrhus et Annæus Seneca obviam issent. » (*Id.*, lib. XIII, cap. 2.) Du reste, il nous semble que Racine a bien fait de choisir Burrhus plutôt que Sénèque, pour l'opposer à la corruption de la cour impériale. *Voyez* la préface de *Britannicus*.

Page 323. *Pour faire place à une génération nouvelle et meilleure.* Un commentateur croit que, par cet avènement d'une race nouvelle et meilleure, Sénèque fait allusion à la régénération du monde par le christianisme. L'idée du philosophe n'était peut-être pas aussi précise; mais nous ne voyons nul inconvénient à faire rentrer les prophéties païennes dans celles des Hébreux. Le *Pollion* de Virgile n'eut pas non plus, dans l'idée du poète, le degré de précision qu'on a pu lui donner depuis; c'est l'évènement qui met la prophétie dans tout son jour et lui assigne son véritable sens.

Page 327. *Tous les vices, lentement amassés pendant tant de siècles, débordent aujourd'hui sur nous.* Cette pensée frappe au premier coup d'œil par un air de grandeur ; mais elle est complètement fausse. Le mal étant une corruption du bien, c'est-à-dire une pure négation, n'est conséquemment que l'absence d'une chose, et l'on ne peut pas dire qu'on amasse l'absence d'une chose. « Optima pessimi corruptio; » la corruption romaine correspond à la grandeur du corps en dissolution.

Qu'on m'apporte les têtes de Plautus et de Sylla. Néron, dit Tacite, *Annales*, liv. XIII, chap. 67, se défiait de Cornelius Sylla, descendant du dictateur, homme nul et sans moyens, dont il regardait la sottise comme une dissimulation qui cachait de profonds desseins. Sa nullité reconnue ne l'empêcha pas d'être envoyé en exil à Marseille.

Rubellius Plautus était plus redoutable, « cui nobilitas per matrem ex Julia familia. » La voix publique le désignait pour successeur de Néron. *Voy.* dans TACITE, *Annal.*, liv. XIV, chap. 22, l'incident qui donna lieu à cette manifestation du vœu des citoyens. Néron lui conseilla d'abord de pourvoir à la tranquillité de Rome par son absence, et d'aller en Asie, où il pourrait vivre honnêtement et sûrement dans les biens héréditaires qu'il y possédait.

L'un et l'autre périrent, et leurs têtes furent apportées à l'empereur. *Voyez* TACITE, *Annales*, liv. XIV, chap. 58 et 59.

LE PRÉFET. C'était Tigellinus, le plus méchant de tous les hommes, et fort agréable à Néron, « cujus abditis vitiis mire congruebat. » *Voyez* TACITE, *Annales*, liv. XIII, chap. 4, 5, 6, *passim*, et la *Vie de Néron*, par Suétone.

Page 329. *Ma fortune me rend tout permis.* Néron, dit Tacite, se vantait d'avoir étendu les limites de la puissance impériale, et disait que ses prédécesseurs n'avaient point connu la mesure de leur pouvoir.

Page 339. *Celle que j'aime réunit les dons les plus rares.* Tacite y met une restriction : « Huic mulieri cuncta alia fuere, præter honestum animum. —Voyez, *Annales*, liv. XIII, ch. 45, le portrait de Poppée. Elle était fille de T. Ollius ; mais elle avait pris le nom plus glorieux de son aïeul maternel, Poppéus Sabinus. Mariée d'abord à Rufius Crispinus, chevalier romain, elle passa dans les bras d'Othon, qui, à force de vanter imprudemment la beauté de son épouse devant l'empereur, la perdit, et fut lui-même exilé en Lusitanie, avec le titre de gouverneur.

Page 341. *C'est l'ignorance humaine qui a fait de l'Amour un dieu terrible.* Voir la même chose, presque dans les mêmes termes, tome I, *Hippolyte*, acte I, sc. 2.

ACTE III. Page 349. *Abandonné de tous, anéanti, privé de secours.* Telle fut effectivement la fin de Néron. *Voyez* SUÉTONE. S'il n'y avait pas d'autres raisons de croire que cette pièce n'est pas de Sénèque le Philosophe, cette prophétie de la mort de

Néron, qui ne peut avoir été faite qu'après sa mort même, le prouverait assez.

Page 353. *Je serai la sœur, et non plus la femme de César.* — Voyez TACITE, *Annales*, liv. XIV, chap. 64 : « Paucis dehinc interjectis diebus, mori jubetur, quum jam viduam se et tantum sororem testaretur. »

ACTE IV. Page 357. *Le zèle indiscret de Sénèque.* Le texte porte : *culpa Senecæ*, la faute de Sénèque. Rien ne prouve, dans les historiens, que Sénèque ait favorisé le mariage de Néron avec Poppée. Nous croyons plutôt qu'il s'agit des remontrances un peu vives qu'il a faites à l'empereur sur son amour (*voyez* plus haut, acte II, sc. 2), et qui, en irritant Néron, n'ont servi qu'à précipiter l'exécution de ce projet de mariage.

Page 359. *Un songe affreux, chère nourrice, m'a glacée d'horreur.* Voici l'imitation de ce songe tirée de l'*Octavie* de M. Sourignières :

> Écoutez : cette nuit, rêveuse et solitaire,
> Le sommeil par degrés a fermé ma paupière.
> La vengeance, l'espoir, la crainte, la fureur,
> Cette soif de régner qui dévore mon cœur,
> De mille sentimens confus, involontaires,
> Les combats orageux et les efforts contraires
> Ne laissaient à mes sens qu'un fatigant repos.
> Sous les traits sillonnés de l'affreuse Atropos,
> Une torche à la main, du milieu du Cocyte,
> Agrippine soudain sur moi se précipite;
> Sa bouche au loin vomit des serpens et des feux,
> L'air s'embrase !... Tremblante à ce spectacle affreux,
> Je veux fuir, mais je tombe au fond d'un vaste abîme.
> « Tu ne peux m'éviter, frémis ! vois ta victime,
> « Me dit alors le spectre : arrête; vois le sang,
> « La plaie, et le couteau qu'a laissé dans mon flanc
> « Mon exécrable fils, par ton ordre barbare ;
> « Mais des dieux contre toi le courroux se déclare :
> « Songe au sort qui t'attend, songe au prix qui t'est dû, etc. »

Page 361. *Toutes les images qui ont exercé dans le jour la vigoureuse activité de l'esprit.* Les hommes religieux croient que c'est Dieu qui envoie les songes. Le songe vient de Jupiter, dit Homère. Si je veux faire connaître ma volonté à un prophète, dit le Seigneur, dans l'Écriture, je lui parle en songe ou en vision. Les plus grands poètes et les plus grands philosophes ont suivi cette doctrine. D'autres philosophes et d'autres poètes l'ont combattue. *Voyez* LUCRÈCE, PÉTRONE, *Satyricon*, et CLAUDIEN, sur le sixième *Consulat d'Honorius*, etc.

> Omnia quæ sensu volvuntur vota diurno,
>   Pectore sopito reddit amica quies, etc.
>   (CLAUDIAN., *loco citato*.)

> Somnia quæ mentes ludunt volitantibus umbris,
> Non delubra Deum, nec ab æthere numina mittunt,
> Sed sibi quisque facit, etc.
>   (PETRONIUS.)

Page 365. *La fureur d'Octavie s'est communiquée au peuple.* L'auteur n'a pas suivi exactement la marche des évènemens. Octavie fut deux fois exilée, une fois en Campanie, et une seconde fois dans l'île de Pandatarie, où on lui ouvrit les veines. Son retour de Campanie excita dans Rome une joie universelle, qui fut suivie de quelques excès populaires. *Voyez* TACITE, *Annales*, liv. XIV, chap. 61 : « Exin læti Capitolium scandunt Deosque tandem venerantur; effigies Poppææ proruunt, Octaviæ imagines gestant humeris, spargunt floribus, foroque ac templis statuunt. Itur etiam in principis laudes, expetitur venerantibus : jamque et palatium multitudine et clamoribus complebant, quum emissi militum globi verberibus et intento ferro turbatos disjecere, etc. »

ACTE V. Page 377. *Tu as péri comme eux, noble Drusus.* C'est Livius Drusus, tribun de Rome, vers le temps de la guerre Sociale. Il prit, après la mort de Saturninus, le dangereux patronage des alliés, et périt assassiné dans sa maison, on ne sait comment, mais vraisemblablement par les soins du consul Philippus, son ennemi personnel et politique.

Page 379. *Considérez d'abord la fille d'Agrippa, la belle-fille d'Auguste, etc.* Agrippine, fille de M. Agrippa et de Julie, fille d'Auguste. Elle épousa Germanicus, et lui donna neuf enfans. Voir dans TACITE, *Annales*, liv. I, chap. 2, 3 et suivans, la longue histoire de ses malheurs. Elle fut mère d'Agrippine la jeune, mère de Néron. Reléguée dans l'île de Pandatarie, comme le fut plus tard Octavie, elle se laissa mourir de faim, après les plus odieux traitemens.

Page 381. *L'heureuse femme de Drusus, Livie.* Livie, femme de Drusus, assassina son époux, et périt par l'ordre de Tibère.

Julie, sa fille, fut entraînée dans le malheur de sa mère. Julie, fille de Drusus, fut envoyée en exil et mise à mort par l'ordre de Claude, on ne sait pour quel crime. Tacite, *Annal.*, liv. XIII, chap. 32, dit qu'elle périt *dolo Messalinæ.*

Soumise au caprice d'un esclave. C'est-à-dire de l'affranchi Narcisse.

Page 383. *J'accepte avec joie la mort qu'on me destine.* Elle fut mise à mort quelques jours après son arrivée dans l'île de Pandatarie. *Voyez* TACITE, *Annales*, liv. XIV, chap. 64. On lui lia les membres et on lui ouvrit les veines; mais comme la peur empêchait son sang de couler, on l'étouffa dans un bain très-chaud : on lui coupa la tête, et on la présenta à Poppée. Cette malheureuse fille, dit Tacite, n'avait que vingt ans.

FIN DU TOME TROISIÈME ET DERNIER.

TABLE

DES MATIÈRES DU TROISIÈME VOLUME.

	Pages.
AGAMEMNON.	1
Personnages.	3
Argument.	5
HERCULE SUR L'OEta.	105
Personnages.	107
Argument.	109
OCTAVIE.	285
Personnages.	287
Argument.	289
Notes sur Agamemnon.	384
— d'Hercule sur l'OEta.	398
— sur Octavie.	416

ICONOGRAPHIE
DE LA
BIBLIOTHÈQUE
LATINE-FRANÇAISE

PUBLIÉE

PAR C. L. F. PANCKOUCKE

CHEVALIER DE LA LÉGION D'HONNEUR

CONDITIONS DE LA SOUSCRIPTION.

La collection de l'*Iconographie* sera composée de VINGT-QUATRE bustes, avec les médailles doubles, coloriées en or, en argent et en bronze.

Ces vingt-quatre portraits seront divisés en *six* livraisons; il paraîtra une livraison, composée de quatre planches, tous les deux ou trois mois.

Le prix est fixé à CINQ francs la livraison de quatre portraits. Ce prix, si peu élevé, ne sera accordé qu'aux Souscripteurs de la *Bibliothèque Latine-Française*; tout autre souscripteur paiera un prix double.

3e

Livraison.

CLAUDE
Avec une médaille en bronze.

NERON
Avec une médaille en bronze.

MESSALINE
Avec une médaille en bronze.

AGRIPPINE
Avec une médaille en or.

Ces médailles, par leur parfait coloriage à reflets métalliques, imitent exactement le bronze, l'argent et l'or des médailles antiques.

www.ingramcontent.com/pod-product-compliance
Lightning Source LLC
Chambersburg PA
CBHW050903230426
43666CB00010B/2003